Andalusien

Zeit für das Beste

Highlights – Geheimtipps … hotels

»Die weißen Häuser hin ein Überfließen,
ein Reichlichsein vorrätiger Natur,
und Bettler, in fortwährendem Entschließen,
sind der entsprungnen Güte auf der Spur.«
Rainer Maria Rilke

BRUCKMANN

Andalusien
Zeit für das Beste
Andrea Hoffmann
Kay Maeritz
Hans Zaglitsch
BRUCKMANN

Seite 1: Spielende Delfine vor Gibraltar
Vorangehende Doppelseite: San José im Parque Natural Cabo de Gáta
Oben: Real Monasterio de Santa Clara in Jaen (Stadt)
Mitte: In den kleines Gässchen von Málaga kann man vorzüglich speisen.
Unten: Der Playa Burriána von Nerja

INHALTSVERZEICHNIS

HAUPTSTADT UND VIEL MEHR

AM ATLANTIK

ANDALUSIEN VON A BIS Z

Oben: Endlich Ferien: Das Mittelmeer hat in Andalusien viele Gesichter.
Mitte: Eine Bank im Park von Marbella
Unten: Sehr beliebt: Flamenco mit Pferd

DIE TOP TEN

CABO DE GATA (S. 32)

Der Naturpark Cabo de Gata liegt 20 Kilometer entfernt von der Provinzhauptstadt Almería. Noch gilt er als Geheimtipp. Das Paradies für Wanderer, Mountainbiker und Naturliebhaber steht seit 25 Jahren unter dem Schutz der Unesco.

DIE ALHAMBRA (S. 52)

Die Alhambra ist eins der bekanntesten Monumente der Welt, ein in Stein gegossener Traum aus Tausendundeiner Nacht. Lange Zeit hat sich niemand um dieses einzigartige Kulturgut gekümmert, sodass es fast verloren war. Doch nun erstrahlt es in neuer Pracht. Granada selbst sollte man sich auch nicht entgehen lassen.

SKIFAHREN MIT MEERBLICK (S. 64)

Zwischen Granada und dem Mittelmeer liegt das einzige Hochgebirge Spaniens – die Sierra Nevada. Der gleichnamige Nationalpark ist ein Paradies zum Wandern, Klettern und Radfahren und im Winter bei Skifahrern sehr beliebt. Hier oben liegen Sie im Skianzug in der Sonne und sehen in der Ferne das glitzernde Mittelmeer.

MARBELLA KULINARISCH (S. 92)

Geht es um leibliche Genüsse, führt kein Weg an Marbella vorbei. Im mondänen Küstenort an der Costa del Sol hat sich eine Gastronomie von Weltruf etabliert, und wenn es einmal kein Sternerestaurant sein soll, finden sich hier jede Mengen Alternativen.

RONDA, WEISSES DORF ÜBER DER TAJO-SCHLUCHT (S. 102)

Ronda, das größte der weißen Dörfer, ist ein echtes Schmuckstück – durch seine Lage an einer 100 Meter tiefen Schlucht, durch sein Flair und nicht zuletzt durch die interessanten Monumente aus der Vergangenheit.

JAÉN, STADT DER RENAISSANCE (S. 114)

Jaén liegt im Nordosten Andalusiens im Tal des Guadalquivir, und wirbt mit dem Slogan »Das Paradies im Hinterland«. Die Stadt ist anders als die

Touristenzentren im Süden oder im Westen. Es ist die andalusische Stadt der Renaissance, gelegen inmitten einer großartigen Landschaft.

DIE MESQUITA VON CÓRDOBA (S. 142)

Sie ist schon über 1000 Jahre alt und unter den zwölf größten Kulturschätzen Spaniens steht sie an erster Stelle: die Mesquita von Cordoba, eine der größten Moscheen, die jemals gebaut wurden. Selbst die Reconquistadores kapitulierten vor der Würde dieses Bauwerks und ließen es stehen. Um trotzdem ihren Sieg über den Islam zu bekunden, bauten sie eine christliche Kirche in die Moschee hinein, denn sie ist so riesig, dass sie sogar dafür Platz bot.

SEVILLA – GOLDENE STADT AM FLUSS (S. 160)

Der Sage nach wurde Sevilla, die Hauptstadt Andalusiens, von Herakles gegründet. Es könnte auch die Hauptstadt des antiken Reiches Tartessos gewesen sein. Hier atmet man auf Schritt und Tritt Geschichte, findet Zeugnisse aus ruhmreichen Zeiten und ist doch mitten in einer modernen, pulsierenden Großstadt.

CÁDIZ – MEHR SÜDAMERIKA ALS EUROPA (S. 212)

Dass Cádiz mehr von einer südamerikanischen Stadt hat als von einer europäischen, lässt sich an jeder Ecke feststellen. Dabei gibt es auch viele Zeugnisse aus römischer Zeit. Dazu noch Paläste aus der Renaissance und dem Barock. Und all dies erstrahlt in neuem Glanz. Und Cádiz ist iberoamerikanische Kulturhauptstadt, eine Ehre, die bisher nur Hauptstädten zuteil wurde.

DIE ROUTE DER WEISSEN DÖRFER (S. 238)

Die weißen Dörfer gehören zum kulturellen Erbe Spaniens. Darum stehen viele von ihnen unter Denkmalschutz. Es gibt sie in ganz Andalusien, aber die schönsten und traditionsreichsten findet man an der Costa de la Luz. Am besten bleiben Sie ein paar Nächte oder mieten sich ein Ferienhaus vor Ort, denn dann haben Sie gute Chancen, das echte Andalusien kennenzulernen.

Oben: Oliven, so weit das Auge reicht. Das größte Anbaugebiet Spaniens liegt in Jaén.
Mitte: Mini-Hollywood in der Wüste von Tabernas, Almería
Unten: Ein Mekka – nicht nur für Wanderer: die Alpujarras in Granada

Entdecken Sie Andalusien

Andalusien, das bedeutet für viele Menschen das echte Spanien. Seine Ursprünglichkeit, seine Einfachheit und Ehrlichkeit machen es nicht nur zum beliebten Urlaubsland, sondern auch zur neuen Heimat von Menschen aus der ganzen Welt. Gleichgültig, ob Sie eine Pauschalreise in eines der großen Hotels gebucht haben oder auf eigenen Pfaden wandeln, die andalusische Seele lässt sich überall entdecken, auch wenn man mancherorts ein wenig danach graben muss.

Mit einer Größe von gut 87 000 Quadratkilometern ist Andalusien die zweitgrößte autonome Gemeinschaft Spaniens und in etwa so groß wie Österreich. Da gibt es natürlich nicht nur Platz für Strand und Palmen, sondern auch für jede Menge Hinterland. Ob Sie es glauben oder nicht, Ziegenhirten, die mit ihrer Herde auf einer Landstraße unterwegs sind, *vaqueros*, die andalusischen Cowboys, samt Stieren und Kühen und jede Menge Flamenco gehören auch heute noch zum täglichen Leben. Trauen Sie sich und feiern Sie mit, wenn sich die Möglichkeit bietet. Probieren Sie die kleinen Bars und Restaurants am Ortsrand aus und sehen Sie sich nach Veranstaltungen außerhalb der Hotelanlage um. Das ist heute einfacher denn je, denn in Andalusien ist die Zeit nicht stehen geblieben und das Internet auch hier Kommunikationsmittel Nummer eins. Überall finden Sie Internetcafés und kostenloses WiFi, und die meisten spanischen Websites gibt es inzwischen zumindest auch in englischer Sprache.

In den Tourismusgebieten am Mittelmeer werden Sie mit Deutsch oder Englisch wunderbar zurechtkommen; wer indes aufs Land fährt, und dazu zählt auch die Atlantikküste, sollte sich ein paar Brocken Spanisch aneignen. Die Menschen sind hilfsbereit und bemühen sich, doch Fremdsprachen sind nicht ihre Stärke. Das sehen auch immer mehr Stadtverwaltungen ein und rüsten sich für ihre Gäste aus dem Ausland. In Touristinformationen beispielsweise werden inzwischen gerne Deutsch-Spanier beschäftigt, die in beiden Sprachen und Kulturen zu Hause sind. Fragen Sie also einfach mal nach, die Chancen dass Ihnen jemand in Ihrer Sprache weiterhelfen kann, stehen heutzutage ziemlich gut.

Tourismus in Zeiten der Krise

Andalusien belegte im Jahr 2010 mit 14,1 Prozent den vierten Platz unter den beliebtesten spanischen Urlaubsregionen, was einen Rückgang von 0,4 Prozent bedeutet. Im Vergleich dazu verzeichnete Gesamtspanien einen Zuwachs von einem Prozent. Das klingt zunächst einmal nicht sonderlich bedrohlich, doch vor dem Hintergrund, dass Andalusien die meisten Touristen aus dem eigenen Land verbucht, ergibt sich ein differenzierteres Bild. Vor der Krise kamen die inländischen Touristen im Durchschnitt für zwei Wochen und ließen jede Menge Euros an der Küste. Heute sind sie deutlich sparsamer. Urlaubsreisen werden meist nur noch über ein verlängertes Wochenende oder für höchstens eine Woche unternommen, und man versorgt sich lieber selbst, als auswärts essen zu gehen. Eine Entwicklung, die nicht nur in der Tourismusbranche spürbar ist. Andalusien hat aktuell eine Arbeitslosenquote von knapp 30 Prozent, wobei die meisten Arbeitssuchenden aus den Bereichen Baugewerbe und Dienstleistung kommen.

Groß angelegte Initiativen, an denen sich auch die Landesregierung beteiligt, tragen möglicherweise bereits Früchte. Neueste Zahlen belegen, dass 2011 acht Prozent mehr Touristen nach Spanien kamen

Oben: Vejer de la Frontera, der schönste Ort an der Costa de la Luz
Mitte: Königliche Reitschule in Jerez de la Frontera
Unten: Die Kathedrale von Arcos de la Frontera in der Provinz Cadiz

als im Jahr davor. 2011 war damit nach den Rekordjahren 2006 und 2007 für die Branche das drittbeste Jahr in der Geschichte des Tourismus in Spanien. Davon kann auch Andalusien profitieren.

Reisezeit

Grundsätzlich ist Andalusien immer eine Reise wert. Wer es einrichten kann, sollte die Hochsaison im Juli und August meiden, denn das sind die traditionellen Ferienmonate in Spanien. Dann geht es an der Küste zu wie früher beim Sommerschlussverkauf in Frankfurt oder Köln. Bis zum Strand steht man stundenlang im Verkehrsstau, und hat man es dann bis zum Wasser geschafft, gibt es keinerlei Parkmöglichkeiten mehr. Besonders Clevere nutzen die Sommermonate, um Rundreisen zu machen, denn dann liegen ja alle anderen am Strand. Doch einen Haken hat die Sache: Im andalusischen Hinterland kann es im Sommer schon mal 45 Grad im Schatten werden und anders als an der Küste weht im Landesinneren kein Lüftchen. Man sollte auch bedenken, dass zwischen 15 und 18 Uhr Siesta ist, in dieser Zeit geht kein Einheimischer auf die Straße und die Geschäfte sowie viele Bars haben geschlossen. In kleineren Orten kann es durchaus passieren, dass man sich dann nicht einmal eine Erfrischung kaufen kann.

Für Badeurlauber bieten sich Juni, September und meist auch der Oktober als Alternative zur Hochsaison an. Und wer sowieso lieber auf Erkundungstour geht, kann eigentlich das ganze Jahr über fündig werden. Zwar werden in vielen Ortschaften ab Mitte November die Gehsteige hochgeklappt, doch das hat den Vorteil, dass man dann das andalusische Leben in Reinform miterleben kann. In den Wintermonaten sollte man aber auf eine Unterkunft mit Heizung achten und festes

Oben: Sightseeing per Bus in Granada
Mitte: Paprika trocknet in der Sonne, Cadiar, Las Alpujarras.
Unten: Andalusien ist das beliebteste Reiseziel der Spanier.

Schuhwerk sowie warme Kleidung gegen Regen und Kälte einpacken. Von Dezember bis Februar regnet es häufig, vor allem die Costa de la Luz erlebte in den vergangenen Jahren einige kühle und sehr sehr feuchte Winter. Trotzdem lohnt sich eine Winterreise; sei es zum Skifahren in der Sierra Nevada, zum Surfen an der Costa de la Luz oder zum Wandern über grüne Hügel, unter blühenden Bäumen und über wilde Wiesenblumen.

Mit der *semana santa*, der Osterwoche, kommt der erste Strom der Besucher. In manchen Jahren kann man dann schon am Strand liegen und Unempfindliche gehen sogar baden, doch es gibt keine Wettergarantie. Frühling und Herbst können recht ungemütlich werden, damit muss man rechnen.

Die Sprache

In Andalusien spricht man Andalusisch, einen Dialekt, der sich sehr vom Hochspanisch unterscheidet. Die Buchstaben S und D werden meist nicht gesprochen, sodass es auch Spaniern aus anderen Landesteilen schwerfällt, das Andalusisch zu verstehen. Auf Spanisch heißt der Dialekt »andaluz« und auf Andalusisch »andalu«.

Die Landschaft

Gebirge, Wüste, Wälder, Küsten, Marschland und jede Menge Kulturlandschaft machen Andalusien zu einem der vielseitigsten und spannendsten Landstriche Europas. Aktuell gibt es zwei Nationalparks, die Sierra Nevada in Granada und den Coto de Doñana in Huelva, zusammen rund 1400 Quadratkilometer. Dazu kommen 23 Naturparks, 30 Naturreservate und 31 Naturlandschaften, sodass rund 18 Prozent der Fläche Andalusiens unter Schutz gestellt sind. Die andalusische Küste ist mehr als 800 Kilometer lang. Etwa

Oben: Kilometerlange, menschenleere Strände finden sich häufig an der Costa de la Luz am Atlantik.
Mitte: Das Flamencokleid wird gerne an Festen getragen.
Unten: Das weiße Dorf (Pueblo Blanco) Vejer de La Frontera an der Costa de la Luz

Oben: Cowboyshow in der Westernstadt von Mini-Hollywood in der Wüste von Tabernas
Unten: Der Aussichtspunkt »Balcón de Europa« in Nerja

280 Kilometer Atlantikküste im Westen vereinen sich mit rund 550 Kilometern am Mittelmeer. In der Sierra Morena und der Betischen Gebirgskette finden sich zahlreiche Stauseen, die als Wasserreservoirs und als Auffangbecken für große Niederschlagsmengen dienen.

Aktivitäten

Entlang der Küste gibt es zahlreiche Sporthäfen und Bootsverleihe aller Art, sodass Wasserski, Water-Paragliding und etliche andere Wassersportarten in den Urlaubsorten angeboten werden. Tauchsportler finden an der Costa de Almería einige Tauchbasen und zwei weitere bietet die Atlantikküste. Surfen und Kitesurfen sind weit verbreitet und Schulen bieten bereits Kurse für Kinder ab acht Jahren an. Bei Fortgeschrittenen und Surfprofis stehen die Hotspots an der Atlantikküste, von Tarifa bis Conil, hoch im Kurs. Hier finden auch immer wieder hochgradige Wettbewerbe bis hin zu Weltmeisterschaften statt.

Andalusien, das Land der Pferde, ist auch bei Reitern sehr gefragt. Gute Reitställe in wunderschöner Umgebung mit unterschiedlichsten Reitwegen gibt es an vielen Orten. Wer gerne den Strand entlanggaloppieren möchte, sollte nicht in der Hauptsaison anreisen, denn grundsätzlich sind Tiere an allen Stränden verboten. Das schließt auch das Reiten mit ein. Außerhalb der Saison wird es meist geduldet.

Immer größerer Beliebtheit erfreuen sich Radtouren und Radwanderungen. Verschiedene Anbieter organisieren den Aktivurlaub mitsamt dem eigenen Fahrrad. Man kann inzwischen aber auch sehr gute Räder mieten und die Gegend zusammen mit einem ortskundigen Führer erkunden. Mountainbiking ist ebenso beliebt wie Rennradtouren.

Quadtouren werden angeboten, doch man sollte bedenken, dass die kleinen Flitzer in den Städten und an den meisten Stränden inzwischen verboten sind. Wer es gemütlicher angehen lassen möchte, findet unzählige Angebote aller Art. Die Palette reicht von der Vogel- und Tierbeobachtung über Städtetouren bis hin zur Besichtigung von Kampfstieren auf der Weide. Darüber hinaus gibt es noch zahlreiche lokale Angebote, vom Eselreiten bis zum Tandem-Paragliding oder Cyrocopterflug. In den örtlichen Touristinformationen liegen meist Flyer mit den aktuellen Angeboten der Region aus.

Eine der beliebtesten Aktivitäten ist das Golfspielen. Etwa 60 Plätze hat Andalusien zu bieten, viele davon wurden an der Costa del Sol angelegt, sodass das Gebiet um Marbella herum auch als »Costa del Golf« bezeichnet wird.

Traditionen

Das Thema Nummer eins in Andalusien ist der Flamenco. Kein Fest ohne Flamenco-Tanzzelte, keine Veranstaltung ohne Flamenco-Sänger. An vielen Orten finden zwischen Frühjahr und Herbst Flamenco-Festivals statt, die oftmals auch Straßen und Plätze als Bühnen mit einbeziehen. Immer wieder eine gute Adresse sind aber auch die *peñas*, die es in fast jedem Ort gibt. *Peñas* sind Vereinsgaststätten, die von den jeweiligen Vereinen geführt werden und in denen deren Motto Programm ist. In den *peñas* der Flamencovereine gibt es Flamenco aus der Region, oftmals ist der Eintritt sogar frei.

Der Andalusier liebt Geselligkeit und seinen Verein. Auch heute noch gibt es für jeden Geschmack die passende Assoziation. Ob Reit- oder Fahrverein, Musikzug, Vereine mit sozialem Engagement

Oben: Wohlfühlen und Entspannen am Mittelmeer tut der Seele gut.
Mitte: Flamencoschuh – Traditionen leben auf.
Unten: Zentrum der Lederverarbeitung ist Ubrique in Cádiz.

oder Motorradclubs, es gibt sie überall und sie werden gepflegt. Ihren großen Auftritt haben die Vereine dann bei der örtlichen *fería*, dem Jahrmarkt, bei dem viele Assoziationen Zelte betreiben. Früher feierte man als geschlossene Gesellschaft, doch heute sind alle Besucher willkommen und zum Feiern, Trinken und Tanzen eingeladen. Scheuen Sie sich also nicht, die Stimmung ist hervorragend und für das leibliche Wohl wird bestens gesorgt.

Im Laufe eines Jahres findet in jedem andalusischen Ort mindestens eine Wallfahrt (*romeria*) statt. Zu Ehren des lokalen Schutzpatrons oder der Patronin wird die Statue aus der Kirche geholt und auf einer bestimmten Route entlanggetragen. Zu diesen Anlässen finden sich die meisten Einwohner und zahlreiche Gäste ein. In einigen Orten wird anschließend zünftig gefeiert, in anderen geht die *romeria* etwas ruhiger ab. Ein weiterer Termin zur Wallfahrt ist die Karwoche, die *semana santa*, die in vielen Gemeinden zelebriert wird. Besonders groß wird sie in Sevilla, in Alhaurín el Grande (Almería) und in Coin (Malaga) gefeiert. In der Provinz Cádiz entwickelt sich in den letzten Jahren die *semana santa* in San Fernando zu einem großen Fest und in Baena (Córdoba) wird ein Trommelwettbewerb ausgetragen. Allerdings wirken die Kostüme der Bruderschaften, die die Prozession begleiten, manchmal recht unheimlich. Zu Weihnachten wird an vielen Orten »Belen« (Krippe) inszeniert, wobei es sich um lebende Bilder handelt, die die Stationen des Lebens Jesu Christi nachstellen und bei denen meist die halbe Gemeinde und sämtliche Haustiere ihren Auftritt haben. In Medina Sidonia (Cádiz) hat sich Belen zu einem echten Ereignis entwickelt.

Ein Kulturgut besonderer Art ist der Osborne-Stier, der auf etlichen Hügeln an Spaniens Straßen

Oben: Kleiner Junge bei einer Prozession der Bruderschaften während der Semana Santa (Osterwoche)
Mitte: Die Gebetsnische »Mihrab« mit der »Maksoera-Kuppel« in der Mezquita von Cordoba
Unten: Pilger auf dem Weg nach El Rocío in Hulva

steht. Insgesamt sind es 90 Figuren mit einer Höhe von je 14 Metern. Und alle kommen aus Cádiz, wo sie in einer kleinen Schlosserei in El Puerto de Santa Maria das Licht der Welt erblickten. Zu seinem 40. Geburtstag im Jahr 1997 wurde der *Toro de las carreteras* (der Stier der Landstraßen) offiziell zum Kulturgut Spaniens erklärt. Vorausgegangen war ein Streit zwischen dem Verkehrsministerium in Madrid, das Werbung am Straßenrand verboten hatte und auch den Stieren den Garaus machen wollte, und einer breit aufgestellten Bürgerinitiative, die sich für den Erhalt der Stiere einsetzte. Ihrer Argumentation, die Figuren seien keine Werbeträger, sondern Kunstobjekte, folgte auch das Gericht. So durften die Stiere, die längst zu einem Wahrzeichen Spaniens geworden sind, an den Straßen stehen bleiben.

Geografie

Andalusien ist auf der Iberischen Halbinsel die südlichste der 17 autonomen Gemeinschaften von Spanien, und mit einer Fläche von 87 268 Quadratkilometern die zweitgrößte. Es grenzt im Osten an Murcia, im Norden an Kastilien-La Mancha und die Extremadura, im Westen an Portugal, im

Die »Romeria« (Wallfahrt) in Priego de Córdoba in der Sierra Subbetica

Oben: Almonaster la Real in der Sierra de Aracena
Mitte: Mosaik im Neptun-Haus in der Ausgrabungsstätte von Italica
Unten: Olivenhaine und Felder der Sierra de Aracena

Geschichte im Überblick

20000–15000 v. Chr. Erste Siedlungsbelege durch Gräber und Höhlenmalereien in Nordspanien werden gefunden. Sie gehören zu den ältesten je entdeckten menschlichen Zeichnungen.

1000–600 v. Chr. Im Mündungsgebiet des Guadalquivir liegt das Sagen umwobene Königreich Tartessos. Metallhandel mit den Phöniziern ist belegbar, der Wohlstand des Reiches geht aber auch auf die Förderung und Verarbeitung von Gold und Silber aus der Umgebung zurück.

um 900 v. Chr. Die Phönizier besiedeln die Iberische Halbinsel und gründen Cádiz.

um 500 v. Chr. Die Punier, auch als Karthager bekannt, gründen verschiedene Städte im heutigen Andalusien.

264-206 v. Chr. Die drei Punischen Kriege, in denen Römer gegen Karthager um die Herrschaft in Andalusien kämpfen, werden von den Römern gewonnen. Sie besiedeln die Iberische Halbinsel. Der römische Name Andalusiens lautet »Hispania Baetica«. Nach dem Vorbild römischer Städte wird Andalusien zu einer urbanen Region.

409–711 Im Zuge des Verfalls des Römischen Reichs fallen die Vandalen und andere germanische Stämme ein und übernehmen Hispania Baetica. Ab 450 erobern die Westgoten das Land und gründen ein eigenes Reich mit Toledo als Hauptstadt. Sie herrschen fast 300 Jahre lang.

711 Tariq ibn-Nasyr landet bei Tarifa. Damit beginnt die Eroberung durch die Mauren. Innerhalb von nur acht Jahren übernehmen sie große Teile des Westgotenreichs.

756–1031 Unter den Kalifen Abd ar-Rahman I. und Abd ar-Rahman III. entsteht das Kalifat von Córdoba. Handel, Wissenschaft, Handwerk und Kunst erleben eine Blütezeit. Nach dem Zerfall des Kalifats bilden sich viele Kleinreiche.

718–1492 In Asturien wird eine christliche Rebellion gegen die muslimische Herrschaft zum Beginn für die *Reconquista*, die Rückeroberung. Sie endet 1492 mit der Kapitulation des Königreichs Granada. Im selben Jahr entdeckt Kolumbus Amerika. Das »Goldene Zeitalter« beginnt.

1503 Sevilla erhält das Monopol für den Handel mit Amerika. Die Güter werden über den Fluss Guadalquivir bis nach Sevilla verschifft. Die Stadt erblüht und erlebt eine Zeit großen Wohlstands und Reichtums.

1700–1714 Nach dem Tod König Karls II. endet die Habsburger Herrschaft in Spanien, was den Spanischen Erbfolgekrieg auslöst, der 13 Jahre dauern soll. Die Engländer besetzten den Felsen von Gibraltar. Nach dem Frieden von Utrecht übernehmen die Bourbonen die Herrschaft.

1717 Cádiz übernimmt von Sevilla das Monopol für den Handel mit Amerika. Gründe sind die zunehmende Versandung des Flusses Guadalquivir und die Parteinahme Sevillas für die Habsburger.

1805 Bei der Seeschlacht von Trafalgar schlagen die Briten die spanisch-französische Flotte.

1808–1814 Napoleon I. lässt Spanien besetzen, zwingt König Karl IV. zum Thronverzicht und setzt seinen Bruder Joseph Bonaparte als König ein. Das spanische Volk erhebt sich und kämpft um seine Freiheit. Am 19. März 1812 wird in Cádiz eine neue, moderne Verfassung verabschiedet. Napoleon wird vertrieben und Ferdinand VII., Sohn von Karl IV., kehrt auf den spanischen Thron zurück. Entgegen seinem Versprechen akzeptiert er jedoch die neue Verfassung nicht, installiert ein absolutistisches System und führt die grausame Inquisition wieder ein.

1898 Nach der Niederlage im Spanisch-Amerikanischen Krieg verliert Spanien seine letzten Kolonien.

1923–1930 Diktatur unter General Primo de Rivera.

1929 Für die Iberoamerikanische Weltausstellung in Sevilla werden zahlreiche neue Gebäude, Pavillons und Plätze errichtet, darunter die bekannte Plaza España.

1936–1975 Vier Jahre lang, bis 1939, tobt der Spanische Bürgerkrieg, ein Militäraufstand gegen die demokratisch gewählte Regierung. Wegen der Unterdrückung der Arbeiterschaft, Autonomiebestrebungen verschiedener Provinzen und Streitigkeiten um die Stellung der Kirche bricht der Krieg aus. Er endet mit dem Sieg der Putschisten um General Franco. Dieser führt Spanien in eine Diktatur, die erst 1975 mit seinem Tod endet. Nach seinem Willen wird Juan Carlos I. König von Spanien. Dieser macht Spanien zu einem demokratischen Land.

1992–2008 Die Weltausstellung Expo in Sevilla wird zum teuren Verlustgeschäft. Doch sie ist auch der Startschuss für die Entwicklung der spanischen Wirtschaft. In den folgenden Jahren wird das Land zum Wirtschaftswunderland der Europäischen Union. Allerdings wird versäumt, für die aufstrebende Wirtschaft eine solide Basis zu schaffen, der wirtschaftliche Erfolg beruht fast einzig und allein auf dem Baugewerbe. 2008 platzt die Immobilienblase und Spanien stürzt in eine tiefe Krise.

2011 Bei den Landtagswahlen am 22. Mai erleiden die regierenden Sozialisten unter Ministerpräsident José Luis Rodríguez Zapatero eine historische Niederlage. Voraus gegangen waren monatelange Proteste in ganz Spanien. Am 29. Juli entscheidet sich Zapatero für vorgezogene Neuwahlen. Aus der Wahl am 21. November geht die konservative Volkspartei PP unter Führung von Mariano Rajoy als stärkste Partei hervor. Rajoy wird am 20. Dezember zum neuen Ministerpräsidenten gewählt. Er will das Land durch massive Einsparungen aus der Krise führen.

Süden an den Atlantik und das Mittelmeer. Andalusien besteht aus acht Provinzen: Almería, Granada und Málaga am Mittelmeer, Jaén, Córdoba und Sevilla im Binnenland sowie Cádiz und Huelva am Atlantischen Ozean. Hauptstadt ist Sevilla. Die Einwohnerzahl beträgt gut acht Millionen Menschen, womit Andalusien die bevölkerungsreichste Region Spaniens ist.

Das Tal des Guadalquivir mit seinen Nebenflüssen prägt den Westen des Landes. Er trennt das nördlich gelegene Mittelgebirge Sierra Morena, das die Grenze zur Extremadura und Kastilien-La Mancha darstellt, von der Betischen Kordillere, einem Faltengebirge, im Südosten. Zur Betischen Kordillere gehört auch die Sierra Nevada, in der die höchsten Berge des spanischen Festlandes liegen. Der Mulhacén mit 3481 Metern und der Veleta, der 3398 Meter hoch ist. Mindestens von November bis Mai tragen die Berge eine Schneekappe, der das Gebirge seinen Namen verdankt. *Sierra Nevada* bedeutet »verschneites Gebirge«. Am Fuß der Sierra Nevada, in der Provinz Almería, findet sich die einzige echte Halbwüste Europas, die Wüste von Tabernas.

Klima

Almería ist die trockenste und sonnenreichste Region in Andalusien. Selbst in den Wintermonaten von Oktober bis Februar fallen hier durchschnittlich nicht mehr als 20 bis 50 Millimeter Niederschlag pro Monat, und die Temperaturen bewegen sich zwischen 8 und 16 Grad Celsius. Im Sommer steigt das Thermometer durchschnittlich auf 24 bis 30 Grad Celsius, doch Temperaturen von über 40 Grad sind keine Seltenheit. Ähnlich warm ist es an der gesamten andalusischen Mittelmeerküste, allerdings fällt hier wesentlich mehr Regen. Das milde Klima erlaubt ganzjähriges Reisen und ge-

Oben: Die Regenfälle der letzten Jahre haben die Stauseen in Andalusien gefüllt.
Mitte: Feinen Sandstrand gibt es fast überall in Andalusien.
Unten: Historische Stadtmauer im weißen Dorf Ronda

stattet sogar Wassersport wie Surfen und Kitesurfen. Deutlich kühler und meist auch regenreicher sind die Winter an der Atlantikküste. Außer in den Sommermonaten muss man das ganze Jahr über mit Niederschlägen und teils starken Winden rechnen. Auch hier erreichen die Temperaturen im Sommer leicht mehr als 40 Grad. Sevilla gilt als die heißeste Stadt Europas. Bei bis zu 50 Grad Celsius sollte man sie daher im Juli und August besser meiden.

In den andalusischen Mittel- und Hochgebirgen wird es im Winter empfindlich kalt und die Sommer sind angenehm kühl. Die Sierra de Grazalema, die in den Provinzen Cádiz und Málaga liegt, gilt als regenreichstes Gebiet Spaniens. In den Wintermonaten wird auch die Atlantikküste dazu gezählt.

Infrastruktur

Ob aus der Luft, per Bahn, mit dem Schiff oder dem Auto, Andalusien ist bequem zu erreichen. Ein gut ausgebautes Straßennetz mit mautpflichtigen Autobahnen und meist parallel verlaufenden kostenfreien Nationalstraßen verbindet alle größeren Städte miteinander. Es gibt internationale Flughäfen in Málaga, Sevilla, Almería, Granada und Jerez de la Frontera sowie einen nationalen Flughafen in Córdoba. Andalusien verfügt über fünf Seehäfen: Huelva, Cádiz und Algeciras am Atlantik sowie Málaga und Almería am Mittelmeer. Der spanische Hochgeschwindigkeitszug AVE verkehrt zwischen Madrid und Córdoba und zwischen Sevilla und Málaga. Die größeren Städte sind auf dem Schienenweg gut zu erreichen. Versucht man allerdings ohne Auto aufs Land zu reisen, kann sich ein simpler Ausflug zu einem nervenaufreibenden Unterfangen auswachsen. Verschiedene Busunternehmen sind über Land un-

Oben: Der Naturpark La Breña bei Barbate an der berühmten Costa de la Luz
Mitte: Highspeed-Fähre im Hafen von Tarifa
Unten: Autobahnbrücke über den Fluss Guadalquivir in Sevilla

Oben: Pferde und Windräder prägen die Landschaft am Atlantik.
Mitte: Blühender Rosengarten
Unten: Traditionelle Töpferwaren werden heute noch gerne benutzt.

terwegs und bringen die Reisenden zu Busbahnhöfen, wo sie selbst in großen Städten oft keinen oder nur mit langer Wartezeit einen Anschluss bekommen. Außerdem ist es durchaus möglich, dass ein Bus eine Stadt zwar passiert, aber nicht anhält, sodass der Fahrgast unter Umständen erst 50 Kilometer weiter aussteigen kann und zusehen muss, wie er den Weg zurück organisiert. Besonders in der Nacht ist dies eigentlich unzumutbar. Wer also längere Strecken zurücklegen möchte oder zu einem bestimmten Zeitpunkt an einem Ort sein muss, sollte sich entweder sehr viel Zeit nehmen oder lieber gleich aufs Auto umsteigen, das innerhalb Andalusiens fast unverzichtbar geworden ist.

Wirtschaft

Über 40 Prozent der Fläche Andalusiens werden landwirtschaftlich genutzt. Damit ist die Landwirtschaft auch heute noch der wichtigste Wirtschaftssektor Andalusiens. In der Provinz Sevilla wird vor allem Getreide geerntet, ebenso in Cádiz, Granada und Almería. Obst und Gemüse werden ganzjährig angebaut und kommen meist aus Almería, Huelva und Granada. In ganz Andalusien wird inzwischen auch vermehrt ökologische Landwirtschaft betrieben. Zentren des Olivenanbaus sind Jaén und Córdoba. Mehr als 80 Prozent des spanischen Olivenöls werden hier produziert. Die wichtigsten Weinbaugebiete liegen in den Provinzen Cádiz und Málaga. Auch die Holzwirtschaft spielt eine große Rolle, denn Andalusien ist zur Hälfte bewaldet. In Huelva wächst vor allem Eukalyptus, in der Sierra Morena, im Norden des Landes, sowie in Cádiz und Málaga finden sich vor allem Kork- und Steineichen. Mandelbäume gedeihen in Almería und Granada, wo zudem auch Pappeln angebaut werden. Die Wälder Andalusiens regulieren die Wasserreserven, sind wichtig für den Erhalt von Pflanzen und Tieren und verhindern Erosion.

Mehr als die Hälfte der Beschäftigten ist im Dienstleistungssektor tätig, zu dem auch der Tourismus zählt, der sich zu einem wichtigen Wirtschaftsfaktor entwickelt hat. Industrie gibt es in Andalusien wenig: etwas Bergbau, Chemie und Petrochemie, Schiffsbau und Lebensmittelherstellung, vor allem aus Oliven, Trauben, Zucker und Fisch.

Immer wichtiger wird indes die Produktion von regenerativer Energie. Im Jahr 2010 verzeichnete Andalusien einen Anstieg der erneuerbaren Energien um elf Prozent gegenüber dem Vorjahr. Mit einem Zuwachs von 420 Megawatt neu installierter Leistung liegt das Gesamtvolumen bei 4246 Megawatt, die sich aus Wasserkraft, Windkraft und Sonnenkraft zusammensetzen. Die meiste Windenergie wird an der Costa de la Luz produziert, wo insgesamt 63 Windkraftanlagen arbeiten. In Almería steht das größte Sonnenkraftwerk Europas. Im Jahr 2020 sollen 20 Prozent des gesamten spanischen Endenergieverbrauchs aus regenerativer Energie gewonnen werden.

Fauna und Flora

Oft wird Andalusien mit vertrocknetem braunen Land, Hitze und Kargheit assoziiert. Doch all das findet man eigentlich während des Sommers. Etwa neun Monate lang ist Andalusien ein frisches, grünes Land mit riesigen Waldflächen, Seen und einer reichen Tier- und Pflanzenwelt.

In den Bergregionen, in denen eine mediterrane Vegetation vorherrscht, wachsen vor allem Stein- und Korkeichen, Stechwacholder und Wegdorn sowie Kräuter wie Rosmarin, Thymian und Orega-

Oben: Olivenplantage in Jaén
Mitte: Die Silberdistel ist in den Bergen Spaniens weit verbreitet.
Unten: Das schwarze Schwein liefert den beliebten Schinken »Jamon Iberico«.

Oben: Faro de Chipiona in der Provinz Cádiz, der höchste Leuchtturm Spaniens
Mitte: Idylle in Frigiliana bei Nerja
Unten: Restaurant in Granada auf dem Paseo de los Tristes

no. In den Wäldern und Gebirgen sind Wildschwein, Damwild, Bergziegen, Mufflon und viele Greifvögel beheimatet.

Die mittleren Regionen werden meist als Kulturflächen genutzt. Hier stehen die großen Olivenhaine, hier liegt das Weideland. Die Mischung aus Bäumen, Gräsern und Kräutern ist Lebensraum für viele Wildtiere und Vögel, die sich das Land mit Rindern und Schweinen teilen.

Im Tiefland, in den Flusstälern und Auen, wachsen Pappeln und Weiden. Im Nationalpark Doñana und den geschützten Naturparks leben zahlreiche vom Aussterben bedrohte Tierarten wie die Weißkopfente, der Iberische Kaiseradler und der Iberische Luchs. In den vergangenen Jahren ist es auch gelungen, den Europäischen Ibis, der in Europa jahrhundertelang als ausgerottet galt, an der Costa de la Luz wieder anzusiedeln.

In den Marschgebieten nisten Flamingos, Störche und viele andere Vogelarten. Zugvögel aus Nordeuropa nehmen hier ihr Winterquartier. In den höher gelegenen Küstenstreifen wachsen Pinien und Kiefern und die trockenen Gebiete im Osten des Landes dominieren zwergwüchsige Pflanzen wie Thymian und Heidekraut. Hier leben Mauereidechsen, verschiedene Echsen- und Molcharten sowie Schlangen und Skorpione.

In den Städten und um die Landhäuser herum findet man den »Transparente«, dessen Blätter tatsächlich durchscheinend sind. Es handelt sich um einen immergrünen Baum, der traditionell als lebendiger Zaun dient, vor Wind und Regen schützt und Schatten spendet. Die typischen andalusischen Straßenbäume sind Orange und Zitrone sowie Palmen, Zypressen und Feigenbäume.

Steckbrief Andalusien

Lage: Andalusien ist auf der Iberischen Halbinsel die südlichste der 17 autonomen Gemeinschaften von Spanien.

Fläche: 87 268 Quadratkilometer

Küste: Die andalusische Küste ist mehr als 800 Kilometer lang. Etwa 280 Kilometer Atlantikküste im Westen vereinen sich mit rund 550 Kilometer am Mittelmeer.

Hauptstadt: Sevilla

Flagge:

Amtssprache: Spanisch.

Einwohner: ca. 8.040 000. Die größten Städte sind Sevilla mit 703 200, Málaga mit 560 000 und Granada mit 236 982 Einwohnern.

Währung: Euro

Zeitzone: MEZ und MESZ von Frühsommer bis Herbst.

Geografie: Andalusien grenzt im Osten an Murcia, im Norden an Kastilien-La Mancha und die Extremadura, im Westen an Portugal und im Süden an den Atlantik und das Mittelmeer. Andalusien besteht aus acht Provinzen: Almería, Granada und Málaga am Mittelmeer, Jaén, Córdoba und Sevilla im Binnenland sowie Cádiz und Huelva am Atlantischen Ozean. In der Sierra Nevada liegen die höchsten Berge des spanischen Festlands: Der Mulhacén mit 3481 Metern und der Veleta, der 3398 Meter hoch ist. Sevilla gilt als die heißeste Stadt Europas.

Wirtschaft und Tourismus: Im Jahr 2011 lag die Arbeitslosenquote in Andalusien bei rund 30 Prozent. Die Landwirtschaft bildet auch heute noch den wichtigsten Wirtschaftssektor Andalusiens. Hier werden über 80 Prozent des spanischen Olivenöls produziert. Im Jahr 2010 nahm Andalusien mit 14,1 Prozent den vierten Platz unter den beliebtesten spanischen Urlaubsregionen ein. Etwa 50 Prozent der Beschäftigten arbeiten im Sektor Dienstleistung und Tourismus. Der Bausektor erlebte in den letzten Jahren einen extremen Einbruch.

Religion: Über 90 Prozent der Einwohner Andalusiens sind römisch-katholisch.

Die Neue Brücke über die Tajo-Schlucht in Ronda

FARMACIA

MITTELMEER-KÜSTE

Vorangehende Doppelseite: Im nächtlichen Nerja geht es rund.
Mitte: Der Kreuzgang der Kathedrale von Almería
Unten: Gottesdienst im ehrfürchten und pompösen Inneren der Kathedrale

1 Almería

Hauptstadt der Provinz

Die Region im Osten gilt als sonnenreichste in ganz Andalusien, denn sie bringt es auf durchschnittlichen 3000 Stunden pro Jahr. Almería, das bedeutet »Spiegel des Meeres«, und stammt aus dem Arabischen. Und arabisch ist auch das Stadtbild. Enge Gassen, weiße Häuser – manche bereits viele hundert Jahre alt – sowie die berühmten Höhlenwohnungen bereichern das Bild dieser modernen Universitätsstadt.

Almería, die Hauptstadt der gleichnamigen Provinz, liegt in einer weiten Mittelmeerbucht. Die Stadt beherbergt rund 190 000 Einwohner und lebt in erster Linie von Tourismus und intensiver Landwirtschaft. Der Hafen ist vor allem bedeutend für den Export landwirtschaftlicher Produkte, nicht zuletzt derjenigen aus den Foliengewächshäusern des Umlands. Außerdem bedeutet der Hafen eine wichtige Verkehrsverbindung zum afrikanischen Kontinent. Von hier aus gehen täglich Fähren nach Marokko und Tunesien, und regelmäßig besuchen Kreuzfahrtschiffe die Stadt.

MAL EHRLICH

PLASTIK

Bei den meisten von uns stehen sie ganz selbstverständlich fast täglich auf dem Speiseplan, die Tomaten, das Obst und das Gemüse aus Almería. Damit man es auch im Winter ernten kann, wächst es unter riesigen Gewächshäusern aus Plastik. Falls Sie in der Region unterwegs sind und das Glitzern in der Ferne für das Mittelmeer halten, dürfen Sie sich leider nicht zu sicher sein. Es könnte sich auch um das Meer aus Plastikfolie handeln.

Geschichte

Im Gebiet um Almería hat man Siedlungsbelege und Höhlenmalereien gefunden, die bis in die Altsteinzeit zurückgehen. Aus römischer Zeit fand man Überreste von Salzfabriken, die vermuten lassen, dass hier ein reger Handel mit dem damals beliebten »Garum«, einer Fischsoße, getrieben wurde. Nach den Römern kamen die Vandalen, danach die Westgoten und schließlich die Byzantiner, die sich die Provinz einverleibten. Ab dem 8. Jahrhundert übernahmen die Mauren die Herrschaft und brachten der Region, wie überall in Andalusien, eine Zeit des Wohlstands und des Friedens. Die Stadt Almería wurde 955 von Abd ar-Rahman III. als Hafenstadt gegründet. Im selben Jahr begann der Bau der Festungsanlage Alcazaba, die auf einem Hügel über der Stadt thront. Im 11. Jahrhundert erlebte Almería eine kurze Blütezeit und war die reichste Handelsstadt Spaniens. Ihr Machtbereich umfasste Murcia, Jaén, Córdoba und Teile von Granada. Doch bereits am Ende desselben Jahrhunderts wurde die Stadt von den Nasriden aus Granada annektiert. 1489 eroberten die Christen Almería zurück und 1522 wurde es durch ein schweres Erdbeben zerstört, sodass nur wenige Monumente aus der maurischen Zeit erhalten sind. Eine weitere Bedrohung kam über das Meer, denn die Stadt wurde bis ins 18. Jahrhundert hinein immer wieder von Piraten aus Nordafrika angegriffen, die auf Menschenfang waren und ihre Beute in der Heimat als Sklaven verkauften. Danach verbesserten sich die wirtschaftlichen und sozialen Verhältnisse und die Stadt begann sich zu entwickeln, bis der Erste Weltkrieg und anschließend der Spanische Bürgerkrieg das Wachstum zum Erliegen brachten. Erst in den 1950er-Jahren ging es dann wieder aufwärts und Almería begann sich einen Namen als Urlaubsort zu machen.

AUTORENTIPP!

PRIMA WINTERKLIMA

Der kalte, feuchte und dunkle Winter in Mitteleuropa macht vielen Menschen das Leben schwer, besonders chronisch Kranken und Älteren. Dabei ist es gar nicht so teuer, den Winter in einem gesünderen Klima zu verbringen. Der Golf von Almería bietet dafür die allerbesten Voraussetzungen. Von November bis März regnet es hier statistisch an nur 27 Tagen, das Klima der Region ist das trockenste in ganz Spanien. Die Temperaturen erreichen im Winter häufig 20 Grad, wobei die Durchschnittswerte bei 19 Grad im November, 17 Grad im Dezember, je 16 Grad im Januar und Februar und 18 Grad im März betragen. Meist ist es wolkenlos und hell, und die Seeluft unterstützt die Gesundheit von Körper und Geist. Zudem gilt die mehrsprachige ärztliche Versorgung der Region als vorbildlich. Angebote für Langzeiturlaub gibt es bei vielen großen Veranstaltern. Wer sich nach einem privaten Appartement umschaut, wird bereits ab 400 Euro Miete pro Monat fündig.

In Andalusien kann man im Sommer und im Winter das warme Klima genießen.

Oben: Gasse im Barrio de la Chanca
Unten: Der Innenhof der Kunstschule in Almería

Almería heute

Durch den Tourismus, Subventionen und eine verbesserte Infrastruktur konnte Almería sich zu einer modernen Stadt entwickeln und besitzt seit 1993 eine Universität. Die rund 15 000 Studenten wohnen meist im Zentrum und den östlichen Stadtvierteln und prägen somit das Bild der Innenstadt. Das Stadtviertel Barrio de la Chanca liegt im Osten der Stadt, unterhalb der *Alcazaba* Ⓐ, die über Almería thront. Hier leben *gitanos*, die Zigeuner Spaniens, und Fischer in Sozialwohnungen und zum Teil in Wohnhöhlen, die sie liebevoll und farbenfroh gestaltet haben. In der Altstadt, dort, wo einst eine große Moschee stand, wurde 1524, gleich nach dem großen Erdbeben, mit dem Bau einer Kathedrale begonnen. Die wirkt nicht nur wehrhaft, sie war in der Tat als Festung geplant, als Schutz vor den Angriffen der Piraten aus Nordafrika. Die Catedral Fortaleza blieb die einzige als Wehrkirche gebaute Kathedrale Andalusiens. Ihre Fassade und das Portal sind im Renaissancestil errichtet, das dreiteilige Kirchenschiff ist gotisch und der Kreuzgang aus dem 18. Jahrhundert im klassizistischen Stil erbaut. Die Plaza Puerta de Purchena Ⓑ ist ein Platz im Herzen der Altstadt, an dessen Stelle früher das Purchena-Tor, ein Stadttor, stand. Rund um den Platz sind modernistische Gebäude aus dem frühen 20. Jahrhundert gruppiert, darunter die Casa de las Mariposas, das Haus der Schmetterlinge, aus dem Jahr 1905. Weitere Bürgerhäuser aus dieser Epoche findet man in der Calle Granada. Die Iglesia de Santiago Ⓒ ist eine kleine Kirche aus der Mitte des 16. Jahrhunderts, im Mudejar-Stil. Sie besitzt ein schönes Renaissanceportal und einen romanischen Turm. Das Museo Arqueológico Ⓓ in der Carretera de Ronda beherbergt in seinem historischen Archiv phönizische, griechische und maurische Exponate.

Der Platz vor der Kathedrale ist gut zum Ausruhen und Genießen.

Verkehrswege

Der Flughafen von Almería, der Aeropuerto de Almería, liegt knapp zehn Kilometer außerhalb der Stadt, an der Landstraße nach Níjar. Er hat ein Passagieraufkommen von gut 1,2 Millionen Fluggästen im Jahr und liegt damit an fünfter Stelle der sechs Flughäfen in Andalusien. Die meisten internationalen Touristen kommen in Alicante oder Malaga an, um die Costa del Sol und die Costa de Almería zu besuchen. Per Bahn gibt es Anbindungen aus Granada, Barcelona, Madrid, Sevilla und Cádiz, doch existiert keine Zugverbindung zwischen Málaga und Almería. Informationen über den Fahrplan bietet die Internetseite, www.renfe.com, der spanischen Bahnbetriebe. Auch mit dem Bus kommt man nach Almería und gelangt von dort in die umliegenden Ortschaften. Im Internet gibt es Informationen und Abfahrtzeiten unter www.alsa.es auch in deutscher Sprache.

Essen gehen in Almería

Auf der regionalen Speisenkarte darf in der Provinz Almería die Paprika nicht fehlen. Sie wird als

AUTORENTIPP!

SCHUTZRÄUME AUS DEM BÜRGERKRIEG

Die 4,5 Kilometer langen unterirdischen Gänge der Anlage wurden zwischen 1937 und 1938 in neun Metern Tiefe gegraben, um die Menschen vor den Bomben des Bürgerkriegs zu schützen. Die Schutzkeller verlaufen unter der Hauptstraße, dem Paseo de Almería, und fassten 90 Prozent der Einwohner, deren Zahl sich damals auf 45 000 belief. Inzwischen ist ein Kilometer des unterirdischen Refugiums wieder hergerichtet. Es gibt einen Lagerraum, einen Schutzraum und einen Operationssaal mit allen Instrumenten aus jener Zeit zu besichtigen. Die Schutzräume sind die weitläufigsten in Europa, die besucht werden können. Die Anlage ist von Dienstag bis Donnerstag von 10.00 bis 14.00 Uhr geöffnet, freitags, samstags und sonntags von 10.00 bis 14.00 Uhr und von 17.00 bis 21.00 Uhr. Die Besichtigung findet im Rahmen einer Führung statt. Eine Terminvereinbarung per Telefon oder E-Mail ist erforderlich. Adresse siehe Infobox auf S. 31.

Arkadengänge der Kunstschule

Oben: Blick auf die am Abend illuminierte Alcazaba
Mitte: Im Herzen der Altstadt gibt es viele bunte und kleine Häuser.
Unten: Das Portal der Klosterkirche Las Claras

Gemüse, Salat oder in Form von Paprikapulver viel und gerne eingesetzt. Natürlich findet man sie auch in den *tapas*, zu Deutsch »Häppchen«. Die kulinarischen Kleinigkeiten gibt es in allen erdenklichen Varianten, etwa mit Fisch, Muscheln, Schnecken, Fleisch, Kartoffeln, Gemüse, Brot, Knoblauch und vielen Zutaten mehr. Tapas werden kalt oder heiß, frittiert oder in Soße serviert. Man bekommt sie in Almería traditionell kostenlos bei der Bestellung eines alkoholischen Getränks in fast allen Lokalen der Stadt. Beliebt ist auch eine Tapas-Tour, von Bar zu Bar, als Einstimmung für den Abend. Am besten eignen sich dafür das Gebiet um den Fischereihafen bei der Kriche San Roque, ebenso die Straßen rund um die Kahtedrale, die Rambla de Almería, die Plätze San Sebastián, Puerta Purchena und Paseo de Almería sowie die Plaza Flores und die Plätze Urrutia, San Pedro und Virgen del Mar. Aber auch an der Strandpromenada kann man von Tapas-Bar zu Tapas-Bar ziehen.

Nachtleben

Konzerte und Tanzveranstaltungen beginnen in der Regel nicht vor Mitternacht, darum kann man sich mit seinem persönlichen »Vorprogramm« Zeit lassen. Gute Livemusik gibt es im *Pub La Cueva* in der Calle Canónigo Molina Alonso. Auf der Internetseite www.lacuevaalmeria.com kann man sich den Konzertplan für drei Monate im Voraus ansehen, ein Service, den man in dieser Art selten findet in Andalusien. Das »Amargo Sound Cafe« ist ein zentral gelegenes Lokal an der Plaza Marqués de Heredia, hier wird Techno aufgelegt. Flamenco gibt es in der »Peña Flamenca El Taranto« in der Calle Tenor Iribarne, 20, im Zentrum, ganz in der Nähe des Paseo de Almería. Im Internet finden sie die Peña unter www.eltaranto.com

Infos und Adressen

INFORMATION

Oficina de Turismo Almería. Von September bis Juni ist das städtische Touristenbüro tägl. von 9–17 Uhr geöffnet. Im Juli und August tägl. von 9–14 Uhr und von 16–19 Uhr. Es werden tägl. Führungen zu verschiedenen Themen angeboten. Plaza de la Constitución, s/n, 04001 Almería, Tel. 950 210 538, E-Mail über die Website, www.turismodealmeria.org

Touristeninformation am Flughafen Almería. Carretera de Níjar, Kilometer 9, 04130 Almería, Tel. 950 292 918, E-Mail über die Website, www.turismodealmeria.org

Oficina de Turismo de la Junta de Andalucía. Das Touristenbüro der Provinzverwaltung ist von Montag bis Freitag 9–19.30 Uhr geöffnet. Samstags, sonntags und an Feiertagen von 9.30–15 Uhr, bzw. im Sommer von 10–14 Uhr. Parque Nicolás Salmerón, an der Ecke Calle Martínez Campos, 04002 Almería, Tel. 950 175 220

BUSBAHNHOF

Estación Intermodal de Autobuses de Almería. Plaza de la Estación, 6, 04006 Almería, Tel. 950 262 098

MUSEEN

Schutzräume aus dem Bürgerkrieg. Plaza Manuel Pérez García, 04003 Almería, Tel. 950 268 696, E-Mail refugios@aytoalmeria.es

Museo Arqueológico. Das Museum ist dienstags von 14.30–20.30 geöffnet, Mittwoch bis Samstag von 9–20.30 Uhr und sonntags von 9–14.30 Uhr. Mo ist Ruhetag. Die Ausstellung beinhaltet Funde von der Frühzeit bis zu den Mauren. Archäologisches Museum, Carretera de Ronda, 91, 04005 Almería, Tel. 950 175 510

Festung Alcazaba. Das Museum ist dienstags von 14.30–20.30 geöffnet, Mittwoch bis Samstag von 9–20.30 Uhr und sonntags von 9–14.30 Uhr. Mo ist Ruhetag. Die Ausstellung beinhaltet Funde von der Frühzeit bis zur Zeit der Mauren. Calle Almanzor, s/n, 04002 Almería, Tel. 950 175 500

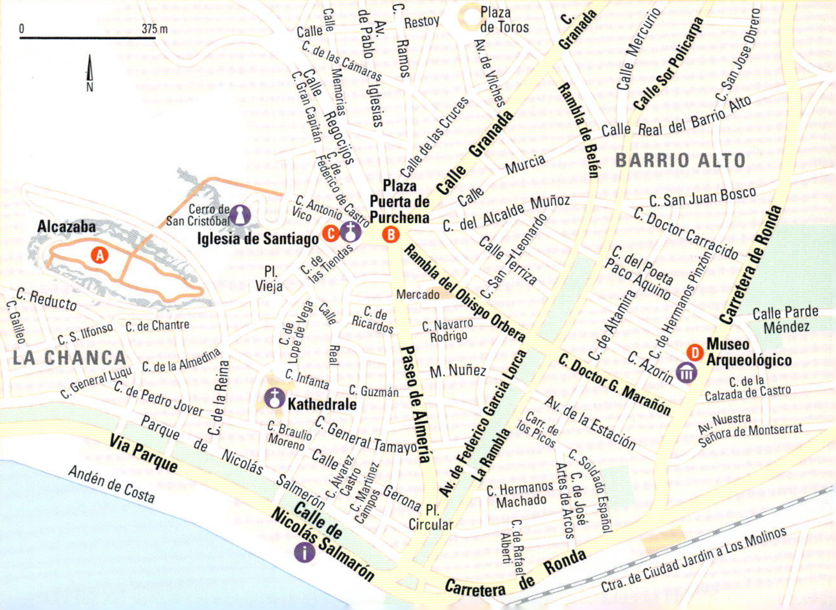

Mitte: Das riesige Aquädukt Fernán Pérez bei Nijar
Unten: Unberührte Landschaft im Cabo de Gata

2 Cabo de Gata

Küstenidyll am Mittelmeer

Noch gilt der Naturpark Cabo de Gata als Geheimtipp. Er ist ein echtes Paradies für Wanderer, Mountainbiker, Naturliebhaber und Vogelkundler, doch auch Fotografen und Maler finden hier unzählige Motive. Die Wasserwelt des Cabo de Gata ist wegen ihrer Vielfalt an Flora und Fauna bei Unterwassersportlern sehr beliebt, wobei natürlich auch Surfer, Badegäste und Strandliebhaber voll auf ihre Kosten kommen.

Nur 20 Kilometer von der Provinzhauptstadt entfernt liegt der Naturpark mit einer Fläche von 290 Quadratkilometern Land- und 120 Quadratkilometern Meeresfläche. Dünen und Flachland wechseln sich ab, es gibt Sandstrände und Steilfelsen, Vulkanberge und eine Vielzahl großer und kleiner Buchten; bewohnte Fischerdörfer, zerfallene Bauwerke und Überreste aus grauer Vorzeit, die auf eine sehr lange Besiedelung schließen lassen. 1987 wurde das Gebiet von der Unesco zum

MAL EHRLICH

BAURUINE

Im Osten des Naturparks steht die Ruine des Hotels El Algarrobico, eine 20 Stockwerke hohe Bettenburg mit 400 Zimmern. Obwohl das Gelände nicht als Bauland ausgewiesen war und es mitten im Biosphärenreservat liegt, wurde die Genehmigung erteilt und 2003 mit dem Bau begonnen. Es dauerte drei Jahre und viele Gerichtsverhandlungen, bis der Bau Anfang 2006 endlich eingestellt wurde. Seitdem verrottet die Anlage, was offenbar billiger ist, als sie zu beseitigen.

Biosphärenreservat erklärt, denn es ist von höchster Bedeutung für die Ökologie des gesamten westeuropäischen Mittelmeerraums. Heute ist Cabo de Gata der einzige Ort der spanischen Mittelmeerküste, der von der extensiven Bebauung verschont blieb. Statt Hotelkomplexen, Feriensiedlungen und einem Meer aus Plastik findet man hier eine Halbwüste und den vulkanischen Gebirgszug Sierra del Cabo de Gata, der das gesamte Gebiet durchzieht. Der höchste Berg ist mit 493 Metern der Pico de los Frailes, ein erloschener Vulkan.

In den Ebenen wird, wie schon immer, Landwirtschaft betrieben, wobei innerhalb des Naturparks auf sanften Anbau geachtet wird. Der Cabo de Gata ist kein menschenleeres Gebiet, sondern hat eine gewachsene Struktur mit Dörfern, Hotels, Restaurants und Sehenswürdigkeiten zu bieten.

Sehenswertes

Das Dorf San Miguel del Cabe de Gata gehört zum Gemeindegebiet von Almería. Hier leben noch viele Familien vom Fischfang, und wenn die Fischerboote in den ersten Stunden des Tages anlegen, treffen sich die Familien am Kai und packen alle mit an. Bei einem Spaziergang kann man anschließend den wunderbaren Sonnenaufgang bewundern. Cabo de Gata ist zudem eine sehr gute Adresse, um frischen Fisch zu genießen. Der kleine Ort Almadraba de Monteleva lebt von der Fischerei und dem Salz. Allerdings widmen sich heute nur noch wenige Menschen dem langwierigen Prozess der Salzgewinnung. Das Dorf besteht aus einfachen flachen Gebäuden und wird von einer Kirche dominiert, die sein Erscheinungsbild prägt. Ein weiterer Fischerort ist Los Escullos, der in der Bucht gleichen Namens unter dem Berg Cerro del Fraile an der Playa del Arco liegt. Die

AUTORENTIPP!

INDALO

Wir kennen ihn alle, den kleinen Kerl, der sich einen bogenförmigen Gegenstand über den Kopf hält. Gerade in der Provinz Almería stößt man überall auf ihn. Ob auf T-Shirts, als Firmenlogo oder Aufkleber, er ist einer der beliebteste Einwohner. Und mit Sicherheit der Älteste. Der Indalo wurde als Höhlenmalerei in der Höhle Los Letreros in der Provinz Almería erstmals entdeckt. Sein Bogen wird als Regenbogen gedeutet und sein Name stammt von einem andalusischen Regengott. Der Indalo wird in Almería als Talisman getragen und mancherorts sogar an die Hauswände gemalt, um Gefahren abzuhalten. Inzwischen ist er zum Symbol für die gesamte Provinz geworden und hier gibt es ihn auch in sämtlichen Ausführungen zu kaufen.

wunderbare Umgebung mit Klippen und versteinerten Dünen, die als Wellenbrecher fungieren, ist einzigartig. Zur Verteidigung des Küstenabschnitts wurde hier um das Jahr 1800 das Castillo de San Felipe errichtet. In Los Escullos gibt es Unterkünfte und einen Campingplatz. Im Osten des Parks liegt Aqua Amarga, was nicht etwa »bitteres Wasser« bedeutet, sondern aus dem Arabischen kommt und mit »Wasserstelle« übersetzt werden kann. Es ist einer der größten Orte dieses Küstenstreifens und ein Zentrum des Tourismus. Trotzdem wird auch hier die Tradition des Fischfangs noch immer gepflegt. Es gibt kleine Blumen- und Kräutergärten zwischen weißen niedrigen Häusern und in Strandnähe befinden sich einige Hotels. Insgesamt eignet sich der Ort für einen ruhigen erholsamen Aufenthalt.

Wanderwege

Im Besucherzentrum »*Las Amoladeras*« in der Nähe von Cabo de Gata finden Sie Informationen zum Naturpark in Wort und Film. Vor allem die wunderbaren Wanderwege laden ein, das Naturschutzgebiet zu Fuß zu erkunden. Eine Wanderung mit mittlerem Schwierigkeitsgrad kann man beispielsweise auf der *Vía Verde*, dem Grünen Weg, von Lucainena de las Torres nach Agua Amarga unternehmen. Auf den 8,3 Kilometern ist man etwa drei Stunden unterwegs. Für ungeübte Wanderer empfiehlt sich eine kürzere Tour, etwa von Los Escullos zum Nachbarort Isleta del Moro, wo es ein sehr gutes Fischrestaurant gibt. Der Weg ist 1,4 Kilometer lang und dauert etwa 45 Minuten. Ebenfalls von Los Escullos aus führt eine Route ins Hinterland, nach Pozo de los Frailes, einem Dorf mit hübscher Altstadt und einem Wasserrad aus dem 16. Jahrhundert. Für die Strecke von fünf Kilometern rechnet man etwa 2,5 Stunden. Der Schwierigkeitsgrad ist niedrig.

Oben: Eine luxuriöse Unterkunft in der Wüste
Mitte: Historische Mühle
Unten: Auf der Terrasse des La-Palma-Restaurants in Negras kann man über dem Meer speisen.

Infos und Adressen

INFORMATION

Informationszentrum Las Amoladeras. Las Amoladeras liegt an der Landstraße, die vom Flughafen Almería zum Cabo de Gata führt. In den Wintermonaten ist das Zentrum tägl. von 10–15 Uhr geöffnet und im Sommer tägl. von 10–14 Uhr und 18–20 Uhr.
Carretera ALP 202 Retamar – Pujaire, km 7, 04007 Almería, Tel. 950 160 435
Informationszentrum des Naturparks San José. Im Winter ist das Zentrum von Montag bis Samstag 10–14 Uhr und 17–20 Uhr geöffnet und an Sonntagen von 10–14 Uhr. In den Sommermonaten tägl. von 10–14 und 17–20 Uhr.
Avenida de San José, 27, 04118 San José – Nijar, Tel. 950 380 299, Fax 950 611 055, www.cabodegata-nijar.com.

ESSEN UND TRINKEN

Restaurante La Cueva de Antonio. Frischer Fisch aus der Region, Fleischgerichte, hausgemachte Paellas und italienische Gerichte stehen hier auf der Speisekarte. Paseo Marítimo, 36/37, 04118 San José Níjar, Tel. 950 380 154, www.lacuevadeantonio.com
Restaurante/Bar La Palma. Bahía de las Negras, 04116 Las Negras – Níjar, Tel. 950 388 042, www.restaurantelapalma.com

FREIZEIT UND SPORT

Golfplatz Alborán. An der Landstraße zur Autobahn, in der Wohn- und Feriensiedlung El Toyo, nahe dem Cabo de Gata, liegt dieser moderne 18-Loch-Golfplatz in einer reizvollen Landschaft. Carretera del Aeropuerto, km 12, 04131 El Toyo, Almería, Tel. 950 208 583, ww.alborangolf.com
Wassersport- und Fahrradverleih. Sportbedarf zum Kaufen und Mieten. Ein weiteres Geschäft gibt es in Las Negras. Deportes Medialuna, Calle del Puerto, s/n, 04118 San José, Tel. 950 380 462, E-Mail info@deportesmedialuna.com, www.deportesmedialuna.com

Die Sport- und Freizeitangebote sind vielfältig, ob im Wasser oder an Land: Reitausflug im Cabo de Gata.

3 Tabernas

Mini Hollywood in der Wüste

Im Schatten der Sierra Nevada liegt Europas einzige Wüste. Sie erstreckt sich über 280 Quadratkilometer und bringt es auf 3000 Sonnenstunden pro Jahr bei 200 Millimeter Niederschlag. Die Durchschnittstemperatur beträgt gut 18 Grad, doch sie schwankt zwischen minus 5 und plus 48 Grad. Hier ist es heiß, trocken und staubig. Genau so wie es sich für einen Western gehört, denn die werden hier seit Jahrzehnten gedreht.

Die Wüste von Tabernas, der Desierto de Tabernas, liegt etwa 30 Kilometer nördlich von Almería und wurde1989 als Paraje Natural del Desierto de Tabernas zum Naturpark erklärt. Einst war das Gebiet vom Meer bedeckt, der Meeresboden senkte sich, und das Wasser floss ab. Das heutige Wüstengebiet ist von Gebirgen umgeben, die es abschirmen gegen Wind und Regen. Die Erosion tut ein Übriges. Aufgrund dieser Trockenheit ist das Gebiet um Tabernas nur spärlich besiedelt. Lediglich eine Handvoll Ortschaften sind hier zu finden. Die Wüstenlandschaft ist geprägt von Felsen, Schluchten, ausgetrockneten Flussbetten und karger Vegetation. Üppiges Grün an den Flussläufen kontrastiert mit den Braun- und Ockertönen der Berge, deren Pflanzenwelt deutlich geringer ausfällt, aber trotzdem über eine große Artenvielfalt verfügt. Im Wüstenklima gedeihen Oliven, aus denen ein wohlschmeckendes und sehr beliebtes Öl gepresst wird. Ebenso wie die Pflanzen mussten sich auch die Tiere der Region an die Trockenheit anpassen. Es gibt viele Vögel, Reptilien und Insekten, aber deutlich weniger Säugetiere. Füchse, Kaninchen, Hasen und kleinere Tiere, vor allem Nager, leben hier.

Mitte: Westernkulisse in der Wüste von Tabernas
Unten: Harte Jungs, die sich täglich mehrmals raufen …

Filmstadt in der Wüste

Seit über 50 Jahren ist die Wüste von Tabernas beliebter Drehort. Vor allem Spagetti-Western von Sergio Leone wurden in den 1960er-Jahren hier gedreht und Clint Eastwood, Terence Hill oder Bud Spencer zum Star. Ebenso Peter O'Toole als *Lawrence von Arabien* und Harrison Ford als *Indiana Jones*. Auch ein deutscher Streifen entstand hier 2001, *Der Schuh des Manitu* von Michael »Bully« Herbig.

Fort Bravo

Die Westernstadt dient heute noch als Filmset. Sie ist zudem ein Freizeitpark, der auch als »Texas Hollywood« bekannt ist und ganzjährig besucht werden kann. Hier gibt es ein mexikanisches Dorf, das Fort Bravo, einen amerikanischen Friedhof, Bisons aus Arizona, Kühe aus Nordamerika und viermal täglich Schlägereien und Schusswechsel zwischen guten und bösen Cowboys. Die Spektakel finden abwechselnd auf der Straße und im Salon statt. Weitere Informationen gibt es im Internet unter: www.fortbravo.es

Oasys Themenpark

Der Oasys Themenpark ist unterteilt in zwei Schwerpunkte: einen Tierpark und eine Westernstadt. Letztere stammt aus den 1970er-Jahren und wurde für Sergio Leone errichtet. Heute gibt es hier noch das Büro des Sheriffs, die Bank, das Telegrafenbüro, den Friseursalon, das Bestattungsunternehmen zu sehen. Außerdem können ein Film- und ein Kutschenmuseum und ein Park für Kinder besucht werden. Täglich finden Western- und Tanzshows statt. Der Tierpark beherbergt mehr als 800 Tiere aus über 200 Arten und Tausende Bäume. Ebenso einen Kaktusgarten und ein Museum der Gerüche. Weitere Informationen finden Sie im Internet unter: www.playasenator.com

Infos und Adressen

INFORMATION

Oficina de Turismo de Tabernas. Carretera Nacional 340, km 364, 04200 Tabernas, Tel. 950 525 030, Fax 950 525 030, E-Mail infoturismo@tabernas-desert.com, www.ayuntamientodetabernas.es

ESSEN UND TRINKEN

Cafeteria Churreria Avenida. Vor allem zum Frühstück oder nachmittags sind Churros mit Schokolade ein Genuss. Avenida de las Angustias, 04200 Tabernas, Tel. 950 365 242

Bar La Plaza. Beliebter Treffpunkt am Dorfplatz. Plaza del Pueblo, 04200 Tabernas, Tel. 687 264 247

Pub Filadelfia. Ein wenig außerhalb des Orts, an der Einfahrtstraße gelegen. Avenida de las Angustias, s/n, 04200 Tabernas, Tel. 950 365 454

Venta del Compadre. Ein wenig außerhalb aber direkt an der Nationalstraße liegt das Grillrestaurant. Tagesmenüs gibt es bereits für 10 Euro, der Durchschnittspreis für ein Menü liegt bei 18 Euro. Carretera N-340 km 474, 04200 Tabernas, Tel. 950 365 158

ÜBERNACHTEN

Casa rural – Landhotel. Ein neues, freundliches Landhotel mit Pool und anderen Annehmlichkeiten. Übernachtung mit Frühstück im Doppelzimmer um 60 Euro. Jardin del Desierto, Calle San Sebastián, 2, 04200 Tabernas, Tel. 950 362 869, mobil 617 027 115, E-Mail info@jardindeldesierto.com, www.jardindeldesierto.com

Mitte: Die Ortschaft Sorbas wurde direkt an eine Schlucht gebaut.
Unten: Kapelle Nuestra Señora de Fatima

4 Sorbas

Größtes Höhlenlabyrinth Spaniens

Bei der Ortschaft Sorbas finden wir den Naturpark Karst en Yesos de Sorbas, eine Berglandschaft aus Gips. Der Park hat eine Fläche von knapp 24 Quadratkilometern mit einem riesigen System aus über 1000 Höhlen. Über 8,5 Kilometer erstrecken sich die Gänge und Säle, in denen man wunderschöne Gipsformationen, Stalagmiten und Stalaktiten bewundern kann. Die Höhlen von Sorbas sind die größten in Spanien.

Sorbas ist ein Ort mit rund 2900 Einwohnern, erbaut an den Hängen einer Schlucht. Seine Lage machte den Ort für viele Kulturen interessant. Bereits in der Vorgeschichte siedelten hier Menschen, die sich in Höhlenmalereien verewigt haben. Das heutige Sorbas geht auf eine römische Siedlung zurück, doch sein Name stammt aus dem Arabischen. Die Mauren herrschten 750 Jahre und bescherten dem Ort die Töpferkunst, ein Handwerk, das sich bis heute erhalten hat. Nach der Rückeroberung durch die Katholischen Könige im Jahr 1488 wurden Kirchen und Adelspaläste erbaut, herrschte der Marquis del Carpio von seinem Palast Casa del Duque de Alba aus über seine Ländereien. Heute kennt man Sorbas vor allem wegen seiner Höhlen, die weltberühmt sind. Die Stadt unterhält ein Museum, in dem die geologischen Besonderheiten und die spannende Geschichte dieser Landschaft erklärt werden.

Die Karstlandschaft

In der Gegend um Sorbas drang vor sechs Millionen Jahren das Salzwasser des Mittelmeers weit ins Landesinnere ein. Als sich das Meerwasser vor zwei Millionen Jahren zurückzog, blieb der kalkhaltige Meeresboden mit allen Tieren und Pflanzen zurück. Hier entstand eine bis zu hundert Meter dicke Gipsschicht, das Karstgebirge von Sorbas, das zu den weltweit besterhaltenen seiner Art zählt. Wenn es in den Gipsbergen regnet, fließt Wasser durch das schwammartige Gestein und tropft in unterirdische Hohlräume. Dort sucht es sich Wege, um abzufließen. So entstanden die tiefen Canyons und das gigantische unterirdische Höhlensystem.

Höhlen erkunden

Die Höhlen auf eigene Faust zu betreten ist zwar nicht verboten, doch wenig empfehlenswert, in den verzweigten Gängen kann man sich leicht verlaufen – und das kann gefährlich werden. Zudem sollte man für einen Besuch zumindest festes Schuhwerk, Taschenlampe und Helm dabeihaben. All dies und zusätzlich Overalls kann man sich beim Besucherzentrum leihen. Die Basistour ist für Menschen jeden Alters geeignet, sodass sie auch mit Kindern und agilen Senioren bewältigt werden kann. Der Weg ist fast eben und führt durch Galerien aus glänzendem Gips, doch teilweise ist es nötig, ein wenig zu klettern, um zum nächsten Saal zu gelangen. Die Tour dauert, je nach Anzahl der Teilnehmer, etwa 1,5 bis 2 Stunden. Die Kombitour erfordert deutlich mehr Ausdauer und Fitness, denn sie dauert vier Stunden. Noch eine halbe Stunde länger geht es auf der Technischen Route, bei nochmals gesteigerten körperlichen Anforderungen. Die Führungen finden in Spanisch, Englisch und Deutsch statt, man sollte sich per E-Mail oder Telefon mindestens 48 Stunden vorher anmelden. Weitere Informationen gibt es unter www.cuevasdesorbas.com

Infos und Adressen

INFORMATION

Oficina Municipal de Turismo de Sorbas. Calle Terraplen, 9, 04270 Sorbas, Tel. 950 364 476,E-Mail turismo@sorbas.es, www.sorbas.es

ESSEN UND TRINKEN

Restaurante Sol de Andalucia. Außerhalb von Sorbas gelegen, an der Nationalstraße. Sehr beliebt unter den Einheimischen, denn hier gibt es gute Küche zu anständigen Preisen. Carretera N-340, km 496, 04270 Sorbas, Tel. 950 364 193

ÜBERNACHTEN

Cortijo alto de cariatiz. Familienfreundliches Hotel, das auch diverse Aktivitäten anbietet. Übernachtung im Doppelzimmer ab 80 Euro, für Familien bis 4 Personen ab 100 Euro. Los Alías – Cariatiz, 04270 Sorbas, Tel. 950 369 131, E-Mail info@cortijoaltodecariatiz.com, www.cortijoaltodecariatiz.com

Bubo Bubo Hotel. Ein hübsches Landhotel ganz in der Nähe des Naturparks Cabo de Gata, Übernachtung pro Person etwa 40 Euro. Paraje Las Majillas s/n – Gafares, 04270 Sorbas, Tel. 950 136 193, mobil 618 611 844, E-Mail info@bubobubohotel.com, www.bubobubohotel.com

HÖHLEN

Cuevas de Sorbas. Die Basisroute kostet 13 Euro für Erwachsene und 9 Euro für Kinder. Es empfiehlt sich, eine Tour online zu reservieren. Paraje Barranco del Infierno, 04270 Sorbas, Tel. 950 364 704, E-Mail info@cuevasdesorbas.com, www.cuevasdesorbas.com

Mitte: Der Urlaubsort San José im Cabo de Gata strahlt im vollen Weißglanz.
Unten: Die Festung Santa Ana im Hafen von Roquetas de Mar

5 Costa de Almería

Im Osten Andalusiens

Lange breite Sandstrände wechseln sich ab mit kleinen einsamen Buchten, trockene Wüstenlandschaften folgen auf grüne Wälder. Begrenzt wird diese Oase von mächtigen Bergen, die im Hintergrund ein wunderschönes Panorama bilden. Die Costa de Almería, die auch als Golf von Almería bekannt ist, erstreckt sich 217 Kilometer im Südosten von Andalusien, zwischen den Provinzen Murcia und Granada.

Im Winter ist die Wassertemperatur höher als die Lufttemperatur, was Almería zu einem ganzjährig attraktiven Reiseziel macht. Ein wolkenloser Himmel und zwölf Monate Sonnenschein sind hier kein bloßes Werbeversprechen, sondern durchaus möglich. Das subtropische Klima sorgt für eine Durchschnittstemperatur von fast 19 Grad und lädt außerhalb der Hauptreisezeit zu Sport, Aktivitäten und Unternehmungen ein. An der Küste von Almería finden sich noch unberührte Strände und verhältnismäßig wenige Ortschaften. Die wenigen Touristenzentren haben sich in die Umgebung eingepasst und bieten ihren Gästen ein ausgezeichnetes Angebot.

Vera liegt im Osten der Provinz und bietet ca. sieben Kilometer Strand. Seine Wasserqualität ist hervorragend und neben einer touristischen Infrastruktur verfügt der Ort auch über eine alte Geschichte. Karthager, Römer und Mauren herrschten über Vera, das damals Baria genannt wurde. Bei einem Besuch der Stadt lohnt sich die Besichtigung der Wehrkirche Nuestra Señora de la Encarnación und der Stierkampfarena, die eine der ältesten in Spanien ist. Die Strände von Vera sind sauber und bieten einen guten Standard. Es sind

Playa de Puerto Rey, der Stadtstrand, und *El Playazo*, der teilweise als FKK-Strand ausgewiesen ist. Hier gibt es auch ein FKK-Hotel.

Mojácar ist zweigeteilt. Hier die Touristensiedlung an der Küste, Mojácar Playa, dort der alte Ortskern, zwei Kilometer von der Küste entfernt in den Bergen. Der war einst beliebter Treffpunkt für Künstler und wurde durch sie maßgeblich geprägt. Vor allem im Sommer ist Mojácar ein beliebter Urlaubsort und dementsprechend überlaufen. Doch seine Nähe zum Naturpark Cabo de Gata eröffnet die Möglichkeit, naturnahe Strände und Ruhe zu finden. Am fünf Kilometer langen Strand findet man Bars, Restaurants, Hotels und Geschäfte.

El Toyo bei Retamar ist eine Siedlung der gehobenen Klasse für Einheimische und Touristen. Sie wurde 2005 direkt neben dem Naturpark Cabo de Gata in ökologischer Bauweise errichtet und bietet ein Maximum an Komfort, wie eine riesige Gartenanlage. Die Sandstrände um El Toyo sind nicht nur bei Sonnenanbetern beliebt, sondern bieten viele Möglichkeiten für Sport und Freizeit.

Aguadulce ist der älteste Urlaubsort der Region und auch heute noch der am meisten besuchte. Es gibt eine schöne Strandpromenade, einen kleinen Sporthafen, hübsche Plätze in der Stadt, aber auch Apartment- und Hotelanlagen mit dazu gehörender Infrastruktur. Aguadulce liegt genau zwischen Almería im Osten und Roquetas de Mar im Westen und damit mitten im Touristenzentrum. Im Gegensatz zu vielen anderen Orten ist der Sandstrand hier dunkel, doch ebenso gut erschlossen und gepflegt wie in anderswo.

Roquetas de Mar ist einer der beliebtesten Ferienorte an der gesamten Mittelmeerküste. Er verfügt über eine 13 Kilometer lange Strandpromenade und

AUTORENTIPP!

BERG- UND KÜSTENWANDERUNGEN ÖKO

Die atemberaubende Landschaft an der Küste von Almería lädt ein, sie zu Fuß zu entdecken. Viele Wege mit den herrlichsten Aussichten führen direkt am Meer entlang und sind auch für ungeübte Wanderer zu bewältigen. Doch wenn es in die Berge geht, sollte man sich überlegen, ob man den Anforderungen gewachsen ist. Dort sind festes Schuhwerk, Sonnenschutz und ausreichend Trinkwasser Voraussetzung für jeden Ausflug. Schließlich befindet man sich in der Wüste. Ein schöner Weg führt von Retamar bis zur Ortschaft Cabo de Gata. Er beginnt direkt hinter der Promenade von Retamar und verläuft über acht Kilometer durch Dünen und ausgetrocknete Flussbetten. Es gibt Ruinen zu sehen, Vögel zu beobachten und die typische Flora der Umgebung zu erkunden. Nach etwa zwei Stunden kommt man im Dorf an, wo man sich für den Rückweg stärken oder sich ein Taxi nach Retamar nehmen kann. Weitere Wanderwege können Sie bei den Touristenbüros erfragen.

Oben: Ferienunterkünfte in Roquetas del Mar
Mitte: Leckeren Fisch kann man direkt am Strand in Las Negras essen.
Unten: Bunte Boote am Strand von Las Negras

herrliche Sandstrände mit guter Wasserqualität. Allerdings gibt es im gesamten Komplex nur einen einzigen unverbauten Strand, die *Playa de Cerrillos*, im Naturschutzgebiet *Punta Entinas – Sabinar*. Roquetas de Mar liegt direkt am Meer und ist umgeben von Bergen. Viele Kulturveranstaltungen finden an historischen Orten statt, wie im Castillo de Santa Ana, beim Leuchtturm und in der Stierkampfarena. Und es hat eine weitere Attraktion zu bieten: den größten Aquazoo Andalusiens.

Almerimar ist der Badeort einer der reichsten Städte Spaniens, der von Ejido. Die Umgebung ist geprägt von Gewächshäusern, sodass sie auch den unrühmlichen Namen *Mar del plástico*, Plastikmeer, trägt. Almerimar verfügt über sieben Kilometer Sandstrand, der zu den schönsten um Ejido gehört. Mehr als 60 Prozent des Ortes bestehen aus Grünflächen – eine Oase in einem ansonsten kargen Landstrich. Er besitzt einen Golfplatz sowie einen Sporthafen und bietet beste Bedingungen für Wassersportler. Das nahe gelegene Naturschutzgebiet gilt als Highlight bei Tauchern.

Adra ist der am westlichsten gelegene Badeort der Costa de Almería. Der Fischerort wurde bereits im 8. Jh. v. Chr. gegründet und erlangte im Altertum eine große Bedeutung als Wirtschaftszentrum der Region. Adra besitzt eine Stadtmauer sowie eine Burg aus dem 15. Jahrhundert und den Turm Torre de Guainos aus dem 11. Jahrhundert. Auf dem Cerro Monte Christo, einem Hügel nahe der Stadt, ist eine Ausgrabungsstätte. Adra verfügt über 13 Kilometer Sandstrand, der vor allem von Familien mit Kindern sehr geschätzt wird, und besitzt einen Sport- sowie einen Fischereihafen. Von hier aus werden Schiffstouren angeboten. Das Naturschutzgebiet Reserva Natural Albufera de Adra besteht aus zwei Salzwasserlagunen, an denen sich über 140 verschiedene Tierarten tummeln.

Infos und Adressen

INFORMATION

Oficina de Turismo Vera. Plaza Mayor, 1, 04620 Vera, Tel. 950 393 142, Fax 950 393 144, E-Mail turismo@vera.es, www.vera.es

Oficina de Turismo de Mojácar Pueblo. Plaza Nueva, s/n, 04638 Mojácar, Tel 950 615 025, www.mojacar.es

Oficina de Turismo Roquetas de Mar. Die Internetseite bietet Informationen in spanischer Sprache und ist sehr unübersichtlich. Mavenide del Mediterráneo, 2, 04740 Roquetas de Mar, Tel. 950 333 203, Fax 950 321 514, www.ayoroquetas.org

Oficina Municipal de Turismo Adra. Das Büro ist von Montag bis Samstag, 9.00 bis 14.00 Uhr geöffnet. Parque Torre de los Perdigones, s/n, Tel. 950 560 826 und 950 604 075, E-Mail turismo@adra.es, www.ayuntamientoadra.es

ÜBERNACHTUNG

Gästehaus El Saltador. Das Gästehaus unter deutscher Leitung liegt bei Tabernas und bietet sowohl die Möglichkeit der Ruhe und Einsamkeit als auch die Teilnahme an Yogakursen. Ein Ort für Individualisten, der weit weg, aber auch ganz nah dran ist am touristischen Geschehen der Umgebung. 04210 Lucainena de las Torres, Mobil 676 437 128, E-Mail claudiascholler@yahoo.com, www.elsaltador.com

SPORT UND FREIZEIT

Tauchen. Bajos del Club Naútico Aguadulce, Puerto Deportivo de Aguadulce, 04720 Aguadulce, Tel. 950 552 073, Mobil 663 040 456, E-Mail info@aquatoursalmeria.es, www.aquatoursalmeria.es

Golfen. Golf Almerimar. Plaza de la Pirámide, 4, Urbanización Almerimar, 04711 Almería, Tel. 950 607 936, Fax 950 497 146, www.golfalmerimar.com

AUSGRABUNGEN

Parque Torre de los Perdigones, s/n. 04770 Adra, Tel. 950 560 826, Fax 950 604 075, E-Mail turismo@adra.es, www.ayuntamientoadra.es

Hotel im Cabo de Gata mit Blick auf San José

Mitte: Weiße Schornsteine ragen in Guadix aus der Erde.
Unten: Detail einer Höhlenwohnung in Guadix, eine der ältesten menschlichen Siedlungen Spaniens

6 Guadix

Wohnen im Berg

Guadix ist weltbekannt durch seine etwa 2000 Höhlenwohnungen, die von Hand in das weiche Tuffgestein gegraben wurden. Auch heute noch leben hier mehrere tausend Menschen in erstaunlich komfortablen Höhlen, von denen viele zu Hotels und Pensionen umgebaut wurden. Vielleicht war das weiche Gestein der Grund dafür, dass bereits unsere Vorfahren in der Altsteinzeit hier sesshaft waren. Guadix ist eine der ältesten menschlichen Siedlungen Spaniens.

Neandertaler, Funde aus der Altsteinzeit und Eisenzeit sind hier nachweisbar. Die heutige Stadt liegt auf einer Hochebene in der Provinz Granada, am Río Guadix, dem Fluss des Lebens. Dieser Name geht auf die maurische Zeit zurück. Bereits im 8. Jh. v. Chr. war die phönizische Siedlung als »Assi« bekannt. Unter den Römern entwickelte sie sich zur wohlhabenden Stadt und wurde unter den Westgoten zum Bischofssitz. Guadix war einer der ersten christianisierten Orte Spaniens. Im Mittelalter brachten die Mauren die Kunst der Seidenherstellung in die Stadt und etablierten sie. Nach der Rückeroberung durch die Christen entstanden im Stadtgebiet viele Kirchen, Paläste und Plätze, doch unter Napoleon und später im Spanischen Bürgerkrieg musste die Stadt sehr leiden.

Das Höhlenviertel

Im Barrio de Santiago liegt das Höhlenviertel Troglodytos. Schon von Weitem erkennt man die Hügel mit ihren Schornsteinen, die früher vor allem von Künstlern und Zigeunern bewohnt wurden.

Oben: Kathedrale von Guadix
Mitte: Das Höhlenmuseum in Purullena, in dem man die Geschichte der Höhlenmenschen erkunden kann.
Unten: Zimmer im Höhlenmuseum

Lange gab es hier weder Strom noch Wasserleitungen, und die Behausungen waren sehr einfach und ärmlich. Doch inzwischen sind die Wohnungen begehrt und teuer geworden. Luxus ist längst kein Fremdwort mehr, hier und da findet man sogar private Pools. Im Innern eines Bergs zu wohnen hat den Vorteil eines gleichbleibenden Raumklimas. Ob Sommer oder Winter, in den Höhlenwohnungen herrschen stets 18 Grad Zimmertemperatur. Wer das Wohnen in einer Höhle ausprobieren möchte, findet dazu einige private Seiten im Internet, und viele Anbieter haben Urlaub in den Höhlenwohnungen bereits im Programm.

Sehenswertes

Das Stadtgebiet von Guadix lässt sich in drei Zonen unterteilen. Der obere Bereich ist geprägt durch die Höhlenwohnungen, ihm folgt die Altstadt, der *Barrio Latino*, und dahinter befindet sich die Neustadt. Im Zentrum der Altstadt steht die Kathedrale, die zwischen 1510 und 1796 erbaut wurde. In dieser fast dreihundert Jahre währenden Bauzeit flossen sämtliche Stile in die Ka-

Oben: Die Bewohnerin einer Höhlenwohnung, die noch sehr traditionell lebt.
Unten: Das Mauerwerk fügt sich harmonisch in den Fels.

thedrale mit ein. Von Gotik über Renaissance bis hin zum Barock ist hier jede Epoche vertreten. Die angrenzende Plaza Mayor, die unter vielen Namen bekannt ist, darunter *Plaza de las Palomas* (Platz der Tauben) und *Plaza de la Constitución* (Platz der Verfassung), wurde im 16. Jahrhundert über dem ehemaligen arabischen Bazar erbaut und gilt als der schönste Platz der Stadt. Nach seiner Zerstörung im Spanischen Bürgerkrieg wurde er wieder aufgebaut.

Im benachbarten Stadtviertel Barrio Santiago findet sich die Iglesia de Santiago, die als hervorragendes Beispiel für den Plateresken Stil gilt. Der Plątereske Stil ist ein spanischer Stil der Renaissance, der durch seine kleinteiligen und stark gegliederten Fassaden gekennzeichnet ist. Hinter dem Renaissancepalast *Palacio de Peñaflor* erhebt sich die Alcazaba, die maurische Festung. Von hier aus bietet sich ein wunderbarer Blick über die Stadt und die Sierra Nevada. Die Barrios Latino und Santiago waren früher von einer Stadtmauer umgeben.

Siesta in der Frühlingssonne vor einer Höhlenwohnung in Guadix

Infos und Adressen

INFORMATION

Oficina de Turismo Guadix. Avenida Mariana Pineda, s/n, 18500 Guadix, Tel. 958 662 665 und 958 699 574, Fax 958 665 338, E-Mail otguadix@andalucia.org, www.andalucia.org

ESSEN UND TRINKEN

Restaurante Pepe. Täglich geöffnet von 8.00 bis 2.00 Uhr, Dienstag- und Mittwochabend geschlossen. Ein beliebtes Restaurant in mittlerer Preislage. Calle Manuel de Falla, 1, 18500 Guadix, Tel. 958 664 627

ÜBERNACHTUNGEN

Casas Cueva de Tio Tobas. Die Anlage bietet mehrere Höhlenwohnungen und Studios an. Eine Übernachtung im Doppelzimmer kostet ab circa 60 Euro, Carretera de Almería, km 1, 18511 Alcudia de Guadix, Tel. 958 698 350, E-Mail tiotobas@tiotobas.com, www.tiotobas.com

Casa Cueva. Die Agentur bietet eine große Zahl an Höhlenwohnungen an. In der Nebensaison kann man mit vier Personen bereits für 100 Euro übernachten. Barrio Calvario, 32, 18511 Alcudia de Guadix, Tel. 629 732 222, E-Mail amendez@alojasur.es, www.alojasur.es

Typisches Schlafzimmer im Höhlenmuseum

Cuevas Pedro Antonio de Alarcon. Die Anlage bietet verschieden große Höhlenwohnungen an, ein Doppelzimmer kostet ab circa 65 Euro, vier Personen können ab circa 105 Euro übernachten. Barriada San Torcuato, s/n, 18500 Guadix, Tel. 958 664 986, Fax 958 661 721, E-Mail info@cuevaspedroantonio.es, www.cuevaspedroantonio.es

Das Rathaus, Ayuntamiento, von Guadix

7 Granada

Die Stadt

Mitte: Blick von der Alhambra auf den Albaicin
Unten: Die Kathedrale von Granada – alles ist vergoldet und glänzt.

»Wer Granada nicht gesehen hat, hat nichts gesehen«, lautet ein spanisches Sprichwort. Malerisch schmiegt sich Granada an den Fuß der Sierra Nevada. Die Stadt hat circa 240 000 Einwohner, darunter etwa 80 000 Studenten. Das macht Granada zu einer jungen Stadt, obwohl sie schon mindestens 2500 Jahre zählt.

Im Jahr 500 v. Chr. wird die phönizische Siedlung erstmals erwähnt, doch man geht davon aus, dass das Gebiet bereits früher besiedelt war. Die geschützte Lage und der fruchtbare Ackerboden lassen dies vermuten. Auch die Römer siedelten hier, ob sie jedoch am Aufbau von Granada beteiligt waren, ist nicht sicher. Belegt ist, dass die Stadt im Jahr 711 von den Mauren erobert und zu einem Verwaltungszentrum der Provinz wurde. Aus maurischer Zeit stammt auch der Name »Granada«, der eventuell auf die jüdische Siedlung *Garnatha Alyehud* zurückgeht, die sich auf dem Gebiet befand. Bis 1238 herrschten unterschiedliche arabische Dynastien in Granada, danach war sie bis zur Rückeroberung 1492 durch die Christen Hauptstadt des Emirats der Nasriden. Granada war die letzte Stadt unter maurischer Herrschaft und Rückzugsgebiet der Mauren in Spanien.

Hinauf zu den Höhlen

Normalerweise enden Stadtrundgänge am Fuß des Sacromonte, denn der Weg hinauf zum *mirador* kann für manch einen beschwerlich werden. Eventuell sollte man sich ein Taxi bis hierher nehmen, denn es lohnt sich, den Heiligen Berg zu besuchen, der oberhalb des Albaicín, des ältesten Viertels der Stadt, und des Río Darro liegt. Im 19. Jahrhundert wohnten hier hauptsächlich Zigeuner, teilweise in

Stadtrundgang Granada

A Plaza Nueva – Der zentrale Platz inmitten der Sehenswürdigkeiten und ein Verkehrsknotenpunkt. Von hier aus fahren auch Busse zur Alhambra.

B Catedral de la Encarnación – Der Renaissancebau aus dem 16. Jahrhundert wurde nie fertiggestellt. Trotzdem hat man die Kathedrale im Jahr 1561 geweiht. 1703 wurde der Ausbau schließlich abgebrochen, ohne die beiden geplanten Türme zu errichten.

C Capilla Real – Die königliche Kapelle wurde 1521 errichtet. Im selben Jahr wurden hier die Katholischen Könige Isabella und Ferdinand beigesetzt. Neben ihnen ruhen Johanna die Wahnsinnige und Philipp der Schöne.

D Alcaicería – Auf dem alten Seidenmarkt werden heute noch Stoffe angeboten. Rund um die Kathedrale findet man verschiedene Stände, zum Beispiel auch mit Kräutern und Gewürzen.

E Koranschule – Madraza. Ihr ist auch eine kleine Moschee angegliedert, unter der Woche ist der Eintritt frei.

F Calle Caldereria – Alter arabischer Souk. Wir befinden uns im noch immer arabisch geprägten Albaicín, dem ältesten und schönsten Stadtviertel Granadas. Es gehört zum Weltkulturerbe der Unesco und liegt gegenüber der Alhambra, oberhalb des Stadtzentrums.

G Santa Isabel la Real – Das einzige Kloster des Albaicín wurde von Isabella der Katholischen Anfang des 16. Jahrhunderts gegründet. Die Fassade ist gotisch und trägt das Wappen der Katholischen Könige. Im Innern ist vor allem der Dachstuhl im Mudéjar-Stil sehenswert.

H Mirador de San Nicolás – Hier hat man einen wunderschönen Blick auf die Alhambra vor dem Panorama der Sierra Nevada.

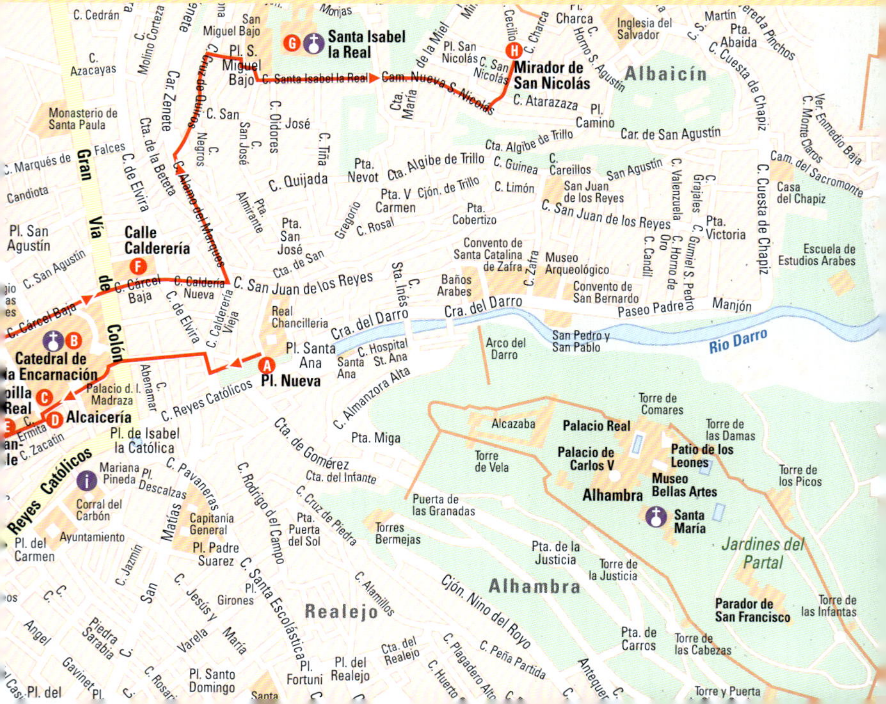

AUTORENTIPP!

STADT DER MUSIK UND DES TANZES

Granada hat sich international einen Namen als Festivalstadt gemacht. Das *Festival Internacional de Musica y Danza* findet im Juni und Juli statt und bietet Hochkarätiges. Das *West-Eastern Divan Orchestra* unter Leitung von Daniel Barenboim ist Stammgast, und die Ballettdarbietungen im Generalife gehören zu den Höhepunkten des Jahres. Außerdem werden exzellenter Flamenco und hochwertige Kammermusik geboten. Während es Festivals finden auch Gratisveranstaltungen statt, meist Open Air. Etwas später, im Juli und August, kann man Flamenco in Perfektion genießen bei den *Veranos del Corral*. Im November findet das *Jazz Festival Internacional de Granada* statt, eines der ältesten in ganz Europa. Darüber findet man Informationen unter www.jazzgranada.es., über das *Festival Internacional de Tango de Granada*, das im März ausgetragen wird, bei www.eltango.com

Die Gitaños leben im Barrio Sacromonte: Flamenco pur

Höhlen. Wie die aussahen, zeigt das Museo Cuevas de Sacromonte« (Museum der Höhlen von Sacromonte). Es ist erstaunlich, wie bequem und gut ausgestattet diese Wohnhöhlen teilweise sind. Vom Mirador aus gelangt man über die Cuesta del Chapiz zum Camino del Sacromonte und weiter zum Museum. Wer den Abadia del Sacromonte weiterläuft, wird ganz wunderbare Aussichten auf die Alhambra genießen können. Der Sacromonte ist zudem das Flamenco-Viertel von Granada.

Auf der anderen Seite

Jenseits des Río Darro liegt der *Barrio Realej*, das ehemalige Judenviertel. Heute ist es das Studentenquartier der Stadt – folglich geht es hier recht bunt zu. Über die Cuesta del Realejo kann man zur Alhambra hinaufgehen und tolle Aussichten über Granada entdecken. Die Stiftung Rodríguez-Acosta, die vom gleichnamigen Maler gegründet wurde, liegt auf dem Weg. Sein Haus und die dazu gehörenden Gärten kann man besichtigen. Die Anlage besteht aus mehreren Terrassen, die auf den Fluss oder die Sierra Nevada ausgerichtet sind. Der Künstler schuf hier ein Landhaus, das seinen ganz persönlichen Geschmack widerspiegelt. Diese Art von Gartenvillen an den Hängen Granadas nennt man *Carmen* und sie sind eine Besonderheit der Stadt. Fast gegenüber der Stiftung, in der Cuesta de Gomérez, steht der Palacio *Carmen de los Martires*, ein Palast aus dem 19. Jahrhundert, der von wunderschönen Gärten umgeben ist.

Infos und Adressen

INFORMATION

Fremdenverkehrsamt für Granada, Turismo Granada. Calle Mariana Pineda, 18001 Granada, Tel. 958 221 022, Fax 958 223 927, E-Mail über die Website, www.andalucia.org

Oficina de Turismo. Das neue Touristenbüro ist von Montag bis Samstag 10–19 Uhr geöffnet und sonntags sowie an Feiertagen von 10–14 Uhr. Ayuntamiento, Plaza del Carmen, s/n, Tel. 902 405 045, E-Mail informacion@granadatur.com, www.granadatur.com

ÜBERNACHTEN

Casa del Aljibe. Ein schönes Gästehaus, in dem es auch ein Appartement für Selbstversorger gibt, mit einem typischen andalusischen Patio und einem herrlichen Ausblick auf die Alhambra. Calle Aljibe de Trillo 26, 18010 Granada, Tel. 958 227 843, www.casadelaljibe.com

Casa del Aljarife. Diese 2-Sterne-Pension hat nur wenige Zimmer, liegt aber direkt im schönen Viertel Albaicín. In einem Gebäude aus dem 17. Jahrhundert findet man Ruhe und kann viele Sehenswürdigkeiten zu Fuß erreichen. Tolle Ausblicke auf die Alhambra! Placeta de Cruz Verde, 2, 18010 Granada, Tel. 958 222 425, www.casadelajarife.com

Das Erzbischöfliche Palaisin Granada

EINTRITTSKARTEN, FÜHRUNGEN UND VERANSTALTUNGEN

Caminos auténticos S.L. Diese Agentur unter deutscher Leitung bietet nicht nur Stadtführungen unter verschiedenen Mottos, sondern auch Wanderungen und Ausflüge ins Umland. Hier bekommen Sie Karten für die Alhambra und für viele Festivals. Fragen Sie nach, man wird sich um sie kümmern. Calle Santo Sepulcro de la Quinta, 67, 18008 Granada, mobil 649 930 261, E-Mail info@caminosautenticos.com, www.caminosautenticos.com

Vor 22 Uhr geht kein Spanier essen und vor 2 Uhr morgens nicht zu einer Party.

8 Die Alhambra
Höhepunkt islamischer Baukunst

Die Alhambra ist wohl eines der berühmtesten Monumente unserer Erde. Die Burganlage umschließt die Zitadelle Alcazaba, den ältesten Teil der Anlage, sowie die Nasriden-Paläste mit dem Löwenhof und dem Myrtenhof, den Palast König Karls V. und den Generalife, Sommersitz und Gartenanlage der maurischen Könige. Umgeben war dies alles von einer befestigten Oberstadt für Adel, Militär und angesehene Bürgerschaft.

»Gleich einem riesigen Schiff, das zwischen den Bergen und der Ebene vor Anker gegangen ist, erstreckt sich die Alhambra hoch über der Stadt und der Ebene.« So beschrieb Leopoldo Torres Balbás, einer der führenden Architekten und Archäologen des 20. Jahrhunderts in Spanien, dieses meisterhafte Zeugnis des maurischen Stils in der arabischen Kunst. Der Name bedeutet »die Rote Burg« und leitet sich vom arabischen *Qalat al-Hamra* ab. Heute ist die Anlage eine der meistbesuchten

Mitte: Wasserspiele im Patio del Acequia im Generalife, dem Sommersitz der Könige
Unten: Wie aus 1001 Nacht: die Alhambra

MAL EHRLICH

SONNENBRILLEN UND ANDERE DINGE

Immigranten aus allen Himmelsrichtungen findet man mit ihren Bauchläden an Sehenswürdigkeiten, Restaurants und am Strand. Das Angebot wird immer größer und die Anbieter immer dreister. Unter diesen illegalen Machenschaften leiden nicht nur genervte Urlauber, die Geschäftsleute der Touristenorte haben bereits große Existenznöte, denn sie müssen nicht nur Miete zahlen, sondern können ihrer Kundschaft leider auch nicht hinterherlaufen.

Touristenattraktionen Europas, was ihrer Schönheit indes keinen Abbruch tut.

Geschichte

Mohammed I. verlegte im Jahr 1238 seine Residenz von Jaén nach Granada und begründete seine eigene Dynastie, die Nasriden. Er ließ die Zitadelle bauen, die in Granada als Alcazaba bezeichnet wird, obwohl dieser Begriff gemeinhin die gesamte Oberstadt samt befestigter Burg meint. Bis ins 14. Jahrhundert wurde die Oberstadt befestigt und neu organisiert. Sie wurde zum Verwaltungsbezirk, mit den Residenzen der Könige, und die Alcazaba diente fortan rein militärischen Zwecken. Das Königreich Granada widersetzte sich der Reconquista am längsten. Die Alcazaba wurde im 15. Jahrhundert durch ein Bollwerk verstärkt, doch der letzte Nasriden-König Muhammad XII., Boabdil genannt, musste am 2. Januar 1492, nach über zehnjährigem militärischem Druck durch die Katholischen Könige, Granada kampflos übergeben. Den Mauren wurde im Rahmen des Kapitulationsvertrags die eigene Sprache, Gerichtsbarkeit und Religionsfreiheit zugesichert. Doch der Friede währte nicht lange. Bereits im März 1492 erließen Isabella und Ferdinand das *Alhambra-Edikt*. Zuerst traf es die Juden. Alle, die sich nicht taufen lassen wollten, wurden vertrieben. Die Inquisition verfolgte Juden und Ketzer und herrschte mit schrecklicher Gewalt. Schließlich wurde ebenso mit der maurischen Bevölkerung verfahren, was zahlreiche Aufstände auslöste. Im Jahr 1609 erließ Philipp II. ein Edikt, das die Vertreibung sämtlicher Morisken, so nannte man getaufte Mauren, vorsah. Die anschließende Flucht führte zum Verfall von Granada, das nun in der Bedeutungslosigkeit versank. Erst das Buch *Erzählungen von der Alhambra* von Washington Irving aus dem Jahr 1832 weckte das

AUTORENTIPP!

EINTRITTSKARTEN

Es gibt nur eine begrenzte Zahl Eintrittskarten, weshalb man diese möglichst früh per Internet oder Telefon buchen sollte. Möglich ist es drei Monate im Voraus und empfohlen wird, vor allem in der Hochsaison, sie nicht später als zwei Monate vor Reisebeginn zu bestellen. Alternativ dazu kann man die Karten über eine Agentur buchen. Bestellen kann man die Tickets online unter www.alhambra-tickets.es. Abzuholen sind sie an Bankautomaten in Caixa-Filialen oder an Automaten auf dem Alhambra-Gelände. Gezahlt wird per Kreditkarte, mit dieser können Sie dann auch die Karten abholen. Beachten Sie, dass der Zutritt zu den Nasriden-Palästen in einem dreißigminütigen Zeitfenster möglich ist. Wenn Sie nicht zu der auf Ihrem Ticket abgedruckten Zeit erscheinen, verfällt die Eintrittskarte. Die Öffnungszeiten der Alhambra sind vom 15. Oktober bis 14. März täglich von 8.30 bis 18.00 Uhr, Schalter von 8.00 bis 17.00 Uhr. Von 15. März bis 14. Oktober täglich von 8.30 bis 20.00 Uhr, Schalter von 8.00 bis 20.00 Uhr.

AUTORENTIPP!

DIE ALHAMBRA BEI NACHT
Vor allem für Besucher, die die Alhambra bereits im Tageslicht gesehen haben, ist die Besichtigung bei Nacht sinnvoll. Alles wirkt geheimnisvoll und fremd. Das Spiel von Licht und Schatten zaubert neue Reflexionen über die alten Mauern. Dabei sind die Räume und Wege gut ausgeleuchtet und bieten genügend Sicherheit. Gegenüber glitzert der Albaicín und die großen Gebäude der Alhambra sind angestrahlt, sodass es viele neue Eindrücke für Auge und Linse einzufangen gibt. Allerdings werden die nächtlichen Besuche entweder für die Nasriden-Paläste oder für den Generalife angeboten. Nachttickets werden vom 16. März bis zum 14. Oktober von Dienstag bis Samstag von 22.00 bis 23.30 Uhr, Schalter 21.30 bis 22.30 Uhr, und vom 15. Oktober bis 15. März freitags und samstags von 20.00 bis 21.30 Uhr, Schalter von 19.30 bis 20.30 Uhr, verkauft. Verschiedene Anbieter laden zu nächtlichen Führungen in kleinen oder großen Gruppen ein.

Im Generalife finden alljährlich im Sommer Konzerte statt.

Interesse an den Gebäuden und Gärten neu und brachte immer mehr Touristen in die Stadt. 1984 wurde die Anlage von der Unesco zum Weltkulturerbe erklärt. Wer die Alhambra erkunden möchte, kann sich einen »Audioguide« ausleihen, den es auch in deutscher Sprache gibt. Wer lieber auf eigene Faust losgeht, kann sich an folgendem Rundgang orientieren:

Patio de los Leones, der Löwenhof

Der berühmte Löwenhof bildet die Mitte der Palastanlage Mohammeds V. aus dem 14. Jahrhundert. Er ist bestückt mit einem antiken Brunnen, der von zwölf Löwen getragen wird. Diese Skulpturen sind älter als die Anlage, über ihre Herkunft gibt es keine gesicherten Informationen. Um den Hof herum liegen verschiedene private Wohnungen, die über einen Bogengang mit 124 Säulen erreicht werden können. Die Bogenfelder zwischen den Säulen sind mit feinem Stuck ausgestattet und der Palast als Gesamtheit gilt als Höhepunkt der nasridischen Architektur.

Rund um den Löwenhof

Der Hof ist von vier Sälen umgeben, die reich ausgestattet sind mit feinen Stuckarbeiten und unzähligen Säulen. Auf der Südseite liegt die prächtige *Sala de los Abencerrajes*, der Saal der Familie Abencerraje, der sich aus einem quadratischen und zwei rechteckigen Räumen zusammensetzt. Seine riesige Kuppel hat die Grundfläche eines Sterns und besteht aus sogenannten »Muqarnas«, die an Stalaktiten in Tropfsteinhöhlen erinnern. Der Raum wird durch 16 Fenster in der Kuppel beleuchtet. Östlich liegt die Sala de los Reyes, der Königssaal, bestehend aus drei quadratischen Räumen, in denen die Stalaktitendekoration sowohl in den Säu-

Rundgang durch die Alhambra

A Puerta de la Justicia – Wir betreten die Alhambra durch die Pforte der Gerechtigkeit.

B Puerta del Vino – Weiter schreiten wir durch das Tor des Weins. Das Tor war Teil einer Mauer, die den Palastbereich vom Wohnbereich trennte.

C Plaza de los Aljibes

D Alcazaba – die Zitadelle.

E Torre de la Vela – Er liegt auf der westlichen Seite. Ihn zu besteigen ist ein Muss. Von hier hat man eine sehr gute Sicht auf die Stadt und auf die freigelegten Fundamente im Innern der Anlage.

F Torre de las Armas – Er liegt in der nördlichen Mauer, zum Palastbereich hin.

G Patio del Machuca – Von hier kommen wir am Palast Karls V. vorbei.

H Mexuar – Der Raum in der alten Fürstenresidenz stammt wahrscheinlich aus dem 13. Jahrhundert und diente als Gerichts- und Audienzsaal, dem ein kleiner Gebetssaal angegliedert ist. Besonders schön ist der Mihrab, die Gebetsnische.

I Cuarto Dorado – Das goldene Zimmer bekam seinen Namen aufgrund einer Wand, die vollständig in goldfarbenem Stuck gehalten ist, was nur durch Kacheln im unteren Bereich unterbrochen wird. Diese Wand war früher der Eingang zum Palastbereich.

J Patio de los Arrayanes – Myrtenhof. Der rechteckige Platz hat in seiner Mitte ein großes Wasserbecken. Dieses ist umgeben von Myrtensträuchern. Die Kopfmauern sind mit prachtvollen Stuckarbeiten ausgestattet.

K Sala de los Embajadores – Saal der Gesandten. Der quadratische Raum diente als Thronsaal und gilt als der schönste des Palastbereichs. Er ist über und über mit Stuck verziert sowie mit Schriftbändern zu religiösen und poetischen Themen. Der absolute Höhepunkt ist eine Kuppel, die sich aus 8000 verschiedenfarbigen Holztäfelchen zusammensetzt und die sieben Himmel des Koran darstellt.

AUTORENTIPP!

VIELE WEGE FÜHREN ZUR ALHAMBRA

Wer Andalusien mit dem Auto erkunden will, für den empfiehlt es sich, einen Mietwagen direkt über das Internet zu buchen. Mit dem Auto gelangt man über die A-44 nach Granada und am Autobahnring auf die A-395 bis zur Abfahrt Avenida de Santa Maria de la Alhambra bis zum kostenpflichtigen Parkplatz. Dieser ist 24 Stunden geöffnet, bewacht und bietet 600 Stellplätze. Mit dem Auto in die Innenstadt zu fahren, empfiehlt sich nicht. Von der Innenstadt aus, ab Plaza Nueva, gelangt man zu Fuß über die Cuesta de Gomérez zur Alhambra. Es fahren aber auch Busse, ebenfalls von der Plaza Nueva, die Linien 30 und 32. Rechnen Sie unbedingt genügend Zeit ein, denn Sie haben eine Verabredung, zu der Sie nicht zu spät kommen dürfen. Ihr Ticket informiert Sie über ihre Eintrittszeit.

Der frisch renovierte Patio de los Leones

lenbögen als auch in den Kuppeln aufgegriffen wird. In einem der drei Alkoven findet sich ein Deckengemälde, auf dem Menschen dargestellt sind. Was außergewöhnlich ist, denn im Islam dürfen Menschen bildlich nicht dargestellt werden. Woher diese Malerei stammt, ist ungeklärt. An der Nordseite des Löwenhofs ist die *Sala de las dos Hermanas*, der Saal der zwei Schwestern. Er beherbergt eine der schönsten Kuppeln islamischer Baukunst. Die achteckige Muqarnas-Kuppel besticht durch das Spiel von Licht und Schatten, sodass man den Eindruck gewinnt, das mächtige Gewölbe geriete in Bewegung. Von diesem Raum aus konnten die Frauen das Palastleben beobachten, ohne selbst gesehen zu werden. Den quadratischen Saal umrahmen drei Räume, von denen einer zum *Mirador de Daraxa* oder *Mirador de Lindaraja* führt. Der reich geschmückte Raum bietet einen Blick auf die Gärten der Daraxa/Lindaraja, dem Bereich des Palastes, der Frauen vorbehalten war.

Der Harem

Dass es sich bei den Räumen rund um die Gärten der Daraxa um den sagenumwobenen Harem handelt, kann man heute nur noch mutmaßen. Im 16. Jahrhundert wurde dieser Bereich völlig umgebaut und restauriert. Betritt man den Flur beim Saal der zwei Schwestern, sieht man auf der linken Seite die *Baños Reales*, die Königlichen Bäder, aus dem 14. Jahrhundert. Auch sie wurden restauriert, denn Karl V. wollte sie für sich selbst nutzen. Das Bad hat ein typisches Gewölbe, mehrere Kalt- und Warmräume sowie einen zweigeschossigen Hauptraum. Östlich der Palastanlage schließen sich die Gärten des Partal an. Hinter einem Säulengang erhebt sich der *Torre de las Damas*, der Turm der Damen, aus dem 14. Jahrhundert, der einige kleine Wohnräume bietet. Auf seiner rechten Seite steht der *Torre de Mirhab*, ein Gebetsturm, dem sich der *Torre de la Cautiva*, der Gefangenenturm, aus dem 14. Jahrhundert, und der *Torre de las Infantas*, der Turm der Infantinnen, aus dem ausgehenden 15. Jahrhundert anschließen.

Der Renaissancepalast

Kaiser Karl V., identisch mit König Karl I. von Spanien, wollte Granada zum spanischen Regierungssitz machen und wählte sich die Alhambra als Standort für seine Residenz. Als Sinnbild der Überlegenheit des Christentums über den Islam ließ er sich einen großen Palast im Renaissancestil auf der Alhambra errichten. Sein Architekt war Pedro Machuca, ursprünglich Maler, ein Schüler Michelangelos. 1526 begann er mit dem Bau des Palasts und nach dem Tod von Pedro setzte dessen Sohn das Werk fort. Doch durch die Eroberung Südamerikas und deren Folgen ergaben sich neue Pläne, sodass man den Bau in Granada abbrach. Der Palast wurde niemals vollendet und doch gehört er zu den vollkommensten Renaissancebauwerken außerhalb Italiens. Indes angesichts der filigranen Nasriden-Gebäude in der Nachbarschaft wirkt das Gebäude recht deplaziert. Heute ist in ihm das *Museo Nacional de Arte Hispano-Musulmán*, das spanisch-maurische Kunstmuseum, untergebracht.

Die Gärten

Der *Generalife* ist eine Gartenanlage, die den Sommerpalast der Nasriden-Herrscher beherbergt. Der Name bedeutet so viel wie »vornehmster aller Gärten«. Vier Wasserkanäle, Springbrunnen, Becken und Wasserleitungen, umgeben von Pavillons und Pflanzen, im Zentrum der *Patio de Acequia*, der Hof des Kanals, um den sich die Gebäude gruppieren. Obwohl auch der Generalife längst modernisiert und umgestaltet wurde und es nur noch einen einzigen Kanal gibt, stellt er doch eine Variante des perfekten islamischen Gartens dar.

Oben: Der berühmte Löwenbrunnen im Hof der Löwen
Mitte: Die plateresken Kapitelle im Generalife
Unten: Wasserlauf im weitläufigen Garten des Generalife

Infos und Adressen

MUSEEN

Archäologisches Museum. Das Museum befindet sich in der Casa Castril, einem Renaissancegebäude aus dem Jahr 1539. Hier werden Funde aus der prähistorischen Zeit bis hin zu den Karthagern, Phöniziern, Römern und Arabern ausgestellt. Geöffnet ist das Museum dienstags von 15–20 Uhr, Mittwoch bis Sonnabend von 9–20 Uhr, sonntags von 9–14.30 Uhr.
Carrera del Darro, 41, 18010 Granada,
Tel. 958 225 640

Museum von Federico García Lorca. Das Museum war die alte Residenz von Lorca. Exponate sind Malereien, Manuskripte und andere Originale von Lorca und anderen Künstlern der Epoche. Das Museum ist von Dienstag bis Sonntag, 10–19 Uhr geöffnet.
Calle Poeta Federico García Lorca, 4, Fuente Vaqueros,18340 Granada,Tel. 958 516 453,
www.patronatogarcialorca.org

Lichtgaden im Generalife mit Blick in den Garten

Parque de las Ciencias – Wissenschaftspark. In diesem Museum darf alles angefasst werden. Hier können physikalische Phänomene experimentell unter die Lupe genommen werden, und in Sonder-

Diese Wandmalerei gibt Rätsel auf: Menschen durften im Islam nicht abgebildet werden.

ausstellungen widmet man sich speziellen Themen wie beispielsweise »War Tyrannosaurus Rex ein Jäger oder Aasfresser?«. Diese Ausstellung ist bis September 2012 geplant. Es gibt verschiedene Räume, unter anderen den der Biosphäre, der Planeten und der Wahrnehmung. Das Museum ist von Dienstag bis Samstag von 10–19 Uhr und sonntags von 10–15 Uhr geöffnet.
Avenida del Mediterráneo, s/n, 18006 Granada,
Tel. 958 131 900, E-Mail info@parqueciencias.com, www.parqueciencias.com

EINKAUFEN

Delikatessen. La Oliva, ein sehr gut sortierter Delikatessenladen. Francisco verkauft nur, was er auch selbst vor Ort beim Produzenten begutachtet hat.
Calle Rosario, 9, 18009 Granada,
Tel. 958 225 754, www.laolivagourmet.com

Buchhandlung. Tienda Librería de la Alhambra ist die offizielle Buchhandlung der Alhambra, in der Nähe der Plaza Nueva, und hat einen wirklich hervorragenden Ruf. Ein Laden für Geschichtsinteressierte und Besucher, die auf der Suche sind nach hochwertigen Souvenirs.
Calle Reyes Católicos, 40, 18001 Granada,
Tel. 958 225 850

Schuhe. Eine der bekanntesten Schuhmarken Spaniens ist hier beheimatet. Tiendas Julio Calle-

jon bieten Schuhe für alle Lebenslagen. Von topmodisch über bequem bis hin zum Qutlet reicht die Palette in Granada. Alle Adressen finden Sie auf der Homepage. www.juliocallejon.com
Mode. Die Calle Alhondiga ist die Modemeile Granadas. Hier finden sich viele der spanischen Designer.

SPORT UND FREIZEIT

Segway Granada Tours. Hier kann man Segways mieten oder damit geführte Routen abfahren. Es gehört allerdings ein wenig Übung dazu, einen solchen Elektroroller zu beherrschen. Cuchilleros, 7 (bei der Plaza Nueva), 18010 Granada,
Tel. 958 288 507, www.granadasegwaytours.com
Bustouren. CitySightSeeing Granada bietet Bustouren durch Granada an, an 365 Tagen im Jahr und in sieben Sprachen. Das Tagesticket für Erwachsene kostet 18 Euro, für Kinder 9 Euro. Bei Online-Buchung jeweils 1 Euro günstiger.
Internet: www.granadatour.com
Fahrrad- und Rollervermietung. Die Website von Ecoway ist in spanischer Sprache, doch sie ist gut zu verstehen. Plaza Cuchilleros, 6 (bei Plaza Nueva), 18010 Granada, Tel. 958 050 691,
E-Mail ecowayrental@hotmail.com,
www.ecowayrental.com

SPANISCH UND FLAMENCO

Escuela Carmen de las Cuevas. Eine der besten Sprach- und Flamenco-Schulen der Stadt. Sehr schöne Atmosphäre und qualifizierte Lehrer sind das Rezept. Aus deren Flamenco-Schule sind mittlerweile internationale Künstler hervorgegangen. Weitere Informationen auf der Website, inklusive Kostenrechner oder per E-Mail bei Monica, sie spricht deutsch.
Cuesta de los Chinos, 15,18010 Granada,
Tel. 958 221 062, E-Mail monica@carmencuevas.com, www.carmencuevas.com

FLIEGEN

Rundflüge über Granada. Dieses Angebot ist außergewöhnlich, da es meist keine Überfluggenehmigungen über Städte gibt. Granada hat diese jedoch erteilt und vom Flughafen Granada aus kann man in Cessnas zu noch erschwinglichen Preisen, halbstündige Rundflüge über die Stadt und die Alhambra buchen. Traumhaft und fast einmalig. Weitere Strecken sind »Die Costa Tropical« und »Die Wüste von Gaudix«. Dimensión Aérea, Aeropuerto de Granada – Terminal de pasajeros, 18330 Chauchina, Tel. 958 446 019 oder mobil 658 984 721,
E-Mail da@dimensionaerea.com,
www.dimensionaerea.com

Blick auf die Alhambra, die Rote Burg

Mitte: Beliebte Tapas-Meile, die Calle Navas
Unten: Immer dabei – Schinken vom iberischen Schwein

9 Granada
Mekka für Gourmets

Tapas-Touren haben in Granada Tradition. Man zieht von Kneipe zu Kneipe und gönnt sich neben stets unterschiedlichen Tapas das ein oder andere Gläschen Wein aus der Region. Die Stadt ist berühmt für ihre Kneipen, Bars, Bodegas und Restaurants, denn die Küche ist besonders vielfältig. Das liegt zum einen an der geografischen Lage zwischen hohen Bergen und Meer und natürlich auch an der maurischen Vergangenheit.

Die Küche Granadas ist reich an Gewürzen; gerne isst man Suppen und Eintöpfe mit allem, was das Land zu bieten hat. Daneben gibt es Fisch, Südfrüchte und deftige Speisen aus der ländlichen Umgebung. Desserts sind süß und man ahnt, das die Patisseriekunst auf eine lange arabische Tradition zurückgeht. Dagegen entwickelt sich der Weinbau erst in den letzten Jahren und das Gebiet macht sich einen Namen als junge, aufstrebende Weinregion. Bekannte Bodegas sind beispielsweise *Calvente* und *Almaraes*.

Tapas-Touren

Einige Stadtviertel und Straßen sind sehr beliebt unter Tapas-Touristen. Im Albaicín wird man schnell fündig, und auch in dem Gebiet um die Plaza Bib-Rambla, rund um das Rathaus oder in der Calle Navas und der Calle Sarabia kann man Tapas-Bars eigentlich nicht übersehen. Wer erstmals in Granada ist und sich in Sachen Tapas nicht auskennt, sollte an einer geführten Tour teilnehmen. Die deutsche Agentur *Caminos autenticos* bietet etwa dreieinhalbstündige Tapas-Touren mit Weinprobe und Rundgang durchs

Vorspeisensalat mit Käse

Stadtzentrum an, wobei ein privater Führer 2 bis 15 Teilnehmer betreut. Gruppen werden nicht vermischt. Weitere Informationen über die Tapas-Tour und viele weitere Angebote finden Sie unter: www.caminos-autenticos.com

Beliebte Restaurants der Einheimischen

Natürlich gibt es jede Menge guter Restaurants, die immer wieder wärmstens empfohlen werden. Einige mit guter Küche und schöner Atmosphäre, die man möglicherweise nicht alleine findet, sollte man sich nicht entgehen lassen.

Vor allem am Morgen sind Churros con Chocolate der Klassiker für ein gnadenlos üppiges Frühstück. In Granada bekommt man sie am Besten in der »Cafeteria Alhambra« an der Plaza Bib-Rambla, dem Herzen der Stadt.

Eine lange Tradition haben in Granada Teehäuser. Eines der schönsten und gepflegtesten ist die »Teteria Casablanca« in der Calle Caldeleria Nueva, 23. Im »Fiordigelato«, in der Acera del Darro, 3, bei der Post, gibt es die wahrscheinlich kleinste, aber beste Eisdiele der Stadt.

Oben: Logenplatz auf der Terrasse des Restaurantes Mirador de Morayma
Unten: Das Barrio Realejo bietet viele typische Tapas-Bars.

Oben: Über 100 Jahre alt ist die Bar 1899 im Albaicin.
Mitte: Es geht auch modern; hier in einem Restaurant im Barrio Realejo
Unten: Bodega im Barrio Realejo

Das *Trillo del Reca* im Albaicín ist in einer kleinen Carmen, einem für Granada typischen Haus mit Garten, untergebracht. Es liegt sehr versteckt in der Gasse Callejon del Aljibe del Trillo, 3. Im Internet finden Sie es unter www.eltrillo-delreca.com. An der Plaza Tinidad gibt es eine dazugehörige Tapas-Bar, die »Bar Reca«.

Ein ganz neues Restaurant mit sehr raffinierter Küche ist das »La Tortuga Boba« an der Plaza Romanilla, 8, direkt bei der Kathedrale. Eine Tapas-Bar mit wunderschöner Terrasse. Eine eigene Website gibt es derzeit noch nicht, man findet es aber über Suchmaschinen.

Im Park am Fluss liegt das »Las Titas« am Paseo de la Bomba. Es bietet vor allem im Sommer eine kühle Alternative zur Stadt, ist aber gar nicht weit vom Zentrum entfernt. Auch dieses Restaurant verfügt über eine schöne Terrasse. Weitere Infos unter: www.kioskolastitas.es

Und schließlich noch der »Carmen Mirador de Aixa«, Carril San Agustín, 2, im Albaicín. Es ist bekannt für seine exquisite Küche und zählt zu den besten Restaurants der Stadt. Weitere Infos gibt es im Internet unter www.miradordeaixa.com

Typisch für die Region: Fisch und Muscheln

Infos und Adressen

Einfach, aber lecker: Tapas-Bar im Barrio Realejo

ESSEN UND TRINKEN

Bar Restaurante Leon. Ein beliebter Treffpunkt in der Nähe der Kathedrale. Die Küche bietet Fisch- und Fleischgerichte und ist täglich von 13–16 und 20–23 Uhr geöffnet. Eine Reservierung wird empfohlen. Die Bar bietet ab 8 Uhr Frühstück an und schließt um 16 Uhr. Am Abend von 20–23.30 Uhr geöffnet.
Calle Pan, 1, 18010 Granada, Tel. 958 225 143, E-Mail info@restaurantebarleon.com, www.restaurantebarleon.com

Café Bib Rambla. Das Café an der beliebten Plaza ist schon über 100 Jahre alt und hat ein gediegenes Ambiente. Besonders gut sind die Churros, mit denen man sich gerne den Tag versüßt.
Plaza Bib-Rambla, 3, 18010 Granada, Tel. 958 256 820, www.cafebibrambla.com

Restaurante Mirador de Morayma. Das Restaurant in der Altstadt von Granada bietet eine sehr gute lokale Küche der mittleren Preisklasse und eigene Weine in einem wunderschönen Ambiente. Von der Terrasse aus öffnet sich ein spektakulärer Blick auf die Alhambra. Eine Carmen, ein typisches Landhaus, mit sehr privaten Ecken. Montags, dienstags und mittwochs gibt es ein spezielles Dinner mit Flamenco-Aufführungen.
Albaicìn, Calle Pianista García Carillo 2, 18010 Granada, Tel. 958 228 290 und 958 224 812, E-Mail info@miradordemorayma.com, miradordemorayma.com

Tapas mit Stil! Am besten schmeckt es an der Bar.

Mitte: Das Bergdorf Canyájar in den Alpujarras
Unten: Hier scheint die Zeit stehen geblieben zu sein – hier ist man noch mit Pferd und Karren unterwegs.

10 Sierra Nevada
Skifahren mit Meerblick

Zwischen Granada und dem Mittelmeer liegt die Sierra Nevada, das einzige Hochgebirge Spaniens. Es ist in nur einer Stunde über die höchstgelegene Straße Europas und damit auch Spaniens, die Veleta, zu erreichen, die sich in unendlichen Kurven auf mehr als 3394 Höhenmeter emporwindet. Vom Gipfel des Pico Veleta, dem zweithöchsten Berg Andalusiens, erreicht man das Meer ebenfalls in einer guten Stunde.

Gewöhnlich trägt die *Sierra Nevada*, das schneebedeckte Gebirge, von November bis Mai eine weiße Haube. Der *Pico Veleta* ist von Granada aus zu sehen, er bildet das Panorama vor dem sich die Alhambra erhebt. Auf den Gipfel gelangt man über die Veleta, eine Straße, die gleich hinter Granada beginnt, aber nur bis zur *Hoya de la Mora* auf 2500 Meter hinaufführt. Danach muss man zu Fuß gehen oder einen Kleinbus des Nationalparks nehmen. Die fahren vom Parkplatz des höchstgelegenen Hotels Europas, des »Vincci Selección Rumaykiyya«, oberhalb der Ortschaft Pradollano ab. Zwischen Juni und Ende September, in der schneefreien Zeit, gelangt man so auf den Gipfel.

Naturpark Sierra Nevada

Die Sierra Nevada erstreckt sich über eine Fläche von 2000 Quadratkilometern, hat eine Länge von etwa 100 Kilometern und ist ein Ausläufer der Betischen Kordillere, die die nördliche Grenze Andalusiens darstellt. Das Gebirge entstand durch die Verschiebung der europäischen Kontinentalplatte, sodass in diesem Gebiet immer wieder leichte Erdbeben vorkommen. 1986 wurden Teile der Sierra

Blick auf die Sierra Nevada, das schneebedeckte Gebirge

Nevada von der Unesco zum Biosphärenreservat erklärt und im Zuge des Naturschutzes 1989 die Veleta-Straße für den privaten Autoverkehr gesperrt. Seit 1999 besteht der Nationalpark Sierra Nevada mit einer Fläche von etwa 862 Quadratkilometern. Obwohl die Landschaft felsig und schroff ist, gibt es hier doch über 80 Tier- und mehr als 60 Pflanzenarten. In der Sierra Nevada kann man wandern, klettern, Rad und Mountainbike fahren und in den Wintermonaten natürlich Ski laufen. Das Besucherzentrum für den Nationalpark befindet sich in der Ortschaft Monachil.

Skigebiet Sierra Nevada

Stellen Sie sich vor, Sie sind im Hochgebirge, Sie tragen Ihren Skianzug, haben es sich im Liegestuhl im Schnee gemütlich gemacht, gönnen sich einen heißen Drink und schauen sich das Mittelmeer an. Das gibt es tatsächlich nur in der Sierra Nevada. Das gleichnamige Skigebiet liegt zwischen dem *Pradollano* und dem *Pico Veleta* und verfügt über 39 Pisten, die hervorragende Bedingungen für den Wintersport bieten. Nachdem im Jahr 1995 die Alpine Skiweltmeisterschaft wegen Schneemangels verschoben werden musste, hat man mit Schneekanonen aufgerüstet, sodass heutzutage

AUTORENTIPP!

WASSER AUS LANJARÓN ÖKO

Lanjarón ist berühmt wegen seines Quellwassers und bekannt in ganz Spanien wegen seines hier abgefüllten Mineralwassers. In Lanjarón gibt es 20 Quellen, davon sechs Heilquellen. Das Kurhaus, Balneario Andalucia, blickt auf eine lange Tradition zurück. Massagen, Sauna, Schlammbäder und Hydrotherapie sowie weitere entspannende und therapeutische Maßnahmen werden angeboten. Im Salado-Park, einer gepflegten Anlage mit Eukalyptusbäumen, einem Wasserlauf und schöner Aussicht in die Landschaft, steht im Sommer ein Wasserpavillon, und es finden Musik- und Kinoveranstaltungen statt. Dies alles ist meist eine rein spanische Angelegenheit, denn während der Ort bei einheimischen Touristen sehr beliebt ist, finden kaum Ausländer den Weg zu den Heilquellen. Doch ein Besuch lohnt sich allemal. Lanjarón liegt in der typisch ländlichen Umgebung der Alpujarras, umgeben von Kastanien- und Nussbäumen, von Olivenhainen, Madel- und Orangenbäumen, genau so, wie schon zur Zeit der Mauren.

Oben: Ein grandioses Erlebnis: durch die Alpujarras per Pferd
Mitte: Die Tiere müssen über die Felsen geführt werden, damit sie nicht umknicken.
Unten: Das Fest »Moros y Cristianos« wird zu Ehren der Rückeroberung gefeiert.

keiner mehr um sein winterliches Vergnügen bangen muss. Das Skigebiet erreicht man von Granada aus über die A-395, indem man der Beschilderung in Richtung Sierra Nevada folgt.

Die Alpujarras

Die Alpujarras bilden den südlichen Teil der Sierra Nevada und erstrecken sich in östlicher Richtung bis in die Provinz Almería. Zerklüftete Berge, tiefe Schluchten, Wasserläufe, malerische Täler und weiße Dörfer prägen diese Landschaft. Die Autobahn von Granada hat einen Anschluss bei Lanjarón, dem »Tor der Alpujarras«, von wo aus schmale kurvigen Straßen durch die Gebirgsausläufer führen. Noch heute ist die Region von der Landwirtschaft geprägt, wobei hauptsächlich Wein und Mandeln angebaut werden. Immer wichtiger wird auch der Tourismus. Wanderer, die die Alpujarras im Frühjahr und Herbst besuchen, sowie Tagestouristen, die in die idyllischen Ortschaften strömen, sind zum unverzichtbaren Wirtschaftsfaktor geworden. Sehenswert ist Trevélez, der höchstgelegene Ort Spaniens, der auch durch seinen milden Schinken bekannt wurde. Einen Besuch wert sind auch Capileira, auf halber Höhe zum *Pico Veleta*, auf 1450 Metern traumhaft gelegen, und das Nachbardorf Bubión, ein gut erhaltenes maurisch geprägtes Örtchen, mit mehreren Brunnen und Waschhäusern, die mit Wasser aus den Alpujarras gespeist werden. Pampaneira ist ebenfalls benachbart und liegt malerisch unterhalb des *Muhacén*, des höchsten Berges des spanischen Festlandes. Pampaneira ist das touristischste der drei Dörfer, die alle mit einen Wanderweg verbunden sind, der durch eine atemberaubende Naturlandschaft führt. Das Schmelzwasser aus der Sierra Nevada versorgt das gesamte Umland, inklusive der riesigen Gewächshäuser, Almería und Granada mit Trinkwasser.

Infos und Adressen

INFORMATION

Oficina de Turismo de Monachil. Plaza Baja, s/n, 18196 Monachil, Tel. 958 301 230, E-Mail turismo@monachil.es, www.monachil.es

Punto de información turística de Sierra Nevada. Plaza de Andalucía. Edificio Monachil, 18196 Sierra Nevada, Tel. 958 480 464, E-Mail infosierranevada@monachil.es

Punto de información del Parque Nacional de Sierra Nevada Pampanerira. Plaza de la Libertad, s/ n, 18411 Pampaneira, Tel. 958 763 127, E-Mail guias@nevadensis.com

Oficina de Información Turística Lanjarón. Avda. de Madrid, s/n, 18420 Lanjarón, Tel. 958 770 462, E-Mail turismolanjaron@gmail.com, www.lanjaron.es

Touristencenter »El Dornajo« im Naturpark der Sierra Nevada. Öffnungszeiten von September bis Juni 10.00 bis 14.00 Uhr und 16.00 bis 18.00 Uhr. Im Juli und August 10.00 bis 14.00 Uhr und 17.00 bis 19.00 Uhr. Carretera de Sierra Nevada, km 23, 18160 Güéjar Sierra, Tel. 958 340 625, Fax 958 340 625, E-Mail alhori@hotmail.com

ÜBERNACHTEN

Hotel El Dornajo. Günstiges 2-Sterne-Hotel, in der Nähe des Besucherzentrums, dicht bei der Skistation. Carretera de Sierra Nevada, km 22, 18196 Sierra Nevada/ A-395 Sierra Nevada, Tel. 958 340 400, Fax 958 340 545, E-Mail reservas@hoteleldornajo.com, www.hoteleldornajo.com

Hotel Vincci Selección Rumaykiyya. Das höchstgelegene Hotel Europas und das einzige 5-Sterne-Hotel in der Sierra Nevada. Doppelzimmer ab circa 165 Euro pro Nacht. Unter der Serviceline der Hotelkette, Tel. 902 454 585, erreichen Sie täglich von 8.30 bis 23.30 Uhr Mitarbeiter, die deutsch sprechen. Urbanización Sol y Nieve, 18196 Sierra Nevada – Monachil, Tel. 958 482 508, E-Mail rumaykiyya@vinccihoteles.com, www.vinccihoteles.com

La Calahorra am Fuße der Sierra Nevada

11 Costa Tropical

Klima wie in den Tropen

Mehr als 320 Sonnentage und 20 Grad Jahresdurchschnittstemperatur gaben der Costa Tropical ihren Namen. Durch den Schutz der Sierra Nevada im Norden, durch die Wärme der Mittelmeerregion und mit Hilfe der milden Winde aus Afrika herrscht hier ein subtropisches Mikroklima, das einzigartig ist in Europa. Nahezu das ganze Jahr über wachsen Zuckerrohr, Ananas, Bananen, Avocados und andere subtropische Früchte.

Mitte: Der Playa de San Cristóbal in Almunecar an der Costa Tropical
Unten: Jachthafen von La Herradura, an dem meist sehr viele Luxusjachten liegen.

Die Costa Tropical ist ein Dorado für Taucher, denn hier gibt es die reichste Unterwasserwelt an der gesamten andalusischen Mittelmeerküste. Im Landesinnern bieten sich spektakuläre Landschaften, wie der *Cañon de Río Verde* bei Ótivar und die Naturparks *Sierra de Tejeda* und *Sierra de Almijara*. Eigentlich ist die Costa Tropical ein Teil der Costa del Sol und wird begrenzt von Motril im Osten und Nerja im Westen.

Strand mit Golfplatz inklusive

Motril ist mit rund 50 000 Einwohnern die zweitgrößte Stadt und gleichzeitig die südlichste Ortschaft der Provinz Granada. Es ist ein wichtiges Industrie- und Handelszentrum in der Region und lebt vor allem von Rohrzuckeranbau, Fischerei und der Papierindustrie. Ein Spaziergang durch die Stadt lohnt sich, denn es gibt eine malerische Altstadt mit Gebäuden aus verschiedenen Epochen. Viele wunderschöne Strände, darunter die bekannte *Playa Granada*, die über einen eigenen Golfplatz verfügt, liegen im Gemeindegebiet von Motril. Darüber hinaus gibt es in der Stadt auch einige Schwimmbäder als Alternative zum Salz-

Nächtliches Nerja

wasser. Die Nähe zur Sierra Nevada lädt ein zu Wandern, Reiten, Paragliding und Radfahren, während Strand und Wasser alle beliebten Freizeitaktivitäten, von Kanufahren auf dem Fluss Guadalfeo bis hin zu Hochseeangeln bieten.

Weißes Dorf mit alter Burg

Salobreña ist ein weiterer beliebter Urlaubsort im Zentrum der Costa Tropical, westlich von Motril. Salobreña ist ein weißes Dorf, das auf einem Hügel über dem Meer thront. Seine Altstadt befindet sich innerhalb der alten Stadtmauer, die den Ort einst zur unbezwingbaren Feste machte. Auf dem höchsten Punkt der Stadt steht das maurische *Castillo*, die Burganlage, die man über wunderschöne Gassen und Treppen erreicht. Von dort hat man einen atemberaubenden Blick auf das Meer und die Landschaft. Der *Barrio Albaicín*, das arabische Stadtviertel, der Paseo de la Flores, die Promenade der Blumen, und die einzige Rohrzuckerfabrik Europas, der ein Museum mit Vorführungen über die Herstellung des Rohrzuckers angegliedert ist, sollte man unbedingt besuchen. Abends emp-

Oben: Der bei Touristen beliebte Aussichtpunkt »Balcon de Europa« in Nerja, an dem der weite Blick über die Buchten schweifen kann.
Mitte: Sandkünstler am Strand von La Herradura
Unten: Prozession zu Fronleichnam in Frigiliana

Oben: Das weiße Dorf Salobreña an der Costa Tropical
Mitte: Romantische Badebucht bei Nerja
Unten: Urlaubsvergnügen in Maro

fiehlt sich die Altstadt mit ihren Tapas-Bars als erstes Ziel, bevor man die Open-Air-Nachtclubs besucht oder einen Drink auf einer der Terrassen am Meer einnimmt. Die Strände von Salobreña sind lang und sauber. Wer Ruhe sucht, sollte den von Guardia aufsuchen, der inmitten von Zuckerrohrplantagen liegt. Ebenfalls wunderschön und ruhig sind die Buchten *El Caletón* und *El Pago*, die die Küste von Salobreña flankieren.

Urlaubsparadies am Grünen Fluss

Almuñecar ist der dritte und beliebteste Urlaubsort an der Costa Tropical. Der Ort hat rund 27 800 Einwohner und verfügt über 19 Kilometer Strand. Er liegt an der Mündung des *Río Verde*, des Grünen Flusses.

Almuñécar hat eine gute Verkehrsanbindung und lebt neben dem Tourismus hauptsächlich vom Anbau subtropische Früchte. Sehenswert ist hier vor allem das archäologische Museum in der »Höhle der Sieben Paläste«, das Castillo San Miguel, das Aquarium und das römische Aquädukt. Die Stadt verfügt über verschiedene Strände, darunter FKK-, Sand- und Stadtstrände.

Infos und Adressen

INFORMATION

Oficina Municipal de Turismos Motril. Plaza de las Comunidades Autónomas, Eingang am »Parque de los Pueblos de América«, 18600 Motril, Tel. 958 825 481, Fax 958 609 312, E-Mail info@turismomotril.com, www.turismomotril.com

Oficina de Turismo Salobreña. Von Montag bis Freitag 9–15 Uhr und 16.30–20 Uhr geöffnet. An Wochenenden und Feiertagen von 10–13.30 Uhr. Plaza Goya, s/n, 18680 Salobreña, Telefon und Fax 958 610 314, E-Mail turismo@ayto-salobrena.org, ayto-salobrena.org

Oficina Municipal de Turismo Almuñecar. Palacete de la Najarra, Avenida de Europa, s/n, 18690 Almuñécar, Tel. 958 631 125, E-Mail turismo@almunecar.info, www.almunecar.info

Oficina de Turismo de La Herradura – Almuñecar. Paseo Andrés Segovia, s/n, 18690 Almuñécar, Tel. 629 069 467, E-Mail turismo@almunecar.info, www.almunecar.info

Das Castillo von Solobreña

SEHENSWERTES

Aquarium Almuñecar. Der Eintritt kostet 12 Euro für Erwachsene und 9 Euro für Kinder bis 12 Jahre und Rentner. Die Öffnungszeiten variieren. Bitte informieren Sie sich auf der Internetseite.
Plaza Kuwait, s/n, 18690 Almuñécar,
Tel. 902 109 835, E-Mail info@Bluedisplays.com,
www.acuarioalmunecar.es

Urlaubsparadies Calahonda bei Motril

COSTA DEL SOL

Vorangehende Doppelseite: Ronda, das weiße Dorf über der Tajo-Schlucht
Mitte: Römisches Theater am Fuße der Alcazaba in Malaga
Unten: Picasso-Museum in Málaga

12 Málaga

Pulsierende Metropole

Am westlichen Rand des Mittelmeers liegt in der gleichnamigen Bucht die Stadt Málaga, das Herz der Costa del Sol. Eingebettet zwischen der Sierra de Mijas und den Montes de Málaga, den Bergen von Málaga, herrscht hier ein sehr angenehmes Klima mit einer Durchschnittstemperatur von 18 Grad. Málaga zählt zu den Topurlaubszielen in Spanien, denn es hat weitaus mehr zu bieten als lediglich Sonne und Strand.

Mit knapp 600 000 Einwohnern ist Málaga die zweitgrößte Stadt in Andalusien. Die Fläche des Gemeindegebietes beträgt 398 Quadratkilometer, und die Bevölkerungszahl im Ballungsgebiet liegt bei etwa einer Million Menschen. Málaga ist die Hauptstadt der gleichnamigen Provinz und hat sich innerhalb der letzten 20 Jahre zu einem echten Wirtschaftszentrum entwickelt. Die Metropole besitzt den drittgrößten und modernsten Flughafen Spaniens; ihr Hafen ist nach der jüngsten Er-

MAL EHRLICH

BUSVERBINDUNGEN

Der Flughafen Málaga hat sich zu einem imposanten Bauwerk und zum echten Verkehrsknotenpunkt entwickelt. Vor allem in den Wintermonaten ist er der einzige Flughafen, der von allen Fluggesellschaften angeflogen wird. Reisende aus allen Teilen Andalusiens kommen hier an oder fliegen ab. Leider ist es aber noch immer nicht gelungen, den Flugverkehr mit dem entsprechenden Bustransfer zu koppeln. Das funktioniert nur nach Málaga und ins direkte Umland.

weiterung hinter Barcelona zum bedeutendsten des Landes geworden. Hier legen auch regelmäßig Kreuzfahrtschiffe an. Der einst marode Nahverkehr wurde saniert, sodass das Bus- und U-Bahnnetz zu den modernsten in Spanien gehört.

Geschichte

Málaga wurde etwa im 8. Jh. v. Chr. von den Phöniziern gegründet, die ihm bereits seinen heutigen Namen gaben. Sie schrieben ihn jedoch »Malaka«. Über die Bedeutung dieses Namens ist man sich nicht einig, einige Forscher führen ihn auf die Bedeutung »König« zurück. Auf die Phönizier folgten die Karthager, die nach langer Herrschaft im Zuge der Punischen Kriege die Stadt an die Römer verloren, die sie ihrer Provinz Hispania einverleiben. Später gehörte sie zur Provinz Baetica. Eines der wenigen Zeugnisse aus römischer Zeit ist das Römische Theater. Im 5. Jahrhundert fielen die Vandalen in Spanien ein, kurze Zeit herrschten die Byzantiner, 571 schließlich wurde die Stadt von den Westgoten besetzt, die es bis zur Eroberung durch die Mauren hielten.

711 fiel die Stadt an die Mauren, erlangte im 11. Jahrhundert als Königsresidenz eine gewisse Bedeutung und blieb über die Jahrhunderte durch seinen Hafen und die Nähe zu Afrika ein wichtiges Handelszentrum. Im Zuge zahlloser Streitigkeiten und Kriege in und unter den verschiedenen Herrscherhäusern erhielt Málaga immer wieder neue Machthaber, bis es 1232 ins Nasriden-Reich eingegliedert wurde. Im August 1487 eroberten die Katholischen Könige Ferdinand und Isabella als eine der letzten Städte Málaga zurück und begannen sofort mit der Umstrukturierung. Im Zuge des Alhambra Edikts, das die Katholischen Könige kurz nach der Übernahme Granadas 1492 erließen, wurde Málaga zu einem Zentrum der Inquisition.

AUTORENTIPP!

WEIN

Wein aus Málaga muss nicht immer süß sein. Zwar ist die Region bekannt für ihre Muskatellertrauben, die zu Likörweinen ausgebaut werden. Doch es gibt auch eine Anzahl sehr guter trockener Weine, die fast alle ebenfalls aus Muskatellertrauben gekeltert werden. Zum Beispiel der »Lagar de Cabrera, Blanco«; er wird aus der Rebsorte *Moscatel Seco* hergestellt und kommt aus der Axarquía, dem Zentrum des süßen Weins. Der »Lagar de Cabrera« ist ein fruchtiger, frischer Wein, der gut gekühlt zum Hochgenuss an warmen Sommerabenden wird. Ein weiterer trockener Wein kommt aus der Region El Trocal bei Antequera. Es ist der »Montespejo Blanco Joven« aus den Rebsorten Moscatel und Doradilla, eine Traube die fast schon in Vergessenheit geraten war. Der »Montespejo« hat eine fruchtige, frische Note und eignet sich perfekt zum Gläschen für zwischendurch. Wenn Sie Lust auf etwas Besonderes haben, fragen Sie nach Weinen aus der Region und genießen Sie ihre frischen und fruchtigen Aromen.

AUTORENTIPP!

MÄRKTE

Málaga ist eine pulsierende Großstadt und hat natürlich ihre Einkaufsstraßen. Die beliebteste ist die Calle Marqués de Larios. Die Markthalle ist immer einen Besuch wert. Der Atarazanas-Markt hat von Montag bis Samstag vormittags von 9–14 Uhr geöffnet. Er befindet sich in der Nähe des Hafens. Besonders beeindruckend sind die Marktschreier, vor allem unter den Fischhändlern. Samstags gibt es keinen frischen Fisch, sodass man einen Besuch am besten auf einen Werktag legt. Wochenmärkte finden in den Stadtteilen Huelin und La Paz mittwochs statt, in El Palo samstags und in Martiricos sonntags, jeweils von 9–14 Uhr. Einen Flohmarkt gibt es an den Sonntagen, an denen der Malaga C.F. kein Heimspiel hat. Er findet südlich des Fußballstadions auf dem Parkplatz am Paseo de Martiricos von 9–15 Uhr statt.

Schinken und Paella an einem Marktstand in Málaga

Die Entdeckung Amerikas bringt Spanien das »Goldene Zeitalter«, von dem auch die Hafenstadt Málaga profitiert. Um 1530 beginnt der Bau der *Catedral de la Encarnación*. Doch nachdem 1609 die letzten Morisken, zum Christentum konvertierte Mauren, vertrieben worden sind, setzt der Niedergang der Stadt ein, von dem sie sich lange nicht mehr erholt. Hinzu kommen Naturkatastrophen und Epidemien, sodass die Einwohnerzahl drastisch sinkt. Besserung gibt es erst im 18. Jahrhundert, als der Handel mit Rosinen, Fisch und Mandeln anspringt. Zur Industriestadt wird Malaga ab 1830, als Eisen-, Stahl-, und Textilproduzent. Im Spanischen Bürgerkrieg verlieren viele tausend Einwohner ihr Leben und große Teile der Stadt werden zerstört. Die folgenden Jahrzehnte stehen im Zeichen des Wiederaufbaus. In den 1970er-Jahren beginnt der Tourismus und wird zu einem wichtigen Wirtschaftsfaktor. Málaga entwickelt sich zur Metropole am Mittelmeer.

Stadtansicht

Málaga liegt an zwei Flüssen, die hier ins Mittelmeer münden, dem Río Guadalhorce im Osten und dem Río Guadalmedina A, der die Altstadt vom neuen Zentrum abgteilt. Östlich des Flusses liegt das *Centro Historico* B, mit den meisten historischen Monumenten und dem Hafen Puerto Marítimo C. Am westlichen Flussufer findet man Einkaufszentren und den Hauptbahnhof D. Dieser Bereich wird Neues Zentrum E genannt. Der Park Palmeral de las Sorpresas F – ein ganz neuer Garten, der erst im März 2011 eröffnet wurde – liegt direkt am Hafen. 420 Palmen, 400 Bäume und 7400 Büsche und Kräuter wurden hier zwischen moderner Architektur, Spielplätzen und vielen Sitzgelegenheiten mit atemberaubenden Aussichten gepflanzt. Ein Park, der derzeit seinesgleichen sucht. Der Strand La Malagueta G liegt ebenfalls

Der Plaza de la Merced in Malaga

direkt neben dem Hafen. Die Wasserqualität ist in Málaga, so wie praktisch überall in Andalusien, sehr gut. In den letzten Jahren wurden in Málaga große Anstrengungen unternommen, um die Strände wieder aufzuschütten. Als Resultat hat der Strand La Malagueta nun eine Breite von 60 Metern und eine Länge von 2,5 Kilometern mit guter Infrastruktur, feinem Sand und vielen Möglichkeiten zur Entspannung. In den *Chiringuitos*, den Strandbars, kann man in aller Ruhe mit einem kühlen Getränk den Sonnenuntergang genießen und den Abend einläuten. Das Nachtleben spielt sich in den Gassen hinter der Kathedrale H und rund um die Plaza de Uncibay I ab.

Kulinarisches Malaga

Málaga verfügt über Sonne, Strand und Meer, Geschichte und Gegenwart, Traditionen und Kultur. Ein wichtiger Baustein dieser Kultur ist die Küche. Das gemeinsame Essen, bevor man sich ins Nachtleben stürzt, gehört hier einfach zum guten Ton und leitet den Abend ein. Ein Zug durch die Bars

Oben: Straßencafé in der Fußgängerzone von Málaga
Mitte: Granatapfel heißt auf Spanisch »Granada«.
Unten: Der Abend beginnt mit einer Tapas-Tour in den Gassen rund um die Kathedrale.

Oben: Gegrillter und frittierter Fisch sind als Tapas beliebt.
Mitte: Blick vom Königsschloss Alcazar auf den Hafen
Unten: Rassige junge Frau in einer Bar in Málaga

und Tapas-Restaurants ist immer ein Erlebnis, egal wie oft man es wiederholt. Die lokale Spezialität ist gegrillter oder frittierter Fisch in allen Variationen. Ob ganz, am Spieß über dem Feuer zubereitet oder in kleinen Stücken oder Ringen frittiert, wie beim Tintenfisch. Dazu gehören *alioli*, die spanische Knoblauchmayonnaise, ein wenig Brot und ein kühles Bier. In der nächsten Bar könnte man dann vielleicht *croquetas* probieren, die ebenfalls zu den lokalen Köstlichkeiten zählen. Sie ähneln unseren Kartoffelkroketten, doch das war es auch schon mit der Gemeinsamkeit. Es gibt sie traditionell mit Schinken, Hühnchen oder Fisch gefüllt. Sehr beliebt sind auch Salate, darunter *ensalada malegueña* mit Fisch und Orange, Russischer Salat, mit Thunfisch und Ei sowie immer wieder der Kartoffelsalat in vielen Ausführungen und meistens mit Knoblauch. Doch machen Sie sich keine Sorgen, Knoblauch genießen hier alle; selbst Schuld also, wenn man darauf verzichtet. Lassen Sie sich einfach treiben im Strom der Nachtschwärmer und gehen Sie auf Tapas-Tour. Rund um die Kathedrale und die Plaza de Uncibay zum Beispiel.

Infos und Adressen

INFORMATION

Oficina Municipal de Turismo – Central. Vom 1. Oktober bis 28. Februar ist das zentrale Touristenbüro tägl. von 9–18 Uhr geöffnet. Vom 1. März bis 30. September tägl. von 9–20 Uhr.
Palza de la Marina, 11, 29001 Málaga,
Tel. 951 926 020, E-Mail info@malagaturismo.com
Punto de Información Turística – Altstadt. Plaza de la Merced, 17, 29012 Málaga
Punto de Información Turística – Bahnhof. Tägl. geöffnet von 10–14 Uhr. Explanada de la Estación – Estación de RENFE, 29002 Málaga

PRESSE

SUR deutsche Ausgabe. Deutsche Wochenzeitung des *Diario de Sur*, der größten Tageszeitung in Malaga. Die SUR deutsche Ausgabe erscheint jeden Donnerstag. Im Sommer gibt es besonders viele Informationen für Touristen.

ESSEN UND TRINKEN

Bar La Campana. Unter Einheimischen ist diese kleine, enge Bar für ihren frittierten Fisch bekannt. Calle Granada, 35, in der Nähe der Plaza Merced, 29015 Málaga, Tel. 952 227 566
Taberna El Quitapenas. Hier heißt die Spezialität Mejillones Tigres, mit Béchamel und Kräutern gefüllte und frittierte Muscheln. Calle Granada, 36, 29015 Málaga, Tel. 952 602 357
Bodega Bar El Pimpi. Hier werden die typischen Weine Málagas auf einer schönen Terrasse serviert. Calle Granada, 68, 29015 Málaga, Tel. 952 225 403, www.bodegabarelpimpi.com
Tapeo de Cervantes. Ein beliebtes Lokal, das argentinische Fleischspezialitäten, marokkanische Gerichte und regionale Köstlichkeiten anbietet. Calle de Cárcer, 8, in der Altstadt, 29012 Málaga, Tel. 952 609 458

Mitte: Die Stierkampfarena von Málaga
Unten: Fassaden und Gassen in Malagas Altstadt

13 Málaga Stadt

Auf Stadterkundung

Málaga eröffnet unzählige Möglichkeiten und hat für jeden Geschmack etwas zu bieten. Es gibt Rundgänge für Kunst- und Kulturinteressierte genau so wie für Autoliebhaber oder Musikbegeisterte. Auch für Kinder gibt es immer wieder Neues zu entdecken, in der Stadt, im Museum oder in einem der zahlreichen Themenparks. Hat man sich erst einmal einen Überblick verschafft, bleiben keine Wünsche offen.

Das *Ajuntamiento* Ⓐ, das Rathaus der Stadt, wurde 1919 bezogen. Es handelt sich um einen repräsentativen Bau, der bewusst an der Hauptschlagader der Stadt, dem Paseo del Parque, entstanden ist, um Ansehen und Prestige zu vermitteln.

Banco de España Ⓑ. Gleich nebenan steht das Gebäude von 1936. Der neoklassizistische Bau entspricht dem Modell eines griechisch-römischen Tempels, charakterisiert durch den Säulengang an seiner Hauptfront.

Die *Alcazaba* Ⓒ thront auf einem Hügel, umgeben von dicken Mauern, die die Anlage schützen. Über die Calle Guillén Sotelo hinter dem Rathaus gibt es einen Aufzug zur Alcazaba. Die Burg ist täglich von 9.30–19 Uhr geöffnet, der Eintritt kostet 1,95 Euro.

Das römische Theater Ⓓ war bis zum 3. Jahrhundert in Betrieb und diente später als Steinbruch beim Bau der Alcazaba.

Die Kathedrale Ⓔ wurde auf den Ruinen der Hauptmoschee von Málaga errichtet. Sie weist stilistische Elemente aus drei Jahrhunderten auf und verfügt über eine herrliche Orgel mit mehr als

Rundgang Málaga

Ⓐ **Ajuntamiento** – in der Calle de Cervantes, 4. Das Gebäude wurde als Sitz der Stadtverwaltung errichtet und konnte 1919 bezogen werden.

Ⓑ **Banco de España** – Gleich nebenan steht das Gebäude von 1936. Der neoklassizistische Bau entspricht dem Modell eines griechisch-römischen Tempels, charakterisiert durch den Säulengang an seiner Hauptfront.

Ⓒ **Alcazaba** – der maurische Festungspalast aus dem 11. Jahrhundert.

Ⓓ **Römisches Theater** – am Fuß der Alcazaba, aus dem 1. Jahrhundert, wurde erst 1951 bei Bauarbeiten entdeckt und bis heute noch nicht ganz frei gelegt.

Ⓔ **Catedral de la Encarnación** – in der Calle Molina Lario. Die Bauzeit der Kathedrale reicht über drei Jahrhunderte, begonnen wurde sie im 16. Jahrhundert und im 18. Jahrhundert stellte man die Arbeiten an dem unvollendeten Gebäude ein. Besonders auffallend ist das Fehlen des zweiten Turms, darum trägt die Kathedrale auch den Namen La Manquita, die Einarmige. In der angrenzenden Straße Calle San Agustín liegen das *Museo de Bellas Artes*, das Museum der schönen Künste, und das *Museo Picasso*.

Ⓕ **Iglesia Santiago** – wurde auf dem ehemaligen Gelände einer Moschee erbaut.

Ⓖ **Plaza de la Merced** – Dieser Platz gilt als der älteste und berühmteste Málagas.

Ⓗ **Casas de Campos** – aus dem 19. Jahrhundert, an der Plaza de la Merced ist das Geburtshaus von Pablo Picasso. In einer der Wohnungen lebte der Künstler auch während seiner Zeit in Málaga.

Ⓘ **Burg Gibralfaro** – aus dem 14. Jahrhundert. Durch den Bau dieser Wehranlage sollte die Alcazaba geschützt werden, die ohne Verteidigungsanlagen auf einem Hügel steht.

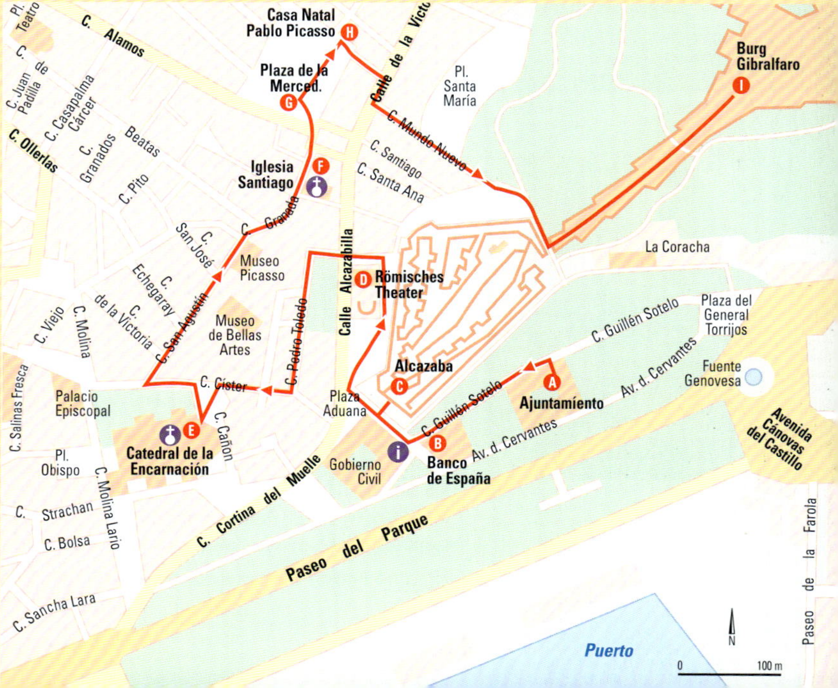

AUTORENTIPP!

STADT DER MUSEEN

Málaga beherbergt über 20 Museen. In der Altstadt wird an der Umsetzung weiterer Häuser gearbeitet. Damit wird Málaga endgültig zur »Stadt der Museen« avancieren. Man muss schon einen langen Urlaub planen, will man täglich ein Museum besuchen. Besonders für Familien interessant ist das »MIMMA«, das »Interaktive Museum für Musik«, eine hervorragende Adresse. Hier gilt das Motto »Probieren ist besser als Studieren«, sodass die Kinder alle Musikinstrumente ausprobieren dürfen und sollen. Das Museum liegt in der Parkanlage *Plaza de la Marina*. Der Eintritt ist frei. Fragen Sie bei einem der Tourismusbüros nach einer Liste der Museen und welche aktuellen Ausstellungen sie bieten. Einen Überblick können Sie sich auch im Internet unter www.malagaturismo.com verschaffen. Adresse MIMMA siehe Infobox auf S. 83.

Die »Virgin of Grace« bei der Osterprozession in Málaga

Ein schöner Brunnen auf der Plaza de la Constitución

4000 Pfeifen. Außerdem kann man das Kathedralenmuseum besuchen. Der Eintritt beträgt 3,50 Euro, die Kirche ist täglich von 10–18.45 Uhr geöffnet.

Die *Iglesia Santiago* F ist die älteste Kirche Málagas und wurde Ende des 15. Jahrhunderts im Mudéjarstil begonnen, doch davon ist nur noch ein Teil der Fassade und ein Turm erhalten. Der dreischiffige Kirchenraum ist im Gotik-Mudéjar-Stil gehalten. Hier wurde 1881 Picasso getauft. Das Gebäude ist täglich von 9–13 Uhr und von 18–20 Uhr geöffnet.

Wichtigster Punkt der *Plaza de la Merced* G ist das Denkmal zu Ehren des Generals Don José Maria Torrijos und seiner 48 Kameraden, die 1831 am Strand von Málaga erschossen wurden. Vor 500 Jahren fanden auf der Plaza Märkte und Versteigerungen statt, und das Volk traf sich hier zu Kundgebungen und Wahlen.

Das Geburtshaus Picassos H wurde 1988 von der Gemeinde Málaga erworben, als Sitz der Stiftung Pablo Ruiz Picasso. Es beherbergt dokumentarische und bibliografische Bestände des Malers, und hier finden kulturelle Veranstaltungen statt. Das Haus ist täglich von 10–20 Uhr geöffnet. Der Eintritt beträgt 1 Euro.

Von der Burg *Gibralfaro* ❶ aus hat man einen herrlichen Blick über die Stadt und die Bucht. Im Innern der Burg gibt es ein Informationszentrum, das *Centro de Interpretación*. Die Anlage ist täglich von 9–18 Uhr geöffnet, der Eintritt kostet 1,95 Euro.

Auf dem Rückweg von der Burg bietet sich ein Besuch des *Museo Picasso* in der Calle San Agustin an. Es befindet sich im Palacio de Buenavista, einem Renaissancegebäude aus dem 16. Jahrhundert, das bedeutendste Beispiel der herrschaftlichen Architektur seiner Epoche. Das Museum präsentiert über 200 Werke, darunter Gemälde, Zeichnungen, Skulpturen, Stiche und Keramiken von Pablo Picasso. Sie bezeugen die Großartigkeit seiner langen und fruchtbaren künstlerischen Laufbahn, von seinen Anfängen während der Ausbildung bis zu den letzten Gemälden der 1970er-Jahre.

Historische Gebäude zwischen modernen Häusern am Stadtrand von Málaga

Infos und Adressen

MUSEEN

Museo Picasso. Das Museum ist täglich von 10–20 Uhr geöffnet, der Eintritt beträgt 6 Euro. Calle San Agustin, 8, 29015 Málaga, Tel. 952 127 600, E-Mail mpicassom@mpicassom.org, www.museopicassomalaga.org.

MIMMA – Interaktives Musik-Museum. Plaza de la Marina, s/n, 29015 Málaga, Tel. 952 210 440, Fax 952 211 954,E-Mail info@musicaenaccion.com, www.mimma.es

STADTRUNDFAHRT

Hop On Hop Off. Die Stadtrundfahrten werden mit roten Doppeldeckerbussen unternommen. An 13 Haltestellen kann man ein- oder aussteigen. Allerdings muss man zuvor per Internet ein Ticket buchen. Die Tagesfahrscheine kosten 16 Euro/Erw. und 8 Euro/Kinder bis 15 Jahre. Jeder Teilnehmer erhält einen Kopfhörer mit Erklärungen in seiner Sprache. www.city-discovery.com

Málaga Bike Tours. Die Stadtrundfahrt per Fahrrad hat einen guten Ruf. Es werden zwei Routen angeboten, die etwa vier bzw. 3,5 Stunden dauern. Sie führen auch zu Stellen, die man sonst nicht erreicht. Die Tour kostet ab 20 Euro/Erw. und 16 Euro/Kinder unter 14 Jahren. Es muss mindestens 24 Stunden vor Tourstart gebucht werden. Wer auf eigene Faust mit dem Fahrrad los will, kann sich hier auch eines mieten. Calle Trinidad Grund, 4, nahe der Plaza de la Marina, 29015 Málaga, mobil 606 978 513, E-Mail info@malagabiketours.eu, www.malagabiketours.eu

14 Nerja & Co.
Vielfältige Angebote

Die Costa del Sol, die Sonnenküste, trägt ihren Namen zu Recht. Ein subtropisches Klima sorgt das ganze Jahr über für angenehme Temperaturen, für Wärme im Winter und nicht zu heiße Tage im Sommer. Die Costa del Sol ist 160 Kilometer lang und liegt in der Provinz Malaga. Sie bietet Abwechslung pur, vom Individualtourismus über Clubferien bis zum absoluten Luxusurlaub, denn so vielfältig wie das Angebot sind auch die Gäste.

Die Costa del Sol gilt als größtes Urlaubsgebiet Europas. Im Osten der Provinz Málaga sind Torre del Mar und Nerja sowie der Küstenabschnitt dazwischen die Touristenhochburgen. An der westlichen Costa del Sol bilden Málaga, Torremolinos und Benalmádena einen riesigen Komplex, der sich weiter über Fuengirola und Marbella bis nach San Pedro de Alcántara fortsetzt. Hier gibt es Sonne und Meer, ein riesiges Sport- und Freizeitangebot, ein ausschweifendes Nachtleben, aber auch jede Menge Bausünden, die im Kontrast ste-

Mitte: Playa Burriana in Nerja an der Costa del Sol
Unten: Ein nettes Straßencafé in Torremolinos

MAL EHRLICH

BAUSÜNDEN

Man braucht schon starke Nerven, wenn man die Costa del Sol bereist und sich nicht stört an den scheinbar wahllos in den Sand gesetzten Wohnklötzen und Bettenburgen. Bis ins Hinterland hinein, an jeden verfügbaren Hügel wurden Wohnanlagen gepflanzt. Und seit die Polizei die Machenschaften von korrupten Politikern und gewissenlosen Bauunternehmern verfolgt, sieht man auch jede Menge Bauruinen wie Gerippe in der Landschaft stehen.

hen zu der wunderschönen Landschaft und dem fast unberührten Hinterland.

Nerja

In der sonst sehr verbauten Region um Málaga zählt Nerja zu den schönsten Urlaubsorten. Hier kann man die Küstenlandschaft noch unbebaut genießen und findet auch in der Hauptsaison ein idyllisches Plätzen zwischen den Felsen der Küste. Vom *Balcón de Europa*, einer sehr bekannten Aussichtsplattform mitten auf einem Felsplateau., kann man an klaren Tagen bis nach Afrika sehen. Der Ort selbst besteht aus niedrigen weißen Häusern und verwinkelte Gassen. Er verfügt über großzügige Promenaden, Restaurants, Tapas- und Cocktailbars sowie Discotheken.

Torremolinos

Bis in die 1960er-Jahre war Torremolinos ein verschlafenes Fischerdorf. Dann setzte ein unvergleichlicher Boom ein, der den Ort zum Inbegriff des Massentourismus an der Costa del Sol werden ließ. Die Bebauung mit zahlreichen mehrstöckigen Hotelanlagen hat nichts mehr übrig gelassen von der einstigen Idylle. Hierher kommen Urlauber, die den neun Kilometer langen Sandstrand lieben und gerne auf dem Wasser sind. Die gepflegten Anlagen bieten jede Art von Wassersport, außerdem Beachvolleyball und Fußball. Nachts geht es in die Disco, in Bars und Clubs.

Benalmádena

Der Übergang von Torremolinos nach Benalmádena ist fließend. Entsprechend ähnlich ist das Freizeit- und Unterhaltungsangebot der beiden Orte. Benalmádena besitzt einen modernen Jachthafen. Trotz allem Massentourismus hat sich der ursprüngliche Ort aber erhalten. Ein paar Kilometer

AUTORENTIPP!

MIT DELFINEN SPIELEN

Für viele Menschen ist es ein Traum, sich den Delfinen anzuvertrauen und es wird zum unvergesslichen Erlebnis. In Benalmádena gibt es die Möglichkeit, zu den Definen ins Bassin zu steigen, sie anzufassen, mit ihnen zu spielen und viel über sie zu lernen. Der Parque Selwo Marina hat dieses Angebot ganz neu im Programm. »Splash«-Interaktion mit Delfinen heißt die Aktion und kostet 60 Euro für Erwachsene und 30 Euro für Kinder bis neun Jahre. Kinder unter acht Jahren dürfen nur in Begleitung teilnehmen. Und noch ein tolles Angebot hält der Park bereit, das Baden mit Seelöwen. Für 37 Euro pro Person kann man zwischen dem 1. Mai und dem 30. September mit ihnen schwimmen. Auch dies ist sicher ein fantastisches Erlebnis. Wer an einem der Angebote teilnehmen möchte, muss sich an der Kasse anmelden. Bei der Buchung der Tickets über das Internet gibt es auf alle Leistungen einen kleinen Rabatt. Weitere Informationen finden Sie unter www.selwomarina.es im Internet.

Fischerboote an der Playa Burriana in Nerja

landeinwärts liegt Benalmádena Pueblo, der ehemalige Fischerort.

Fuengirola

Nur wenige Kilometer trennen Benalmádena von Fuengirola, einem der großen Urlaubsorte westlich von Málaga. Die Stadt ist historisch gewachsen, hat sich aber auch schon in den 1960er-Jahren zur Touristenmetropole entwickelt. Hier findet man noch Überreste aus römischer und maurischer Zeit. Das Sport- und Freizeitangebot ist schier unbegrenzt. Darüber hinaus gibt es einen Jachthafen und einen sehr hübschen Zoo.

Marbella

Die Stadt ist noch immer der Inbegriff von Luxus. Exquisite Geschäfte, die besten Restaurants und ein Jachthafen mit internationalem Publikum sind ihre Visitenkarte. Von hier aus geht es in die gut erhaltene Altstadt, die noch immer mit weißen Häusern, engen Gassen und hübschen Plätzen aufwarten kann.

Estepona

21 Kilometer lange Sandstrände, ein riesiges Sportangebot, ein Segelclub, verschiedene Freizeitparks und ein hübscher Ortskern, das sind die Trümpfe Esteponas. Es liegt etwa zehn Kilometer südwestlich von Marbella und zählt zu den authentischsten Orten der Küste. Im Fischereihafen finden jeden Morgen die traditionellen Fischauktionen statt. Die meisten Restaurants bieten regionale Speisen und Getränke an. Ein Rest von andalusischer Ursprünglichkeit, die man in der Region sonst vergeblich sucht. Etwas außerhalb liegt der Safaripark Selwo, wo Löwen, Elefanten und Nashörner in »freier Wildbahn« beobachtet werden können.

Oben: Badebucht bei Maro an der Costa del Sol
Unten: Beachbar »Torre d'Mar« mit wunderbarem Blick aufs Meer

Infos und Adressen

INFORMATION

Oficina de Turismo de Nerja. Das Büro ist von Mo–Sa 10–14 Uhr und 17–20 Uhr sowie So von 10–14 Uhr geöffnet. Calle Carmen, 1, im Ayuntamiento, 29780 Nerja, Tel. 952 521 531, Fax 952 526 287, E-Mail turismo@nerja.org, www.nerja.es

Oficina de Turismo Torremolinos – Oficina del Residente. Das Büro ist Mo–Fr 9.30–13.30 Uhr geöffnet. Plaza de la Independencia, s/n, 29620 Torremolinos, Tel. 952 374 231, www.portaltorremolinos.com

Oficina de Turismo Benalmádena. Avda Antonio Machado, 10, 29630 Benalmádena, Tel. 952 442 494, Fax 952 440 678, E-Mail turismo@benalmadena.com, www.benalmadena.com

Oficina de Turismo Fuengirola. Öffnungszeiten Mo–Fr 9.30–14 Uhr und 17–19 Uhr, Sa 9.30–13.30 Uhr. Paseo Jesús Santos Rein, 6, 29640 Fuengirola, Tel. 952 467 625, Fax 952 465 100, E-Mail turismo@fuengirola.org, www.fuengirola.org

Oficina de Turismo Marbella – Paseo Marítimo. Öffnungszeiten Mo–Fr 9–21 Uhr, Sa 10–14 Uhr. So geschlossen.Glorieta de la Fontanilla, s/n, 29602 Marbella, Tel. 952 771 442 und 952 774 693, Fax 952 779 457, E-Mail turismo@marbella.es, www.marbellaexclusive.com

Oficina Centro – Zentrum Estepona. Avenida San Lorenzo, 1, 29680 Estepona, Tel. 952 802 002, Fax 952 792 181, E-Mail turismo@estepona.es, www.estepona.es

Oficina Puerto – Hafen Estepona. Calle Torre Almenara, s/n, 29680 Estepona, Tel. 952 808 081, Fax 952 808 150, E-Mail turismo2@estepona.es, www.estepona.es

Badevergnügen am Strand von Nerja

Mitte: Puerto Banús in Marbella an der Costa del Sol
Unten: Enge Gasse in Marbellas Altstadt

15 Marbella

Wo sich die Reichen tummeln

Von der Costa del Sol hört man häufig nichts Gutes. Total verbaut, schreckliche Bettenburgen und jede Menge Pauschaltourismus. Wie auch immer, für Marbella gilt diese Beschreibung nicht. Marbella ist eine gewachsene Stadt mit einer guten Infrastruktur und jeder Menge Geschichte. Hier findet man alles, was einen mondänen Küstenort ausmacht, aber auch den Charme des kleinen Fischerdorfs, das Marbella einst war.

Marbella hat rund 135 000 Einwohner und ein Gemeindegebiet von 114 Quadratkilometern. Seine Küste ist 24 Kilometer lang und besteht von Cabopino bis Guadalmina aus feinem Sandstrand, unterbrochen nur durch die Jachthäfen *Cabopino*, den Fischerei- und Jachthafen Marbella sowie *Puerto Banús*. Geschützt durch die *Sierra Blanca*, das weiße Gebirge, sind die Winter mild und die Sommer angenehm. Es herrscht hier ein ganz besonderes Mikroklima. An der *Milla de Oro*, der Goldenen Meile, liegt die Durchschnittstemperatur bei

MAL EHRLICH

JEDER NATION IHRE KNEIPENMEILE

Die größte Gruppe der ausländischen Residenten in Marbella stellen die Briten, gefolgt von den Deutschen; und offenbar haben sie alle das Bedürfnis, ihr Heimatland bei sich zu haben. Während man in Puerto Banús Straßen findet, in denen ein Pub dem nächsten folgt und man ausschließlich Englisch hört, gibt es andererseits jede Menge Biergärten, Bratwurststände und bayerische Lebensart. Da erinnert manchmal nur das schöne Wetter noch daran, in welchem Land man sich befindet.

23 Grad Celsius, das restliche Gemeindegebiet bringt es auf immerhin 18,5 Grad. Dieses Klima sorgt für eine vielfältige Vegetation, die so üppig ist, dass die Stadt auch als *ciudad jardín*, Gartenstadt, bezeichnet wird.

Geschichte

Die ältesten Siedlungsbelege stammen aus der Steinzeit, gefunden in der Höhle *Pecho Redondo* in der Sierra Blanca. Die Stadt selbst wurde von den Phöniziern als Handelsplatz gegründet und kam im 3. Jh. v. Chr. unter römische Herrschaft. Aus dieser Zeit gibt es deutliche Spuren, so zum Beispiel die Reste einer Villa aus dem 1. Jahrhundert. Sie enthält Mosaiken, auf denen kulinarische Szenarien abgebildet sind. Mit der *Basilika Vega del Mar* besitzt die Gemeinde eines der wertvollsten westgotischen Bauwerke Andalusiens. Der Name »Marbella« stammt aus maurischer Zeit. Die Stadt gehörte von 711 bis 1485 zum arabischen Al-Andalus. Aus dieser Zeit sind u.a. noch Burgreste erhalten. Um die Festungsanlage entstand nach und nach die Stadt. Im 19. Jh. entwickelte sich Marbella zur Industriestadt. Hier standen die ersten Hochöfen, die bis ins 20. Jahrhundert 75 Prozent des Eisenbedarfs von Spanien lieferten. Doch billigeres Eisen aus dem Norden führte zur Schließung der Anlagen. Bereits in den 1940er-Jahren begann mit dem Bau der ersten Ferienanlage »*La Venta y los Albergues del Rodeo*« in Marbella der Tourismus.

Stadt der Reichen und Schönen

Im Jahr 1970 wurde »*Puerto Banús*« eingeweiht, eine Anlage mit Hotels, Golfplätzen, einer Stierkampfarena, Discotheken und dem berühmten Jachthafen, damals der größte der Welt. Eine riesige Werbekampagne war dem Bau vorangegangen und so kam es, dass viele berühmte Menschen

AUTORENTIPP!

BOOTSVERLEIH

Unter einem Bootsverleih stellt man sich gemeinhin eine Bude vor, bei der man ein Ruder- oder Tretboot mieten kann. Marbella hat darin, wie bei so vielem, deutlich andere Ausmaße. Wer sich hier ein Boot ausleiht, hat die Wahl vom Segel- über das Fischerboot bis zum Motorboot und zur Luxusjacht. Ein Schiff oder eine Jacht zu chartern ist kein Problem, denn der Skipper wird mit gemietet. Billig ist das Vergnügen nicht, aber es ist eine wunderbare Möglichkeit, die Küste von Marbella zu erkunden und seinen Urlaub um ein unvergessliches Erlebnis zu bereichern. Im Internet gibt es verschiedene Anbieter, bei denen man außerhalb der Hochsaison auch schon mal ein Schnäppchen machen kann. Für 1500 Euro pro Woche kann man durchaus fündig werden, wobei nach oben natürlich keine Grenzen gesetzt sind. Billig ist eine Vokabel, die man in Marbella nicht gerne hört.
Im Internet unter www.marbella.costasur.com

Luxusjachten in Puerto Banús sind keine Seltenheit.

Oben: Strandpromenade in Marbella
Mitte: Eine Bank am »Paseo de la Alameda« in Marbella
Unten: In der Altstadt von Marbella scheint die Zeit stillzustehen.

beim Fest erschienen, unter ihnen Gracia Patricia und Fürst Rainier von Monaco. Bis heute kommen Künstler, Schauspieler, Millionäre und Milliardäre, die für einen Liegeplatz im Hafen bis zu 500 000 Euro pro Quadratmeter zahlen. Inzwischen haben sich viele hier niedergelassen, sodass die Villendichte ihresgleichen sucht. Dementsprechend umfangreich ist natürlich auch das Freizeitangebot in und um Marbella. Und das Nachtleben in Puerto Banús ist das schillerndste an der gesamten Costa del Sol.

Die Altstadt

Von der Hafenpromenade Marbellas und dem luxuriösen Jachthafen gelangt man in die ursprüngliche und ruhige Altstadt. Die typischen weißen Häuser Andalusiens prägen hier das Bild. Rund um die *Plaza de los Naranjos* findet man Bars und Restaurants, die immer auch ein Plätzchen im Freien bereit halten. Hier steht auch das Rathaus, die *casa consistorial* aus dem 16. Jahrhundert. In den Gassen um die Plaza geht es ruhig zu, noch immer ist der Charme des alten Marbellas zu spüren.

Strand und Freizeit

Marbella hat über 20 Strände. Sie sind gepflegt und luxuriös ausgestattet, mit Liegestuhl- und Sonnenschirmverleih, praktisch sämtlichen Wassersportangeboten und verschiedenen Strandbars, die beliebten *chiringuitos*. Rund um Marbella gibt es elf Golfplätze, sodass dieser Abschnitt der Costa del Sol den Beinamen »Costa del Golf« trägt. Außerdem findet man Tennis- und Reitsportanlagen, Sporthäfen und Poloplätze in Soto Grande. Für Aktivurlauber ist Marbella ein Paradies.
Und wer ein Spielchen riskieren möchte, findet im Hotel Torrequebrada das größte Spielcasino Europas.

Infos und Adressen

INFORMATION

Weitere Touristeninformationen
Plaza de los Naranjos. Mo–Fr 9–21 Uhr geöffnet und Sa 10–14 Uhr. Tel. 952 823 550
Arco de Marbella. Tägl. geöffnet 10–22 Uhr, Tel. 952 822 818
Marqués del Duero. Mo–Fr 9–21 Uhr und Sa 10–14 Uhr geöffnet. Tel. 952 785 252
Puerto Banús. Tägl. 9.30–21 Uhr geöffnet. Tel. 952 818 570

FREIZEITANGEBOTE

Ökopark Aventura Amazonia. Der neue Abenteuer- und Kletterpark bietet verschiedene Parcours mit unterschiedlichen Schwierigkeitsgraden und Höhen. Auch kleinere Kinder können bereits teilnehmen. Im Park gibt es eine 240 Meter lange Seilrutsche in luftiger Höhe, die eine Geschwindigkeit von bis zu 60 Kilometern pro Stunde erreicht. Die Öffnungszeiten stehen auf der Internetseite, eine Reservierung empfiehlt sich vor allem im Sommer.
Avenida de Valeriano Rodríguez, 29601 Elviria – Marbella, Tel. 952 835 505 oder mobil 625 089 320 am Wochenende und an Feiertagen, E-Mail reservas.marbella@aventura-amazonia.com, www.aventura-amazonia.com
Golfeinfach. Marbella. Golf spielen können alle, es kommt nur darauf an, wie es vermittelt wird. So etwa ist das Konzept hinter dem Angebot. Verschiedene Kurse, zum Beispiel nur für Frauen, gehen auf die Bedürfnisse und Wünsche der Teilnehmer ein. Kurse auf dem Golfplatz Santa Clara, Carretera N-340, km 187,5, 29601 Marbella, mobil 675 931 001, E-Mail john9underpar@yahoo.de, www.golfeinfach.de

Das 5-Sterne Marbella-Club-Hotel gehört zu den »Leading Small Hotels of the World«.

Lobby des Marbella-Club-Hotels

Mitte: Strandvergnügen in Marbella. Hier kann man nach einem guten Essen gut relaxen oder sich austoben.
Unten: Paella-Koch in Nerja an der sonnigen Costa del Sol

16 Marbella Kulinarisch
Haute Cuisine andaluza

Kaum jemand hätte vor ein paar Jahren für möglich gehalten, dass die andalusische Küche einmal den Olymp der Haute Cuisine erklimmen und sich einen Platz am Sternenhimmel der Gourmets erkämpfen könnte. Doch genau das ist inzwischen eingetreten. In und um Marbella haben sich junge andalusische Köche niedergelassen, die die Speisen ihrer Heimat neu interpretieren und arrangieren und schon längst kein Geheimtipp mehr sind.

Nur wenige Hauptstädte der Welt können von sich behaupten, gleich drei Sterne-Restaurants zu beheimaten. Das gastronomische Niveau Marbellas und die Vielfältigkeit seiner nationalen und internationalen Angebote machen die Stadt zu einem Mekka der Genüsse. Mehr als 600 Restaurants jeglicher Couleur laden zum Schlemmen ein, und es kommen immer wieder neue hinzu.

Sterneköche

Im »*Restaurante El Lago*« im Stadtteil Elviria ist Diego del Rio Küchenchef. Er gilt in Fachkreisen als Begründer der neuen andalusischen Küche und tatsächlich basieren seine Gerichte ausschließlich auf Produkten aus der Region. Als Anhänger der *Slow-Food-Bewegung* arbeitet er meist mit Lebensmitteln aus ökologischem Anbau. Das »El Lago« liegt sehr idyllisch an einem See in der *Urbanisation Elviria Hills*. Hier gibt es ein leichtes Mittagsmenü für etwa 20 Euro und abends kann man ein Menü mit Wein um etwa 60 Euro bekommen. Einen besonders guten Ruf hat auch der Weinkeller des Restaurants, der über eine Auswahl von 350 Weinen verfügt. In der Altstadt von Mar-

Fischrestaurant in Puerto Banús

bella kochen Victor Trochi und Daniel Rosado im »*Restaurante Skina*«. Ihr Motto lautet: geschmackvolle Kreativität. Immer wieder zaubern sie Genüsse, die auf der modernen mediterranen Küche basieren. Sie kombinieren Traditionelles mit Avantgardistischem und haben so einen einzigartigen Stil kreiert. In dem kleinen Restaurant kann man für etwa 75 Euro probieren, was die Küche so besonders macht. Der Dritte im Bunde ist der in Marbella geborene Dani García. Er kann sogar mit zwei Michelin-Sternen glänzen. Sein »*Restaurante Calima*« gehört zum *Hotel Meliá Don Pepe* in der *Urbanisation Marbella Mar*. Seine Kreationen setzen auf Kontraste, aber basieren auf der traditionellen andalusischen Küche. Einer seiner beliebtesten Gegensätze ist die Kombination von heiß und kalt in seinen Speisen, und viele seiner Kollegen lassen sich inspirieren von Dani García. Das »*Menú de Degustación*« mit vielen herrlichen Genüssen kostet 134 Euro.

Es geht auch einfacher

Wer nicht ganz so tief in die Tasche greifen mag, aber trotzdem Spaß an gutem Essen hat, findet in der Altstadt von Marbella viele sehr gute Restaurants, die meist auch über Tische im Freien verfügen. Im »*Restaurante El Pozo Viejo*« kombiniert

AUTORENTIPP!

FISCHGRILL IM BOOT

Wie in vielen Küstengemeinden ist auch in Marbella die Tradition des *espetos de sardinas*, des Sardinengrillens, weit verbreitet. Dazu wird ein kleines Fischerboot mit Sand aufgefüllt und die Sardinen, oder anderer Fisch, über dem Holzkohlefeuer gegrillt. Das Besondere daran: Der Fisch wird mit Meerwasser beträufelt und entwickelt so seinen einzigartigen Geschmack. Da macht schon das Zuschauen Spaß, und der Genuss wird umso größer. Inzwischen wird in Marbella sogar ein Wettbewerb im Sardinengrillen ausgetragen. Im Rahmen des *Food and Sun Festivals*, das die Stadt Ende August oder Anfang September organisiert, werden viele hundert Kilo Sardinen gegrillt und an die Zuschauer verteilt, bis der Gewinner feststeht. Das Event findet an der *Playa de la Venus* statt. Das Festival bietet noch weitere Wettbewerbe, an denen auch schon mal einer der Sterneköche Marbellas teilnimmt. Informationen über die Veranstaltung gibt es unter www.marbella.es

Venusmuscheln – eine beliebte Speise an der Costa del Sol

Oben: Calamaris fritas sind kleine, panierte Tintenfische. Vom Geschmack her unschlagbar.
Mitte: Die Paella stammt aus Valencia und kam mit den Touristen nach Andalusien.
Unten: Langustinos sollte man an Andalusiens Küsten unbedingt probieren.

der aus Burgos stammende Jaime Cabrerizo erfolgreich die kastilische und die baskische Küche mit der Frische der andalusischen. Sein Restaurant zählt schon seit Jahren zu den beliebtesten in Marbella, denn hier bekommt man gutes Essen zu moderaten Preisen. Frischer Fisch zählt zu den Spezialitäten des ehemaligen Fischerdorfs. Seit über 50 Jahren isst man ihn im »*Restaurante Santiago*«, am Paseo de Marítimo. Sein Ruf eilt ihm voraus und so ist das Publikum eine bunte Mischung aus Touristen, Einheimischen und der Prominenz aus Wirtschaft und Politik. Die Karte hat einen mediterranen Charakter, und die Fischspezialitäten kommen sowohl aus dem Süden als auch aus nördlichen Meeren. Dementsprechend gehören die Gerichte zur oberen Preiskategorie. Günstiger speist man im »*Restaurante Altamirano*«, gleich neben dem »El Pozo Viejo«. In diesem einfachen Fischrestaurant sitzt man zwar auf Plastiksesseln, aber die Karte ist reichhaltig, der Fisch frisch und ausgesprochen lecker und der Preis sehr günstig – eines der besten Preis-Leistungs-Verhältnisse der Stadt. Da das Restaurant auch bei Einheimischen sehr beliebt ist, sollte man nicht zu spät zum Essen erscheinen. Es wird am späteren Abend sehr voll im »Altamirano«. Tapas-Bars gibt es in Marbella natürlich auch. Unter ihnen das »*El Estrecho*«, das seit 1954 zu den Topadressen für variantenreiche gute Tapas-Kultur steht. Wer einen Mittagstisch sucht, ist hier ebenfalls richtig. Die Tagesmenüs im »El Estrecho« haben einen guten Ruf, vor allem Gulasch und Eintöpfe. Ebenfalls einfach aber gut sind die Tapas und Gerichte in der »*Taberna del Pintxo*«. Ein wenig ausgefallen können die Speisen hier schon daher kommen, und manch einer muss sich mit dem Gedanken an einen Himbeeren-Gazpacho vielleicht erst anfreunden. Doch das Lokal genießt einen sehr guten Ruf und hat sich auf der Hitliste einen der oberen Plätze erkämpft.

Infos und Adressen

STERNERESTAURANTS

Restaurante El Lago. Urb. Elviria Hills, Avenida Las Cumbres, s/n, 29604 Marbella, Tel. 952 832 371, E-Mail restaurante@restauranteellago.com, www.restauranteellago.com

Restaurante Skina. Calle Aduar, 12, 29601 Marbella, Tel. 952 765 277, www.restauranteskina.com

Restaurante Calima. Hotel Meliá Don Pepe, 29602 Marbella, Tel. 952 764 252, www.restaurantecalima.com

RESTAURANTS UND BARS

Restaurante El Pozo Viejo. Plaza Altamirano, 3, 29601 Marbella, Tel. 952 822 557, www.restauranteelpozoviejo.com

Restaurante Santiago. Paseo Marítimo, 5, 29602 Marbella, Tel. 952 770 078, E-Mail reservas@restaurantesantiago.com, www.restaurantesantiago.com

Restaurante Altamirano. Plaza de Altamirano, 2, 29601 Marbella, Tel. 952 824 932

Restaurante El Estrecho. Calle San Lazaro, 12, 29601 Marbella, Tel. 952 770 004, www.barelestrecho.es

Taberna El Pintxo. Avenida Miguel Cano, 7, 29600 Marbella, Tel. 952 829 321, www.latabernadelpintxo.com

CAFÉS

Hard Rock Café Marbella. Das Hard Rock Café liegt im Herzen von Puerto Banús, kurz vor dem Kaufhaus El Corte Ingles. Es ist So–Mi von 12 Uhr bis Mitternacht geöffnet und Do–Sa 12–1 Uhr nachts. Calle Ramón Areces – Corner of Marina Banús, 29662 Puerto Banus, Tel. 952 908 024

Café del Sol. In-Café direkt am Strand, mit viel Musik und Events. Tägl. geöffnet 11–3 Uhr. Calle Juan de la Cierva, Edificio Banana Beach – Playa del cable, Tel. 951 898 175, E-Mail cafedelsolmarbella@hotmail.com, www.cafedelsolmarbella.com

Die Plaza de los Naranjos in Marbella

Romantisches Marbella

Mitte: Felsformationen im Naturpark Torcal de Antequera
Unten: Hier findet man eine reiche Tier- und Pflanzenwelt.

17 Naturparks
Montes de Málaga, El Torcal und Los Alcornocales

In der Provinz Málaga gibt es 13 große Naturparks und Naturschutzgebiete, was zeigt, dass die Landschaft abwechslungsreich und die Tier- und Pflanzenwelt sehr artenreich ist. Das Landesinnere ist geprägt von Gebirgszügen mit schroffen Felsformationen und idyllischen Flusstälern. Gleich hinter der Stadt Málaga beginnt eine Landschaft, die einlädt zum Wandern, Entdecken und Entspannen.

Das nördlich der Stadt Málaga gelegene Mittelgebirge *Montes de Málaga* erreicht eine Höhe von 1031 Metern. Nachdem die Wälder über Jahrhunderte hinweg abgeholzt wurden, litt die Stadt unter häufigen Überschwemmungen. Darum pflanzte man Kiefern an, sodass das Gebiet heute überwiegend bewaldet ist. Die Pinsapotanne wurde zum Naturdenkmal erklärt und seit 1989 sind die Montes de Málaga als Naturpark geschützt. Der Park hat Parkplätze, Picknickplätze und Toiletten und

MAL EHRLICH

STEINIGE WEGE

Auch wenn die Wege in den Wanderkarten als leicht oder mittelschwer und für jedermann geeignet bezeichnet werden, so sind sie doch selten mit Wanderwegen in Mitteleuropa zu vergleichen. Die schweren Regenfälle im Winter können die Pfade so sehr auswaschen, dass nur noch Steine übrig bleiben. Darauf zu wandern, ist kein Spaß. Vor allem nicht, wenn das Schuhwerk zu leicht ist. Wer sich auf einen Wanderweg begibt, sollte Sorge tragen, feste Wanderschuhe dabeizuhaben.

ist auch ein sehr beliebtes Naherholungsgebiet für die Einwohner Málagas geworden. Über die C-345, die alte Straße zwischen Málaga und Granada, gelangen die Besucher zum Park. Sie beginnt im Stadtviertel Fuente de Olletas und besticht mit sagenhaften Rundblicken über Málaga und das Meer.

Fauna und Flora

Unter den etwa 160 hier lebenden Tierarten kann man Säugetiere wie Dachs, Fuchs, Stinktier und die für die Gegend charakteristische Ginsterkatze antreffen. Es gibt Amphibien, Reptilien und Vögel, darunter Adler, Sperber und Habicht. Neben der allgegenwärtigen Kiefer findet man vor allem Olivenbäume und Korkeichen, insgesamt etwa 400 verschiedene Pflanzenarten.

Wanderwege

Der *Sendero el Cerrado* beginnt am *Hotel Humaina* in Cerrado. Er führt über 2,8 Kilometer und ist gut ausgeschildert. Der Weg ist in etwa einer Stunde zu bewältigen. Der *Sendero Torrijos* beginnt an dem kleinen *Ecomuseo Lagar de Torrijos*, in dem die traditionelle Weinherstellung der Region gezeigt wird, und hat eine Länge von knapp sechs Kilometern. Dafür sollte man knapp zwei Stunden einrechnen.

Umgebung von Antequera

In Antequera treffen Abendland und Morgenland aufeinander, eine große Anzahl an Monumenten aus verschiedenen Epochen in einer sehenswerten Altstadt geben der Stadt ein besonderes Flair. Antequera ist Namensgeberin für die Hochebene, auf der sie liegt. Hier gibt es einen der bekanntesten Naturparks, den *Paraje Natural Torcal de Antequera*, oft auch nur als *El Torcal* bezeichnet. Bereits seit 1929 steht das Gebiet unter Naturschutz.

AUTORENTIPP!

MIT DEN WÖLFEN HEULEN

Im Lobo Park bei Antequera kann man Wölfe in großzügigen Gehegen beobachten, die dort fast leben wie in freier Wildbahn. Es gibt kanadische Timberwölfe, Alaska-Tundra-Wölfe, Europäische Wölfe aus Russland und Polen und Iberische Wölfe aus Spanien und Portugal. Die Tiere stammen aus verschiedenen europäischen Tierparks und wurden mit der Flasche aufgezogen und sozialisiert, um sie an Menschen zu gewöhnen. Trotzdem sind es keine Haustiere, sie leben naturnah in Rudeln im Park. Ein besonderes Highlight ist das »Heulen mit den Wölfen«, das der Park von Mai bis Oktober mehrmals in der Woche und ganzjährig in Vollmondnächten anbietet. Zunächst gibt es ein Abendessen, danach eine nächtliche Wolfsführung, zu einer Zeit, in der die Tiere am aktivsten sind, und schließlich werden die Besucher Zeugen eines unvergesslichen Wolfkonzerts. Das komplette Paket kostet 28 Euro für Erwachsene und 22 Euro für Kinder bis 12 Jahre. Der normale Eintrittspreis beträgt 9,50 Euro für Erwachsene und 6,50 Euro für Kinder. Adresse in der Infobox auf S. 101.

Wanderpause im Parque Natural El Torcal de Antequera

AUTORENTIPP!

FELSENKLETTERN

Ein Abenteuer für Sportler ist das Canyoning. Es geht zu Fuß, im Wasser und öfter auch am Seil in die Schluchten. Sehr beliebt ist *La Sima del Diablo*, die Teufelsschlucht, am Río Genal. Für Nichtschwimmer ist es nicht geeignet. Wer sich für Klettern interessiert, aber wenig Erfahrung mitbringt, findet im Naturpark El Torcal auf den präparierten Klettersteigen beste Voraussetzungen. Stufen und Eisenklammern helfen, die Seile und Karabiner richtig einzusetzen. Allerdings geht das nicht ohne Führer, denn vor allem Anfänger sollten nichts riskieren. Verschiedene Pakete, vom Reiten über das Canyoning und Klettern bis hin zum Brückenspringen gibt es zu erschwinglichen Preisen in der Provinz Málaga. Weitere Infos unter www.malagaguide.net

Die berühmte Schlucht El Chorro bei Antequera

El Torcal

Der Park hat eine Fläche von knapp 12 Quadratkilometern und besteht zum größten Teil aus Felsen. Deren wunderbaren Formationen, gebildet durch Wind und Regen, lassen Figuren entstehen, von denen man kaum glauben möchte, dass sie einen natürlichen Ursprung haben. Etwa 100 000 Besucher kommen jedes Jahr in den Park, der drei verschieden lange Rundwege bietet. Diese sollte man auch benutzen, denn im Felslabyrinth des Naturparks kann man sich schnell verlaufen. Die grüne Route hat eine Länge von 1,5 Kilometern und ist leicht zu bewältigen. Man schafft sie in gut einer Stunde. Für die gelbe Strecke sollte man mindestens zwei Stunden rechnen, denn sie ist 2,5 Kilometer lang und bietet Panoramablicke bis hinunter zum Mittelmeer. Den roten Weg darf man nur mit Führer nehmen, da die Gefahr, sich zu verlaufen, hier besonders groß ist. Für die Tour meldet man sich beim Informationspunkt an.

Fauna und Flora

Die Felslandschaft lässt wenig Bodenvegetation zu. Da die Büsche niedrig und Bäume selten sind, erhalten Besucher einen guten Rundumblick über die Umgebung. Ab Dezember wird die Landschaft grün und vor allem im Frühjahr, das hier im Februar beginnt, wachsen bunte Blumen auf den Wiesen. Im Park gibt es über 600 Pflanzenarten, darunter auch eine Vielzahl von Orchideen. Amphibien, Reptilien, Vögel und Säugetiere leben hier, insgesamt über 200 verschiedene Arten.

Parque Ardales y Garganta de Chorros

Nur wenige Kilometer von Antequera liegt eine atemberaubende Schlucht, die *Garganta de Chor-*

ros, die man sich nicht entgehen lassen sollte, wenn man im Gebiet um Antequera unterwegs ist. Der Park liegt am Stausee *Conde de Guadalhorce* und zählt aufgrund seiner außergewöhnlichen Klippen zu den bedeutendsten Klettergebieten Spaniens. Die »Garganta del Chorro« kann man auf Wanderwegen erkunden und besteigen. Einer davon ist der berühmte *Caminito del Rey*. Allerdings ist der nur für schwindelfreie, trittsichere Wanderer ohne Höhenangst geeignet. Viele andere Wege sind indes gesperrt, da sie in schlechtem Zustand und darum nicht sicher sind.

Los Alcornocales

Der Naturpark erstreckt sich auf einer Fläche von 1700 Quadratkilometern und liegt in den Provinzen Málaga und Cádiz. Er reicht von der Straße von Gibraltar im Süden bis zur Sierra de Grazalema im Nordosten.

Besonderes Klima

Im Naturpark Los Alcornocales finden sich die größten Korkeichenwälder der Iberischen Halbinsel, die von dem speziellen Klima zwischen Atlantik und Mittelmeer profitieren. Während der Westwind *Poniente* kühle und feuchte Atlantikluft ins Gebiet bläst und für reichlich Regen sorgt, bringt der Ostwind *Levante* Feuchtigkeit vom Mittelmeer, die sich beim Aufsteigen im Gebirge oft als dauerhafter Nebel niederschlägt. In den Wäldern leben zahlreiche Wildtiere wie Hirsche und Rehe, was die Region zu einem beliebten Jagdgebiet macht. Doch die eigentliche Attraktion des Parks sind die üppigen Galeriewälder in den Flusstälern.
Hier wachsen zudem Moose und Flechten und gedeihen subtropische Pflanzen, die es nirgendwo sonst in Europa gibt.

Oben: Eine Finca in der Bergwelt von Antequera
Mitte: Iberische Schweine, die Lieferanten des Jamon Iberico, trifft man hier häufig an.
Unten: Im Tal des Guadalhorce

Oben: Der Stausee Embalse del Conde del Guadalhorce
Mitte: Im El-Torcal-Naturpark braucht man für manche Routen Bergführer.
Unten: Kapelle im Klettergebiet El Chorro

Alte Kulturlandschaft

Der Korkanbau hat eine jahrhundertealte Tradition. Ein einzelner Baum liefert während seines Lebens 100 bis 200 Kilogramm Kork. Geerntet wird in den Sommermonaten. Das Schälen des Baums ist reine Handarbeit und wird erstmals nach etwa 12 bis 15 Jahren durchgeführt. Danach durchschnittlich alle acht bis zwölf Jahre. Nach dem Schälen zeigen sich die nackten Stämme und Zweige der Korkeiche in tiefroter Farbe.

Wanderungen

Einen hübschen Rundweg hat Jimena de la Frontera zu bieten. Die Wanderung führt durch die Korkeichenwälder mit wunderschöner Aussicht auf Jimena und in den Naturpark hinein. Zurück geht es entlang dem kleinen *Arroyo del Cañuelo* und dem *Río Hozgarganta.*

Sehr schön ist auch die Wanderung von *La Garganta de Diego Duro* bis zum *Puente de las Cañillas*, direkt am *Rio Hozgarganta* entlang. Hier gibt es märchenhafte Auenwälder zu bestaunen, darum lohnt sich der Ausflug besonders im Frühling.

In der Nähe von Alcalá de los Gazules in der Provinz Cádiz liegt der kleine Ort La Sauceda. Von hier aus führt ein circa zehn Kilometer langer, einfach zu laufender Rundweg durch den Korkeichen- und Galeriewald. Der Weg ist gut angelegt und leicht zu finden. Etwa auf halber Strecke zweigt ein Pfad auf den *Pico del Aljibe* ab. Er ist mit 1092 Metern der höchste Punkt des Naturparks, und von hier aus kann man bis weit nach Afrika hineinsehen. Für diese Wanderung muss eine Genehmigung bei der Information eingeholt werden.

Infos und Adressen

INFORMATION

Oficina del Parque Natural. Calle Mauricio Moro, 2, 3. Stock Eurocom, 29006 Malaga, Tel. 952 041 169, Fax 952 321 168, E-Mail pn.montesdemalaga.cma@juntadeandalucia.es, www.juntadeandalucia.es/medioambiente

Oficina Municipal de Turismo Antequera. Mo–Sa und an Feiertagen 10–18 Uhr geöffnet sowie So 10–14 Uhr. Plaza de San Sebastián, 7, 29200 Antequera, Tel. und Fax 952 702 505, E-Mail oficina.turismo@antequera.es, www.antequera.es

Punto de Información Los Alcornocales. Das Informationszentrum ist für Cadíz und Malaga zuständig. Hier gibt es auch Wandergenehmigungen. Plaza San Jorge, 1, Casa Cabildo, 11180 Alcalá de los Gazules (Cádiz), Tel. 956 420 277, 956 413 307 und 956 413 308, E-Mail pn.alcornocales.cma@juntadeandalucia.es, www.cadiz-turismo.com

ÜBERNACHTEN

Hotel Humaina. Parque Natural Montes de Málaga, Carretera de Colmenar, s/n, 29013 Málaga, Tel. 952 641 025, Fax 952 640 115, E-Mail info@hotelhumaina.es, www.hotelhumaina.es

Der Altar der Kathedrale Santa Maria in Antequera

FREIZEIT UND SPORT

Lobo Park. Der Park ist täglich von 10–18 Uhr geöffnet, Führungen finden mehrmals täglich in spanischer und englischer Sprache statt.
Carretera – Alora, A-343, km 16, 29200 Antequera, Tel. 952 031 107, E-Mail info@lobopark.com, www.lobopark.com

Malagaguide – events, activities, adventure. Dieser Anbieter hat ein großes Spektrum an interessanten Veranstaltungen. Die Seite ist in deutscher Sprache. Tel. (mobil) 667 750 825, E-Mail info@malagaguide.net, www.malagaguide.net

Blick auf Antequera

Mitte: Die Alte Brücke in Ronda
Unten: Stadtrundfahrt mit 1 PS in Ronda

18 Ronda

Weißes Dorf über der Tajo-Schlucht

Ronda liegt mehr als 700 Meter hoch an der Schlucht El Tajo, die die Stadt durchschneidet. Verbunden werden die Teile durch die Puente Nuevo, die neue Brücke, die zum Wahrzeichen der Stadt geworden ist. Sie stammt aus dem 18. Jahrhundert und überspannt die Tajo-Schlucht in 98 Metern Höhe. Berühmte Dichter schwärmten von Ronda, das zu den bekanntesten Orten in Andalusien zählt.

Ronda hat rund 37 000 Einwohner und ist somit eines der größten weißen Dörfer in Andalusien. Seine ungewöhnliche Lage machte es bekannt, und der Stierkampf berühmt. In Ronda steht eine der ältesten Stierkampfarenen der Welt und die Stadt wird oft als »Wiege des modernen Stierkampfs« bezeichnet. Doch auch die *bandoleros*, die Straßenräuber, die hier ihr Unwesen trieben, sind ein Teil der Geschichte Rondas. Im Jahr 1844 wurde die Guardia Civil gegründet, eine paramili-

MAL EHRLICH

TOURISTENNEPP

Dass man als Tourist über den Tisch gezogen wird, passiert überall auf der Welt. Ein Beispiel in Ronda ist die Casa del Rey Moro. Man sollte sich überlegen, ob man die vier Euro Eintrittsgeld bezahlen will, denn die Anlage ist ungepflegt, es fehlen Wegweiser und auf den über 300 Stufen zur Mine ist es zu dunkel. Davon hört man immer wieder, doch das scheint bei den Verantwortlichen noch immer nicht angekommen zu sein.

tärische Polizeieinheit, um den Banditen den Garaus zu machen.

Geschichte

Das Gebiet war bereits in der Altsteinzeit besiedelt. Das belegen Höhlenmalereien, die in der 20 Kilometer südwestlich von Ronda gelegenen Höhle *Cueva de la Pileta* entdeckt wurden. Die ältesten sind etwa 20 000 Jahre alt. Im 1. Jahrtausend v. Chr. lebten Iberer und Kelten in der Region, die Handelsbeziehungen zu den Phöniziern und Griechen unterhielten. Im 2. Jh. v. Chr. wurde der Ort erstmals in römischen Schriften erwähnt. Ronda hieß in römischer Zeit »Arundo« und besaß eine Festung, hatte aber keine bedeutende Stellung. Die Stadt wurde zerstört, geplündert und schließlich gelangte sie unter die Herrschaft der Vandalen, es folgten die Byzantiner und dann die Westgoten. Auch unter den Mauren, die Ronda 713 eroberten, ging die wechselvolle Geschichte weiter. Die Stadt wurde zur Bezirkshauptstadt und im Lauf der Jahrhunderte zwischen den zerstrittenen arabischen Dynastien hin- und hergeschoben, bis es 1485 von den Christen zurückerobert wurde. Die maurische Bevölkerung musste das Gebiet verlassen, ihre Häuser und Ländereien gingen in den Besitz der christlichen Eroberer über. Die Stadt wurde umgestaltet, die arabischen Bauwerke weitestgehend zerstört. Auf der anderen Seite der Schlucht entstand der Stadtteil *El Mercadillo*. Auch das Viertel *Barrio de San Francisco* stammt aus jener Zeit. 1580 beschädigte ein Erdbeben die Stadt schwer. Viele Gebäude wurden nicht mehr aufgebaut, sondern durch Neubauten ersetzt. Auch während des Spanischen Bürgerkriegs in den 1930er-Jahren wurden Teile von Ronda zerstört. Seit den 1960er-Jahren wird die Stadt wieder von Touristen besucht, sodass der Fremdenverkehr inzwischen zum wichtigsten wirtschaftlichen Faktor geworden ist.

AUTORENTIPP!

RILKE IM HOTEL REINA VICTORIA

Von der Plaza España aus führt der Weg Paseo Blas Infante um den Parador und den Stadtpark, die Almenda del Tajo, entlang der Schlucht bis zum Hotel Reina Victoria. Vom wunderschönen Garten aus hat man einen atemberaubenden Blick über das Land, und auch die Sonnenuntergänge sollen hier am schönsten sein. Das Haus wurde 1906 erbaut, nachdem Ronda eine Eisenbahnlinie bekommen hatte. Meist stiegen hier Offiziere aus Gibraltar ab, sodass das Hotel bis heute einen gewissen britischen Stil behalten hat, wie zum Beispiel den Tee am Nachmittag. Der berühmteste Gast war jedoch Rainer Maria Rilke, der von Dezember 1912 bis Februar 1913 hier wohnte. Im Garten des Hotels erinnert eine Bronzefigur an den Dichter. Sein Zimmer, mit der Nummer 208, ganz oben unter dem Dach, ist bis heute nicht verändert worden. An der Rezeption kann man sich den Schlüssel geben lassen und hinaufgehen. Dort sind noch Manuskripte und Handschriften Rilkes zu sehen.

Der Palacio de Mondragon in Ronda, Provinz Malaga

AUTORENTIPP!

MIT DEM ZUG VON ALGECIRAS NACH RONDA

Die Bahnstrecke von Algeciras nach Ronda wurde Ende des 19. Jahrhunderts für die in Gibraltar stationierten britischen Soldaten gebaut. Heute verkehrt auf der spektakulären Strecke durch die Berge zwischen Algeciras und Ronda der *Tren Panoramico*. Es geht vorbei an interessanten Orten und atemberaubenden Szenerien. Der Zug fährt Mo–So fünfmal tägl. ab Algeciras, um 7.05, 8.45, 11.45, 15.03 und 15.55 Uhr, an Werktagen auch um 19 Uhr. Von Ronda nach Algeciras geht es um 9.15, 12.21, 16.16, 18.52 und 19.49 Uhr von Mo–So, an Werktagen zusätzlich um 7.30 Uhr. Die Fahrt dauert 1 Std. und 45 Minuten. Preise: 9,15 Euro/Erw., 5,50 Euro/Kinder, Stand Dez 2011. Weitere Informationen unter www.andalujo.com.

Die »Puente Nuevo«, Neue Brücke, in Ronda

Das maurische Almocábar-Tor in Ronda

Sehenswertes in der Altstadt

Die Altstadt *Ciudad Vieja* wird meist nur la *ciudad* genannt. Sie bildet den alten Ortskern, der zu römischer Zeit als »Arundo« bekannt war. Römische Bauwerke gibt es hier jedoch keine mehr. Die Struktur des Stadtteils ist maurisch, seine Straßen sind verwinkelt und eng. Die *Puente Viejo*, die alte Brücke über die Schlucht, wurde 1616 fertiggestellt, errichtet auf den Fundamenten einer alten maurischen Brücke. Die *Casa del Rey Moro*, das Haus den arabischen Königs, liegt in der Cuesta de Santo Domingo, nahe der alten Brücke. Hier soll einmal das Haus eines grausamen maurischen Königs gestanden haben, darauf weist noch heute ein Kachelbild am Eingang hin. Das Gebäude stammt aus dem 18. Jahrhundert, wurde aber im 20. Jahrhundert umgebaut. In dieser Zeit wurden auch die Gärten des Anwesens angelegt, die wohl einmal sehr schön waren, heute aber leider vernachlässigt wirken. Von den Gärten führt eine in den Fels gehauene Wendeltreppe 60 Meter in die Tiefe zu einer Quelle aus maurischer Zeit. Im Belagerungszustand wurde die Stadt darüber mit Trinkwasser versorgt. Die *Casa del Gigante*, das Haus des Riesen, ist ein Palast aus dem 14. und

15. Jahrhundert, an der Plaza del Gigante. Auch der *Palacio de Mondragón*, an der Plaza de Mondragón, ist ein schönes Beispiel für die arabische Architektur und zählt zu den wichtigsten Sehenswürdigkeiten der Stadt. Hier residierte einst König Abbel Malik. Heute sind das städtische Museum und das Touristenbüro dort untergebracht. Das Gebäude ist auch unter dem Namen *Palacio del Marqués de Villasierra* bekannt. Die wichtigste Kirche ist *Santa Maria la Mayor* in der Calle Moctezuma. Sie wurde Ende des 15. Jahrhunderts auf den Resten der früheren Hauptmoschee errichtet, beim Erdbeben 1580 jedoch derart stark beschädigt, dass sie erneuert werden musste. Aus dem Minarett der alten Moschee machten die Christen einen Glockenturm, dessen unterer Teil erhalten blieb. Die Fassade besitzt Balkone auf mehreren Etagen, von denen aus die Würdenträger der Stadt früher die Stierkämpfe verfolgten, die auf dem Platz stattfanden, bevor die Arena gebaut wurde. Im Eingangsbereich ist ein Gewölberest mit geometrischen Bandmustern und ein Hufeisenbogen zu sehen, die zum *Mihrab* der Moschee gehörte. Die Stadtmauer *Las Murallas de la Albacara* stammt aus dem späten 13. Jahrhundert und besitzt südlich das arabische Tor *Puerta de la Almocábar*, der Zugang zur Stadt in maurischer Zeit. Direkt daneben steht das Stadttor *Puerta de Carlos V.* aus der Renaissance. Zwei weitere Tore sind die *Puerta del Viento*, das Tor des Windes, das vom *Valle de los Potros*, dem Tal der Fohlen, hinauf in die Stadt führt, und die *Puerta de los Molinos*, das Mühlentor, das auch »*Arco del Cristo*«, Christusbogen, genannt wird. Es liegt unten in der Schlucht und diente den Landarbeitern und Händlern als Eingang zur Stadt. Auch die *Baños Árabes*, die arabischen Bäder aus dem 13. und 14. Jahrhundert in der Calle San Miguel, befinden sich in der Schlucht. Sie zählen zu den am besten erhaltenen in Spanien.

Oben: In der Kirche Santa Maria la Mayor wurden früher Stierkämpfe ausgetragen.
Mitte: Die Arabischen Bäder »Baños Arabes«
Unten: Der Plaza de Toros, die Stierkampfarena in Ronda

Oben: Die Altstadt von Ronda hat sich auf Touristen eingestellt.
Mitte: Der Palacio de Mondragon bietet eine wunderbare Aussicht über die Stadt.
Unten: Plastik vor der Stierkampfarena

Die Neustadt

Über das Wahrzeichen Rondas, die *Puente Nuevo*, die neue Brücke, gelangt man in die Neustadt. Sie stammt aus dem 18. Jahrhundert und überspannt die Tajo-Schlucht in 98 Metern Höhe. Der Name »Tajo« hat übrigens nichts mit dem gleichnamigen Fluss zu tun, er bedeutet »Einschnitt«. Das bekannteste Monument der Neustadt, die *El Mercadillo* genannt wird, ist die Stierkampfarena. Sie wurde 1784 eingeweiht und ist damit die älteste und die berühmteste Arena Spaniens. Sie hat einen Durchmesser von 66 Metern und bietet in ihrem Tribünenraum auf doppelgeschossigen Arkadenreihen 5000 Zuschauern Platz. Erstmals wurde hier statt der üblichen hölzernen Tragebalken Stein verwendet. Jedes Jahr Anfang September findet ein großes Fest zur Erinnerung an die modernen Stierkampfregeln statt, die in Ronda aufgestellt wurden. Die Stierkämpfe werden dann in historischen Kostümen ausgetragen. Zur Stierkampfarena gehört auch ein Museum. Gegenüber der Plaza de Toros beginnt die Carrera Espinel, Rondas wichtigste Einkaufsstraße.

Infos und Adressen

INFORMATION

Turismo de Ronda S. A. Ayuntamiento de Ronda, Palacio de Mondragón, Plaza de Mondragón, s/n, 29400 Ronda, Tel. 902 104 660, E-Mail informacion@turismoderonda.es, www.turismoderonda.es
Oficina De Turismo. Paseo Blas Infante, s/n, 29400 Ronda, Tel. 952 187 119, Fax 952 187 147

BAHN

Tren Ronda (Zugfahrt). Avenida de Andalucia, 31, 29400 Ronda, Tel. 952 871 673, Tel. Ticketverkauf 952 871 682

ÜBERNACHTEN

Hotel Reina Victoria. Schönes altes Hotel mit Pool und Garten, der atemberaubende Blicke in die Schlucht bietet. Im Zimmer 208 überwinterte Rainer Maria Rilke, den Schlüssel zum Minimuseum bekommt man an der Rezeption. Zimmer bereits ab circa 60 Euro. Calle Jerez, 25, 29400 Ronda, Tel. 952 871 240, Fax 952 871 075, E-Mail reservas@hotelreinavictoria.es, www.hotelhusareinavictoriaronda.com
Parador de Ronda. Der Parador steht direkt neben der Puente Nuevo, an der Tajo-Schlucht. Das Gebäude war früher das Rathaus der Stadt. Es hat wunderschöne Ausblicke und einen tollen Pool. Zimmer gibt es in der Nebensaison ab circa 100 Euro. Plaza España, 29400 Ronda, Tel. in Deutschland: 02 11/8 64 15 20, E-Mail paradores@ibero.com, www.paradores.de

MUSEUM

Museo del Bandolero, Banditenmuseum. Das Museum beschäftigt sich mit der räuberischen Vergangenheit der Berge um Ronda. Es ist tägl. geöffnet, im Herbst und Winter 10–19 Uhr und im Frühjahr und Sommer 10.30–20.30 Uhr. Calle Armiñan 65, 29400 Ronda, Tel. 952 877 785, E-Mail jalmazan@museobandolero.com, www.museobandolero.com

Löwenbrunnen auf der Plaza del Socorro in Ronda

Mitte: Im Nationalpark Sierra de Grazalema
Unten: Ein kleiner Junge auf einem Platz in Castellar macht mit seinem BMX-Rad die Gegend unsicher.

19 Im Bergland von Ronda

Setenil und Umgebung

Die Route der weißen Dörfer umfasst Gemeinden der Provinzen Málaga und Cádiz. Egal wohin man fährt in der Bergregion um Ronda, es gibt eigentlich keine vergeblichen Wege in dieser wunderschönen Landschaft. Man entdeckt immer wieder Neues und so manches unscheinbare Örtchen birgt interessante Sehenswürdigkeiten oder einfach nette Menschen und eine freundliche, erholsame Umgebung.

Nördlich von Ronda liegen viele Dörfer, von denen jedes für sich seinen Reiz hat. Die schönsten sind Setenil de las Bodegas und Olvera, für die man sich ruhig einmal ein paar Stunden Zeit nehmen sollte.

Setenil de las Bodegas

Der Ort hat etwa 3000 Einwohner und liegt 18 Kilometer nördlich von Ronda, an der *Ruta de los Pueblos Blancos*, der Straße der weißen Dörfer. Der Name »Setenil« kommt aus dem Lateinischen und bedeutet »Sieben mal nichts«, was darauf anspielt, dass die Katholischen Könige sieben Anläufe brauchten, bis sie das Dorf 1485 endlich von den Mauren zurückerobert hatten. Sehenswert sind in Setenil vor allem die Häuser, die sich unter einen überhängenden Felsen schmiegen, der ihnen als Dach und/oder Rückwand dient. Teilweise sind die Wohnungen aber auch in den Berg hineingegraben. Der Anblick, den Setenil bietet, ist derart überraschend, dass man nicht versäumen sollte, einen Abstecher in den Ort zu unternehmen. Kein Wunder also, dass Setenil auch bei Malern und Fotografen äußerst beliebt ist, bietet es doch einzigartige Motive. Außer den Felsenhäusern gibt es eine maurische Burgruine, eine gotische Kirche aus dem 15. Jahrhundert und das Rathaus aus dem 16. Jahrhundert. Bekannt ist Setenil auch wegen seiner Prozessionen während der *semana santa*, der Karwoche. Da die Straßen sehr steil sind, wird die Prozession für die Teilnehmer zu einer echten Herausforderung.

Olvera

Der Ort gehört zu den schönsten Weißen Dörfern entlang der Route. Er hat etwa 600 Einwohner. Olvera ist maurisch geprägt durch seine engen, verwinkelten Gassen mit den niedrigen Häusern. In der Mitte des Orts, auf einem Hügel, thront die klassizistische, fast festungsartige Kirche La Encarnación aus dem 19. Jahrhundert neben der Ruine einer maurischen Burganlage aus dem 12. Jahrhundert. Die Kirche wurde – wie so häufig in Andalusien – auf den Resten einer Moschee erbaut.

Auch südlich von Ronda gibt es einiges zu sehen. Auf halber Strecke zwischen Ronda und Jimena de la Frontera liegt der kleine Ort Genalguacil mit seinen Quellen. Weiter südlich beginnt der Naturpark Los Alcornocales und darin Jimena de la Frontera.

Genalguacil

Der Ort liegt 43 Kilometer südlich von Ronda und hat gerade einmal 550 Einwohner. Doch sein Name lässt auf die Bedeutung des Dorfs schließen, der aus dem Arabischen kommt und »die Gärten des Ministers« bedeutet. Genalguacil gehört zu den Orten mit der höchsten Niederschlagsmenge in Andalusien. Seine engen Gassen und Treppen sind typisch für eine maurische Siedlung. Der *Monte de los Reales* ist mit seinen 1449 Metern Höhe ein ansehnlicher Hausberg. Er

AUTORENTIPP!

WANDERWEGE

Jimena de la Frontera bietet sich als Ausgangspunkt für Wanderungen im Naturpark Los Alcornocales an. Mehrere Routen führen in die Korkeichenwälder und gewähren wunderschöne Blicke auf Jimena und in den Naturpark selbst. Über den »*Sendero de Laja Alta*« gelangt man in etwa drei Stunden vom Dorf zur Höhle *Laja Alta* mit den Höhlenmalereien und wieder zurück. Der »*Sendero de Hozgarganta*« ist deutlich kürzer. Er führt in den Naturpark hinein und dauert etwa 1,5 Stunden. Auch ältere Menschen und Kinder können hier leicht mithalten. Der »*Sendero Vereda de Ubrique a Las Asomadillas*« ist ein Rundweg, der von Jimena über den alten Maultierweg nach Ubrique führt und weiter bis zum Aussichtspunkt *Las Asomadillas.* Dann weiter zum Río Hozgarganta und zurück nach Jimena. Der Weg ist mittelschwer und dauert etwa drei Stunden. Diese und weitere Wanderwege können Sie sich bei der Touristeninformation in Jimena de la Frontera besorgen.

Blick auf den Parque Natural Sierra de Grazalema bei Ubrique

Oben: Benaocaz im Parque Natural Sierra de Grazalema
Mitte: Steile Gassen und grobes Pflaster begegnen uns immer wieder auf der Route der weißen Dörfer.
Unten: Farbenprächtige Blumen und blühende Büsche gibt es das ganze Jahr über.

liegt nur acht Kilometer vom Meer entfernt. Genalguacil besitzt über hundert Wasserquellen und war früher ein Ort, an dem nach Mineralien, Gold und Silber gegraben wurde. Heutzutage hat sich das Dorf unter Künstlern einen Namen gemacht. Zumindest alle zwei Jahre. Dann finden nämlich die *Encuentros de Arte* statt. Das nächste Mal sind 2012 zwölf Künstler eingeladen, die gegen Kost und Logis hier in 14 Tagen ein Kunstwerk schaffen und es dauerhaft im Dorf belassen.

Jimena de la Frontera

Die Gemeinde hat etwa 9700 Einwohner und liegt an der Straße zwischen Ronda und Algeciras, im Westen der Provinz Cádiz. In den Naturpark Los Alcornocales lassen sich von Jimena aus sehr gut Wanderungen unternehmen. Schon in der Bronzezeit, vor rund 3000 Jahren, war das Gebiet besiedelt, das geht aus Zeichnungen in der Höhle *Laja Alta* hervor, die einen Blick auf die Bucht von Algeciras und den Felsen von Gibraltar gewährt. Die Höhle ist deshalb so interessant, weil ihre prähistorischen Malereien im Innern eine große Anzahl von Schiffen und Booten zeigen. Im ganzen Mittelmeerraum gibt es keine vergleichbaren Darstellungen. In römische Zeit hieß die Gemeinde »Oba« und besaß das Recht, eigene Münzen zu prägen. Unter maurischer Herrschaft erhielt sie den Namen Ximena, eine Schreibweise die man hier und da noch sieht. Das maurische Castillo bietet eine sehr schöne Aussicht auf den Ort. Es wurde auf den Resten eines römischen Kastells errichtet. Teile der Altstadt von Jimena stehen unter Denkmalschutz, sodass sich ein Spaziergang lohnt. Besonders sehenswert ist der Dorfplatz unter seinem grünen Blätterdach mit dem Kirchturm und einer Mauer mit *azulejos*, mit bemalten Kacheln. Als kulturellen Höhepunkt bietet das Städtchen jedes Jahr Mitte Juli ein internationales Musikfestival.

Infos und Adressen

Der Parque Natural Sierra de Grazalema bei Ubrique

INFORMATION

Oficina Municipal de Turismo de Setenil de las Bodegas. Calle Villa 2, 11692 Setenil de las Bodegas, Tel. 956 134 261,E-Mai turismo@setenil.com, www.setenil.com

Oficina de Turismo de Olvera. Plaza de la Iglesia – Edificio La cilla, 11690 Olvera, Tel. 956 120 816, E-Mail turismoolvera@hotmail.com, www.olvera.es

Punto de Información – Ayuntamiento Genalguacil. Calle Real, 3, 29492 Genalguacil, Tel. 952 152 003, Fax 952 152 129, E-Mail genalguacil@sopde.es, www.genalguacil.es

Oficina de Turismo Jimena. Iglesia de la Misericordia, s/n, 11330 Jimena de la Frontera, Tel. 956 640 569, E-Mail ayto.jimena@teleline.es, www.jimenadelafrontera.org

SPORT UND FREIZEIT

Höhle La Laja Alta. Das Touristenbüro gibt Auskunft. Die Höhle ist geöffnet vom 16. Oktober bis 31. Mai, tägl. 9–13 Uhr. Der Eintritt ist frei. 11330 Jimena de la Frontera. Tel. 956 640 569

Rancho los Lobos. Die Anlage mit Hotel und Appartements ist geeignet für Aktivurlauber. Hier kann man reiten, Tennis spielen, Mountainbike fahren, wandern und Motorradtouren unternehmen. In wunderschöner Landschaft, zwischen Meer und Bergen gibt es hier unzählige Möglichkeiten zu moderaten Preisen. 11339 Jimena de la Frontera, Tel. 956 640 429, Fax 956 641 180, E-Mail urlaub@rancholoslobos.com, www.rancholoslobos.com

ÜBERNACHTEN

Hotel Villa de Setenil. Das neue Haus hat einen gehobenen Standard und bietet ein Restaurant mit wunderbarem Ausblick. Übernachten kann man ab circa 80 Euro. Callejon, 10 – Junto Plaza de Andalucía, 11692 Setenil de las Bodegas, Tel. 956 134 261, mobil 659 546 626, Fax 956 958 557, E-Mail villadesetenil@setenil.com, www.setenil.com

In der Bergwelt Andalusiens ist das Pferd beliebtes Fortbewegungsmittel.

IM BINNENLAND: JAÉN UND CÓRDOBA

Vorangehende Doppelseite: Blick vom Castillo de Santa Catalina auf Jaén
Mitte: Blick vom Cruz de Castillo auf Jaén und seine Kathedrale
Unten: Das Ayuntamiento, das Rathaus auf der Plaza Santa María

20 Jaén

Stadt der Renaissance

Jaén nennt sich selbst »Das Paradies im Hinterland« und als solches kann man es auch durchaus sehen. Die Stadt besticht durch eine Vielzahl bedeutender Renaissancebauten und lädt ein in ihre altertümlichen, charmanten Stadtviertel. Die gleichnamige ländlich geprägte Provinz liegt inmitten einer großartigen Landschaft und hat vier Naturparks mit Gebirgen, Wäldern und tiefen Tälern.

Die Stadt liegt im Nordosten von Andalusien, im Tal des Guadalquivir, und hat knapp 118 000 Einwohner. Sie ist Mittelpunkt des größten Olivenanbaugebiets der Welt. Erstmals angepflanzt wurde der Ölbaum hier von den Phöniziern, die darüber hinaus nach Edelmetallen und Mineralien gruben.

Geschichte

Archäologische Funde belegen, dass das Gebiet um Jaén bereits in der Steinzeit bevölkert war. Die Römer nannten den Ort »Auringis«. Sein heutiger Name stammt aus dem Arabischen. König Ferdinand III. eroberte die Stadt 1246 und verlegte des Bistums von Baeza nach Jaén, das zu einem strategisch wichtigen Punkt in der Reconquista wurde. So begann 1491 die Eroberung Granadas von Jaén aus. Im 16. Jahrhundert, zur Zeit der Renaissance, war Jaén ein wirtschaftlich aufstrebender Ort. Im Jahr 1587 hatte es knapp 22 400 Einwohner und war eine der wichtigsten Städte Spaniens. Seine Wirtschaft basierte vor allem auf dem Anbau von Getreide, das in riesigen Lagern aufbewahrt wurde. Nicht weniger wichtig war das Handwerk, vor allem das Gerben. In jener Zeit war Jaén Verwaltungszentrum des spanischen Königreichs. Damals entstanden auch die Paläste, Kirchen und die Kathedrale, die heute noch vom einstigen Reichtum zeugen. Bis zu Beginn des 19. Jahrhunderts konnte Jaén den Status einer wohlhabenden Stadt halten, der Unabhängigkeitskrieg gegen die Franzosen brachte den wirtschaftlichen Verfall, von dem sich der Ort nicht mehr erholen konnte. Er versank in der Bedeutungslosigkeit einer Provinzhauptstadt. Erst ab 1960 begann erneut der wirtschaftliche Aufschwung. Heute stehen die Olivenölproduktion und der Tourismus im Vordergrund der wirtschaftlichen Aktivitäten.

Stadtansichten

Jaén liegt am Fuß des Berges Santa Catalina, der mit einer mächtigen Festung gleichen Namens gekrönt ist. Heute ist die Festung zum Parador umgebaut. Von hier aus hat man einen atemberaubenden Panoramablick über die Olivenhaine und über die Stadt, die sich über einen sanften Berghang erstreckt. Ihren Kern formen die historischen Stadtviertel, aus arabischer Zeit und aus dem Mittelalter. Sie werden ergänzt durch die Paläste der Renaissance und die Gebäude der Neuzeit, die sich einfügen in eine homogene Struktur. Über allem thront die imposante Kathedrale, die zu den wichtigsten Bauten der spanischen Renaissance gezählt wird.

Natur pur

Obwohl Jaén mit sämtlichen Verkehrsmitteln sehr gut zu erreichen ist und eine intakte Infrastruktur vorweisen kann, hat es doch eine sehr ländliche Prägung. Rund um Jaén erstrecken sich vier Naturparks. Viele Wander- und Radwege beginnen in der Stadt. Eine bei Wanderern und Radfahrern gleichermaßen beliebte Route ist die *Via Verde del Aceite*, der grüne Weg des Öls, der von Jaén über

AUTORENTIPP!

AUSFLUG NACH LA GUARDIA

La Guardia de Jaén liegt zehn Kilometer südöstlich der Stadt und war in der Geschichte auch als »Mentessa« bekannt. Sein heutiger Name bedeutet »Wache von Jaén«. Diese Bezeichnung spiegelt die Aufgabe des Orts genau wider. An einer strategisch wichtigen Stelle gelegen, hatte La Guardia de Jaén während der Reconquista die Aufgabe, die Grenze von Kastilien zu sichern. Der Ort liegt auf dem Berg San Marcos und geht auf ein römisches *Oppidum*, eine befestigte Siedlung, zurück. Es lockt mit einer hübschen Altstadt sowie einer ehemals arabischen Festung, die hoch über die Straßen und Häuser aufragt. Vom Turm der Burg bietet sich eine atemberaubende Aussicht. Die Gemeinde hat rund 4200 Einwohner und ist von Jaén aus gut zu erreichen. Über die Autobahn A-44 mit dem Auto oder mit dem Fahrrad über die JA-3200, die über die *Ponte de Jontoya*, die Brücke von Jontoya, führt.

La Guardia de Jaén

Oben: Renaissance-Palast in Jaén
Mitte: Im Café del Posito kann man guten Kaffee trinken.
Unten: Die Avenida Bernabe Soriano

55 Kilometer bis in die Nähe von Alcaudete führt. Die *Vias Verdes* sind stillgelegte Bahntrassen, die durchs ganze Land führen und gerne zur Naherholung genutzt werden. Die Bahntrasse wurde früher zum Transport der Oliven in die Ölmühlen genutzt. Sie ist sehr eben, leicht befahrbar und führt durch Olivenhaine, über Viadukte, durch Tunnel und durch den Ort Martos. Auch für ungeübte Radfahrer und Spaziergänge eignet sich der Weg.

Kulinarisches

Das Basiselement der Küche Jaéns ist das Olivenöl. Es wird zu praktisch allen Gerichten genutzt und auch als eine Art Buttterersatz eingesetzt. Weitere Produkte aus der Umgebung, darunter vor allem Rohkost und Gemüse, dürfen auf keinem Teller fehlen. Aus Tomate, Zwiebel, Gurke, Paprika und Knoblauch werden Speisen wie der *Gazpacho andaluz*, die kalte Gemüsesuppe, zubereitet. Typisch sind auch diverse Salate aus diesen Zutaten, etwa die *Pipirrana*, die zusätzlich mit Thunfisch und/oder Ei gereicht werden könenn. Sehr beliebt ist der *Potaje de habas y berenjenas*, ein Gemüseeintopf mit dicken Bohnen und Auberginen. Ein weiterer unverzichtbarer Bestandteil ist Brot, entweder in der Suppe oder belegt, etwa mit Olivenöl und Kabeljau, *pan con aceite y bacalao*. Der Kabeljau aus Jaén hat einen sehr guten Ruf und darf genau wie Schwein und Schinken nicht auf der Speisekarte fehlen. Durch den Olivenanbau ist der Weinbau in der Region spürbar zurückgegangen, doch es werden noch einige sehr gute Weine angebaut, in Torreperogil, Bailén, Lopera und Frailes. Nach dem Essen empfiehlt sich ein Anis oder Risoli, ein Likör arabischer Herkunft, der gerne im Kaffee genossen wird.

Rundgang Jaén

Das Antlitz der Stadt wird in erster Linie von der Renaissancearchitektur bestimmt. Dafür steht vor allem die Kathedrale, die als schönste Renaissancekirche Andalusiens gilt. Sie entstand im 16. und 17. Jahrhundert. Die Sehenswürdigkeiten unseres Rundgangs liegen nicht weit auseinander, sodass man sie leicht zu Fuß erreichen kann.

Auch wenn Sie den Rundgang nicht machen möchten, die Kathedrale von Jaén sollten Sie besuchen. Dieses eindrucksvolle Bauwerk beherrscht die Altstadt, wirkt geradezu gewaltig inmitten des Labyrinths enger Gassen. Ihre Zwillingstürme sind 62 Meter hoch und flankieren ein prächtiges Portal. Erbaut wurde die Kathedrale auf den Resten einer Moschee. Im Inneren finden sich Altarbilder im klassischen, neoklassizistischen und barocken Stil. Bekannt ist auch die Orgel aus dem 18. Jahrhundert. In der Kathedrale wird das »Schweißtuch der heiligen Veronika« aufbewahrt, das mit dem Schweiß und Blut Jesu getränkt sein soll. Ein Gesichtsabdruck Christi soll sich darauf befinden. Zur Kathedrale gehört auch das Museo Catedral.

MAL EHRLICH

PRIVATSPHÄRE BEACHTEN

Es ist oft sehr verlockend, eine Haustür steht offen und im Innern ist ein wunderschöner Innenhof zu sehen. Das möchte man sich doch mal von Nahem ansehen und am besten auch gleich ein paar Fotos schießen. Doch der Patio gehört zum Wohnbereich eines Hauses, hier leben die Menschen und oft wird er wie eine Art Wohnzimmer genutzt. Ungefragt betritt man keinen Patio, denn das ist mehr als unhöflich.

AUTORENTIPP!

PARADORES

Der Parador von Jaén gehört zu den bekanntesten in Spanien. Durch seine Lage und als historisches Monument wird er selbst zur Sehenswürdigkeit. Im ganzen Land gibt es insgesamt 93 Paradore, die sich alle an ausgesuchten Orten befinden. Unter König Alfons XIII. entstanden Ende der 1920er-Jahre die ersten Paradore. Sein Kommissar für Tourismus hatte die Idee, die ärmeren Regionen des Landes durch ein Programm von staatlichen Hotels zu fördern. Daraus erwuchs eine Hotelkette, die über Jahrzehnte Häuser mit internationalem Standard schuf und half, die spanische Kultur zu bewahren. Mittlerweile kommen die Gäste zur Hälfte aus Frankreich, Großbritannien und Deutschland. Großer Beliebtheit erfreuen sich auch die Restaurants, deren Küche zu den besten Spaniens zählt und die meist auch bezahlbare Speisen anbieten. Unter der Telefonnummer (+34) 902 547 979 erreichen Sie die Zentrale der Paradores. Im Internet finden sie Informationen und die Möglichkeit zur Buchung unter www.paradores.de

Der Parador Nacional de Jaén

Castillo de Santa Catalina

Die Festung geht zurück auf ein arabisches Schloss, das unter Muhammed Ibn Alhamar im 13. Jahrhundert erbaut wurde. Nach der Rückeroberung durch die Christen 1246 entstand hier eine christliche Festung mit der Kirche *Consagrada a Santa Catalina*, die der Burg ihren Namen gab. Im Lauf der Jahrhunderte entstanden an dieser Stelle gleich drei Festungen: die alte Burg, der neue Alcázar und der Alcázar de Abrehuy. Die Alcazare sind in den Parador eingegangen, der 1965 erbaut wurde. Die Burganlage liegt etwas außerhalb und kann im Winter täglich von 10–14 und von 15.30–19.30 Uhr besucht werden. Im Sommer verschieben sich die Öffnungszeiten nachmittags um 1,5 Stunden.

Die arabischen Bäder gehören zu den besterhaltenen in Spanien. Über den prächtigen Innenhof und eine Treppe gelangt man in den Vorraum mit seinen hufeisenförmigen Bögen. Der Fußboden ist mit weißem Marmor ausgestattet und das Dachgewölbe wird von sternförmigen Fenstern durchbrochen. Unter dem Boden befindet sich eine Fußbodenheizung, und in den Wänden sind Kamine verborgen, die zur Warmwasserbereitung und zum Heizen benutzt wurden. Seit Ende 2011 sind die Bäder wegen Renovierung geschlossen. Voraussichtlich werden sie Mitte 2013 wieder eröffnet.

Die Capilla San Andrés wurde von Gutierre González Doncel, dem Schatzmeister Papst Leos X., 1515 gestiftet. Im Innern findet man die Kapelle »de la Purísima Inmaculada«, die im so genannten Plateresk-Stil ausgestattet ist. Der ist gekennzeichnet durch reich verzierte und stark gegliederte Flächen, die an filigrane Silberschmiedekunst erinnern. Die Kapelle hat an Werktagen nur eine Stunde geöffnet, von 11.30–12.30 Uhr. Sonntags um 11.30 findet die Messe statt.

Oben: Im Castillo de Santa Catalina ist der Parador Nacional de Jaén untergebracht.
Mitte: Das Kloster Real Convento Santo Domingo
Unten: Chor und Altarraum der Kathedrale von Jaén

Rundgang Jaén

A Iglesia de Santa Maria Magdalena – Der Tempel im gotischen Stil wurde Anfang des 14. Jahrhunderts auf den Überresten einer Moschee gebaut und beherbergt eine sehr alte Laienbruderschaft. In der Osterwoche, der *semana santa*, wirkt die Bruderschaft bei den feierlichen Umzügen mit. Besonders hübsch ist der Innenhof, der *Patio*, der Kirche.

B Monasterio de Santa Úrsula – Das Kloster wird noch immer von Nonnen bewohnt und kann nicht besichtigt werden. Die Nonnen stellen die berühmte Süßigkeit *Yemas de Santa Ùrsula* her. Diese und weitere Köstlichkeiten kann man an der Verkaufsstelle des Klosters erwerben.

C Palacio de Villardompardo – Hier finden sich die *Baños Árabes*, die arabischen Bäder. Sie wurden 1913 entdeckt und 1917 als Nationaldenkmal ausgewiesen.

D Capilla San Andrés – Die Kapelle wurde im 16. Jahrhundert im Mudéjar-Stil erbaut. Zuvor stand hier eine Synagoge.

E Museo Provincial de Jaén – am Paseo de la Estación, 27. Das Museum zählt zu den bedeutendsten des Landes, denn es besitzt eine umfangreiche Sammlung spanischer Kunst.

F Refugio Antiaéreo de la Guerra Civil – Luftschutzbunker aus dem Spanischen Bürgerkrieg.

Torre de la Iglesia in Andujar

Die Tunnelanlage liegt hinter der Kunstschule *Escuela Artes y Oficios José Nogué* und kann samstags und sonntags von 11.00 bis 13.00 Uhr und von 18.00 bis 21.00 Uhr kostenlos besucht werden.

G Kathedrale von Jaén – Eine der bekanntesten Sehenswürdigkeiten von Jaén. Das imposante Bauwerk wird oft als die schönste Renaissancekirche Spaniens bezeichnet.

Infos und Adressen

INFORMATION

Oficina de Turismo de Jaén. Die Touristenbüro befindet sich ganz in der Nähe der Kathedrale. Calle Ramón y Cajal, 1, 23001 Jaén, Tel. 953 190 455 und 953 313 281

Oficina de Información y Atención al Ciudadano. Calle Joaquín Tenorio, s/n, Tel. 900 727 273, E-Mail oic@aytojaen.es, www.aytojaen.es

Im Café del Posito

ESSEN UND TRINKEN

Bocatería El Respiro. Für den schnellen Hunger, gleich neben der Plaza de Toros gelegen. Einfache Gerichte zu günstigen Preisen. Tägl. 14–16 Uhr und 19–2 Uhr geöffnet, mit Bringservice. Calle Adarves Bajos, 39, 23001 Jaén, Tel. 953 243 675, www.bocateriaelrespiro.com

Casa Ángel. Am Rand der Altstadt gelegen, kann man hier in einladender Atmosphäre Tapas und für etwa 20 Euro die traditionelle Küche genießen. Calle de la Cuesta de Belén, 2, 23003 Jaén, Tel. 953 233 094 oder 953 871 743

El Mirador. El Mirador liegt an der Umgehungsstraße. Grill-Restaurant mit andalusischer und internationaler Küche. Die große Terrasse bietet wunderschöne Panoramen. Die Inneneinrichtung ist rustikal, inklusive Kamin. Moderate Preise, Reservierung wird empfohlen. Geöffnet Di–So 12–22 Uhr. Carretera de los Villares, km 5, 23160 Jaén, Tel. 953 235 131

ÜBERNACHTEN

Hotel Xauen. Das 3-Sterne-Hotel liegt in der Altstadt und verfügt über eine Terrasse mit Panoramablick auf die Kathedrale. Von hier aus sind die Sehenswürdigkeiten zu Fuß zu erreichen. Die Zimmer haben Klimaanlage, WLAN; der Wellnessbereich kann kostenlos benutzt werden. Doppelzimmer mit Frühstück ab circa 93 Euro. Plaza Deán Mazas, 3, 23001 Jaén, Tel. 953 240 789

Parador. Die Burganlage verschmilzt mit dem angebauten Parador zu einem imposanten Ensemble, das auf dem Hügel über der Stadt thront. Die Monumentalität des Sandsteinbaus setzt sich in seinem Innern fort. Im geräumigen Salon finden sich 20 Meter hohe Kreuzbögen und die Hallen sind mit Motiven und Elementen aus dem Mittelalter geschmückt. Die meisten Zimmer des Parador bieten herrliche Ausblicke auf die umliegenden Berge. Adresse und Buchung über www.paradores.de

Straße in Martos bei Jaén

WEITERE SEHENSWÜRDIGKEITEN

Basílica Menor – Iglesia de San Ildefonso. Die zweitgrößte Kirche Jaéns steht in der Nähe der Kathedrale. Sie hat drei Portale aus verschiedenen Epochen: Gotik, Manierismus und Neoklassizismus. Die Kirche ist tägl. geöffnet 8.30–12.30 Uhr und 18.30–20.30 Uhr. Plaza San Ildefonso, 23001 Jaén, Tel. 953 190 346

Cámara Oscura de Capuchinos/Auditorio La Alameda. Die Camera Obscura befindet sich in einem der Türme des *Auditorio La Alameda*, direkt an der Plaza de Toros. Von Oktober bis März von Dienstag bis Sonntag geöffnet, jeweils 10–14 Uhr und 16–18 Uhr. Von April bis September verschiebt sich die Öffnungszeit am Nachmittag um 2 Stunden nach hinten. Alameda de Capuchinos, 23001 Jaén, Tel. 953 234 703

Arco de San Lorenzo. Das einzige noch erhaltene Stadttor von Jaén befindet sich ganz in der Nähe der Plaza de los Toros. Daneben steht das Bernhardinerkloster. Calle Almendros Aguilar

Convento de las Bernardas. Das Kloster aus dem 15. Jahrhundert ist bekannt für seine Malereien von Angelo Nardo. Kirche und Patio können tägl. 9–13 Uhr und 16–18.30 Uhr besichtigt werden. Calle Puerta del Angel, s/n, 23001 Jaén, Tel. 953 243 854

Beliebter Treffpunkt: das Café del Posito

Die Plaza del Posito in Jaén

Mitte: Olivenernte in der Provinz Jaén
Unten: Grüne Oliven kurz vor der Ernte. Daraus wird gutes Olivenöl gepresst.

21 Sierras Cazorla

Naturparks und Olivenöl

Die Hauptstadt Jaén inmitten der riesigen Olivenhaine ist längst nicht alles, was die Provinz zu bieten hat. Ihr höchster Trumpf ist die grandiose Landschaft. In Jaén liegt der mit Abstand größte Naturpark Spaniens, und er hat fast unberührte Natur im Überfluss zu bieten. Hier wurde das Holz geschlagen und bis zum Mittelmeer transportiert, aus dem einst die spanische Armada gebaut wurde.

Der *Parque Natural* Sierras *de Cazorla, Segura y Las Villas* hat eine Ausdehnung von 2143 Quadratkilometern. Die Sierra de Cazorla liegt im Südwesten des Parks. Das Städtchen gleichen Namens im Süden der Sierra bildet die Grenze zu den Olivenhainen, die mit über 60 Millionen Bäumen das größte zusammenhängende Anbaugebiet der Welt darstellen. Im Osten wird die Sierra durch den Guadalquivir begrenzt. Die *Sierra de Las Quattro Villas* nimmt den nordwestlichen Teil des Naturparks ein, den Osten die *Sierra de Segura.* Sie ist touristisch am wenigsten erschlossen, bei Bergwanderern aber sehr beliebt, da man hier noch allein die Natur genießen kann. Im Süden liegt die *Sierra del Pozo,* die die höchsten Gipfel hat. Die zahlreichen Flüsse der Region haben tiefe Schluchten in die Berge geschnitten, die die Landschaft prägen und einzigartig machen. Im Naturpark entspringt der größte Fluss Andalusiens, der *Guadalquivir.* Er durchfließt ein breites Tal und wird im zentralen Stausee *Embalse Tranco de Beas* gestaut. Der See lockt viele Touristen an, seine Hauptorte sind *Santiago de la Espada* auf 1328 Metern Höhe und *Segura de la Sierra,* das auf 1115 Metern ebenfalls auf beachtlicher Höhe liegt.

Sport

Der Naturpark bietet viele Möglichkeiten, sich sportlich zu betätigen. Reiten, Bergsteigen, Wandern, Radfahren, Mountainbiking, Kanufahren auf den großen Stauseen, Wildwasser-Rafting, Fischen oder Paragliding – hier ist praktische jede Outdoor-Aktivität angesagt. Verschiedene Campingplätze laden ein, direkt in der Natur zu übernachten. Auf den Touren durch den Park kann man mit ein bisschen Glück vielleicht sogar einen Eisvogel beim Abtauchen in einen Wasserfall beobachten oder einen Adler kreisen sehen. Fauna und Flora sind ungeheuer vielfältig.

Wildspezialitäten

Das schlägt sich natürlich auch auf den Speisekarten der Restaurants und Bars nieder. Die Provinz Jaén ist bekannt für ihre Wildgerichte. Aus dem Umland kommen Rebhuhn, Hase, Kaninchen, Reh, Hirsch, Wildschwein und Damwild. Sehr beliebt ist Zicklein mit Knoblauch, *Choto con ajos*. Der Kabeljau ist der beliebteste Fisch der Region und

Oben: Olivenfelder zwischen Baeza und Jaen, dem größten Anbaugebiet Spaniens
Mitte: Das Olivenöl ist der Reichtum der Provinz Jaén
Unten: Das Hotel Hacienda Laguna in Baeza beherbergt das Olivenmuseum.

Oben: Olivenanbau zwischen Baeza und Jaén
Mitte: Olivenöl aus der Region im Ölmuseum auf der Hacienda Laguna
Unten: Alte Ölmühle im Museum

wird vor allem gebraten serviert. Mit Pinienkernen, Erbsen und eingelegten Paprikaschoten »à la Baeza«, wird er zu einer interessanten und schmackhaften Spezialität.

Cazorla

Der wichtigste Ort im Naturpark ist Cazorla. Er hat rund 8000 Einwohner und liegt knapp 100 Kilometer von der Hauptstadt Jaén entfernt. Cazorla wurde an einem Hang erbaut, es besitzt einen gut erhaltenen Ortskern und eine Burg römischen Ursprungs. 1972 wurde die Stadt zum kunsthistorischen Denkmal erklärt. Im Castillo de la Yedra, das römischen Ursprungs ist, aber von den Mauren wieder aufgebaut wurde, ist heute das Kunst- und Heimatmuseum untergebracht, das *Museo de Artes y Costumbres Populares*. Weitere Sehenswürdigkeiten sind die Ruine der Kirche Santa Maria auf der Plaza, der sie ihren Namen gab. Hier findet sich auch der Brunnen *Fuente de las Cadenas* aus der Renaissance und in der Nähe das Haus der sieben Brunnen, die *Casa de las Siete Fuentes*, die Ruine eines römischen Brunnenhauses, eines Nymphäums.

Infos und Adressen

INFORMATION

Oficina des Turismo de Cazorla. Paseo del Santo Christo, 17, bajo, 23470 Cazorla, Tel. 953 720 102, E-Mail info@ayunta.com, www.cazorla.es

Oficina de Información del Parque Natural Sierras de Cazorla, Segura y las Villas. Calle Martínez Falero, 11, 23470 Cazorla, Tel. 953 720 125

Punto de Información Turística. Im Sommer, an Wochenenden, Brückentagen, in der Osterwoche und an Weihnachten geöffnet. Ayuntamiento, San Vicente, s/n, 23379 Segura de la Sierra, Tel. 953 480 280

ÜBERNACHTEN

Hotel SPA Sierra de Cazorla. Gepflegtes Biohotel mit schöner SPA-Anlage, mit Sauna, Jacuzzi, Innen- und Außenpool sowie Massagen mit Olivenöl aus der Region. Alle Zimmer sind nach außen gerichtet, mit eigenem Balkon oder Terrasse. Großartiger Blick ins Tal und auf die Felsenlandschaft. Ab circa 100 Euro. Carretera de la Sierra, s/n, 23476 La Iruela, Tel. 953 720 015, Fax 953 720 017, E-Mail info@hotelsierradecazorla.com, www.hotelsierradecazorla.com

Sehr gepflegt und einladend – das Hotel Hacienda Laguna

Blick über die Sierra de Cazorla in der Provinz Jaén

Mitte: Das Rathaus »Palacio de las Cardenas« in Úbeda
Unten: Kunsthandwerk und Souvenirs auf der Plaza Padre Antonio in Úbeda

22 Úbeda

Schatztruhe der Renaissance

Die Unesco erklärte Úbeda 2003 zum Weltkulturerbe, ebenso wie das knapp zehn Kilometer entfernte Baeza. Úbeda – besitzt einen in sich geschlossenen Renaissance-Stadtkern mit unzähligen prächtigen Palästen, die sich in der Regel harmonisch um nicht minder sehenswerte Plätze gruppieren. Die Stadt birgt einen schier unermesslichen Reichtum an Architektur aus dem 16. und 17. Jahrhundert.

Erste Siedlungsbelege, die man auf dem heutigen Stadtgebiet fand, stammen aus der Kupfer- und Bronzezeit. Úbeda wurde von den Iberern gegründet und entwickelte sich unter römischer Herrschaft zu einem bedeutenden Wirtschafts- und Verwaltungszentrum. Grund dafür war seine Lage an der Hauptschlagader des römischen Handels, der Straße zwischen den Pyrenäen und Cádiz. Die Blütezeit endete im 2. Jahrhundert, von der einst mächtigen Gemeinde blieb nur eine kleine Siedlung übrig. Die Gemeinde wurde in maurischer Zeit zur befestigten Stadt ausgebaut, denn sie hatte wichtige strategische Bedeutung. Damals war Úbeda unter dem Namen »Ubbadat al-Arab« bekannt. 1234 wurde die Stadt von den Christen zurückerobert und war mehrere Jahrhunderte lang Grenzstadt zwischen den Königreichen Kastilien und Granada. Ihre Renaissancepaläste stammen hauptsächlich aus dem 16. und 17. Jahrhundert, als die Stadt durch den Handel einen gewissen Reichtum erlangt hatte. Bereits im Jahr 1955 wurde Úbeda zur Kunsthistorischen Stadt erklärt und 1975 folgte die Ernennung zur »Musterstadt der Renaissance« durch den Europarat. Heute hat die Stadt rund 36 000 Einwohner.

Die Kirche Santa María de los Alcázares aus dem 13. Jahrhundert

Sehenswertes

Die Stadt ist fast viereckig und von einer Mauer umgeben. Der bedeutendste Platz ist die Plaza de Vázquez de Molina in der Altstadt. Sie wird von einigen sehr schönen Renaissancebauten umrahmt. Die Paläste *Palacio de las Cadenas*, das heutige Rathaus, und der *Palacio del Marqués de Macera*, sowie der ehemalige Getreidespeicher, die *Casa del Regidor* und die *Casa des Deán Ortega*, in dem das bischöfliche Gefängnis untergebracht war und sich heute der Parador befindet, sind die profanen Bauten am Platz. Hinzu kommen die Kirche *Santa Maria de los Reales Alcázares* mit einem schönen gotischen Kreuzgang und kunstvoll gestalteten Gittern im Inneren sowie die *Sacra Capilla del Salvador*, eine der schönsten Renaissancekirchen des Landes. Bekannt ist ihre westliche Fassade mit dem runden Eckturm. Innen findet man eine wunderschöne Kuppel und den hölzernen Altar. Rings um den Platz verlaufen Straßen und Gassen, die weitere sehenswerte Gebäude bergen. Rechts der Capilla del Salvador beginnt die Calle Baja del Salvador, die zum *Hospital de los Honrados Viejos del Salvador* führt, wo es einen Aussichtspunkt mit schönem Bergpanorama gibt. Das Hospital de Santiago wurde von Andrés de Vandelvira im späten 16 Jahrhundert geplant.

AUTORENTIPP!

ARCHÄOLOGISCHES MUSEUM

Das Museum stellt Funde aus iberischer und römischer Zeit aus, die auf dem Gemeindegebiet von Úbeda gefunden wurden. Besonders sehenswert ist aber auch das Gebäude selbst, denn es handelt sich um ein Haus im Mudéjar-Stil aus dem 14. Jahrhundert. In Úbeda ist es bekannt als Casa Mudéjar. Das Museum ist ganzjährig geöffnet. Mi–Sa durchgehend 9–20.30 Uhr, dienstags 14.30–20.30 und an Sonntagen 9–14.30 Uhr. Der Eintritt ist für Bürger aus der EU frei. Alle anderen Besucher zahlen 1,50 Euro.
Calle Cervantes 6, Casa Mudéjar, 23400 Úbeda.

Keramik gibt es bei Tito im Ayuntamento 12 in Úbeda.

Oben: Die Plaza Vasquez de Molina in Úbeda
Unten: Blick auf den Altarbereich der Kirche Sacra Capilla del Salvador

Ebenfalls von der Plaza de Vázquez de Molina aus erreicht man über die Calle Afán de Rivera die Plaza de San Lorenzo mit dem Palast *Casa de las Torres.* Es ist eines der ältesten Herrschaftshäuser in Úbeda und besitzt einen schönen Patio. Von der Plaza de Vázquez de Molina gelangt man über die Calle de Ju und die Calle de Servantes zur Plaza del Primero de Mayo. Hier steht die Kirche *San Pablo* aus dem 14. Jahrhundert. Sie vereint Elemente aus Romanik, Gotik und Renaissance. Die Kapelle *Las Mercedes* ist im Isabellinischen Stil gehalten, mit seinen dichten, kleinformatigen Verzierungen der Flächen. Fast gegenüber steht das alte Rathaus *Conservatorio María de Molina* mit einer Sonnenuhr aus dem 16. Jahrhundert. Und in der Fußgängerzone Calle Real gibt es den *Torre del Palacio de los Condes de Guadiana* zu sehen.

Plätze

Die Plaza Primero Mayo ist auch Kommunikationszentrum der Stadt. Hier findet man Cafés und Bars sowie ein hübsches Plätzchen in der Sonne umgeben von Palästen. Ansonsten ist Úbeda ruhig. Weitere sehenswerte Plätze mit Gebäuden aus der Renaissance sind die Plaza San Pedro, die Plaza San Lorenzo und die Plaza Marqués.

Infos und Adressen

Die Iglesia de San Pablo prägt die Plaza del 1 de Mayo.

INFORMATION

Oficina de Turismo. Calle Baja del Marqués, s/n, 23400 Úbeda, Tel. 953 750 897, www.ubeda.es

ESSEN UND TRINKEN

Taperia/Restaurant San Pedro. Tapas und regionale Küche in familienfreundlicher Umgebung. Reservierung empfohlen. Plaza de San Pedro, 23400 Úbeda, Tel. 953 750 910

Bar/Restaurant Zeitúm. Ein sogenanntes Themenrestaurant über Olivenöl. In der Bar kann man entspannen und Tapas genießen, während das edle Restaurant eine moderne Küche mit besten Olivenölen aus der Region offeriert. Vor allem in den Sommermonaten sollte man nicht vergessen zu reservieren. Calle San Juan de la Cruz, 10, 23400 Úbeda, Tel. 953 755 800, Email info@zeitum.com, www.zeitum.com

ÜBERNACHTEN

Parador de Úbeda. Mitten in der Altstadt in einem Renaissancepalast aus dem 16. Jahrhundert untergebracht. Sehr individuelle Zimmer ab circa 220 Euro pro Doppelzimmer. Plaza de Vázquez Molina, s/n, 23400 Úbeda, Tel. 953 750 345, Fax 953 751 259,E-Mail: ubeda@parador.es, www.paradores.de

Hotel Maria de Molina. Ebenfalls in einem renovierten Palast aus dem 16. Jahrhundert und mitten im Herzen des antiken Úbeda gelegen. Doppelzimmer kosten ab circa 75 Euro pro Nacht und sind gut ausgestattet. Das Haus erlaubt auf Anfrage das Mitführen von Haustieren. Plaza Ayuntamiento, s/n, 23400 Úbeda, Tel. 953 795 356, Fax 953 793 694, E-Mail info@hotelmariademolina.es, www.hotel-maria-de-molina.com

MUSEUM

Museo Arqueologico de Úbeda. Calle Cervantes, 6, Casa Mudéjar, 23400 Úbeda, Tel. 953 779 432, Fax 953 779 437, www.juntadeandalucia.es/cultura/museos/MAUB/

Im Palacio del Dean Ortega ist der Parador Nacional de Úbeda untergebracht.

Mitte: Glockenturm der Kathedrale von Baeza aus dem Jahr 1570
Unten: Der Löwenbrunnen auf der Plaza del Populo stammt noch aus römischer Zeit.

23 Baeza

Eine Stadt wie ein Museum

Auch Baeza schmückt sich seit 2003 mit dem Titel Weltkulturerbe der Unesco. In dem Städtchen mit seinem nahezu unberührten Renaissancekern scheint die Zeit stehen geblieben zu sein. Eine Zeit, die als das Goldene Zeitalter Spaniens galt, als der Reichtum aus Amerika die Städte auf der Iberischen Halbinsel erreichte und die Architektur von Baeza und Úbeda zum Vorbild für die Renaissance in ganz Spanien wurde.

Die Siedlungsgeschichte der Region geht bis in die Bronze- und Kupferzeit zurück. Auf dem heutigen Gemeindegebiet wurden Reste einer befestigten iberischen Siedlung aus dem 4. Jh. v. Chr. gefunden. Während der Römerzeit entwickelte sich die Stadt zu einem Verwaltungs- und Handelszentrum, denn sie lag an der wichtigsten römischen Handelsstraße und besaß sogar die Erlaubnis, Münzen zu prägen. In jener Zeit hieß der Ort *Beatia*, das bedeutet »die Glückliche«. Nach dem Abzug der Römer fiel Baeza unter westgotische Herrschaft und wurde zum Bischofssitz und im 12. Jahrhundert von den Almohaden befestigt. Wegen seiner Lage auf einer kleinen Anhöhe war Baeza nach der Rückeroberung durch die Christen 1227 eine wichtige Festungsstadt an der Grenze zum Königreich Granada. Damals nannte man es auch *Nido Real de Gavilanes*, was in etwa »königlicher Sperberhorst« bedeutet. Während des 15. und 16. Jahrhunderts verzeichnete die Stadt dank der Entwicklung der Landwirtschaft, des Handels und der Industrie einen bedeutenden Bevölkerungszuwachs. Ebenso wie in Úbeda stammen die meisten der erhaltenen Paläste und Kirchen aus dieser Zeit. Die Bedeutung der Stadt zeigt sich

Altes Stadttor an der Plaza del Populo, die auch Plaza de los Leones genannt wird.

auch daran, dass sie 1542 zur Universitätsstadt wurde. Heute hat Baeza knapp 16 500 Einwohner und ist eine ruhige Kleinstadt, die oft als »Juwel der Renaissance« bezeichnet wird. Der Ort liegt an der andalusischen Renaissanceroute sowie an der Nasriden-Route inmitten von Olivenhainen und eignet sich sehr gut, um von hier aus die Region zu erkunden.

Baeza – die Dame

Die Bezeichnung von Úbeda und Baeza als »Schwesterstädte« geht auf den Dichter Antonio Machado zurück, der Úbeda als »Königin und Zigeunerin« und Baeza als »die Arme und Dame« bezeichnete. Schon immer wetteiferten die beiden Städte miteinander, was die Schönheit ihrer Sehenswürdigkeiten und die künstlerische Vielfalt ihrer Architektur angeht. Auch Baeza erhielt vom Europarat 1975 anlässlich des Internationalen Jahrs der Denkmalpflege das Prädikat »Musterstadt der Renaissance«.

Sehenswertes

Die wichtigsten Sehenswürdigkeiten liegen im Altstadtbereich, der von einer Mauer umgeben ist.

AUTORENTIPP!

OLIVENMUSEUM

Das Museo del Olivo befindet sich, umgeben von hundertjährigen Olivenhainen, auf der alten Hacienda La Laguna aus dem 17. Jahrhundert. Das Museum erreicht man über die A-316 (Baeza – Jaén), nahe Baeza. Die Geschichte der Olive, ihre Kultivierung, Verbreitung und Verarbeitung sind Themen des Museums. Zur Verdeutlichung werden Modelle verschiedener Ölmühlen vorgestellt, und im Außenbereich lernt man verschiedene Arten von Olivenbäumen kennen. Die Führungen werden in spanischer Sprache abgehalten, für einen Aufschlag können Reisegruppen aber einen Rundgang in Deutsch buchen. Auf Wunsch kann eine nahegelegene Ölmühle besucht werden, inklusive Olivenölverkostung. Die Öffnungszeiten des Museums sind im Herbst und Winter 10.30–13.30 Uhr und 16.00–18.30 Uhr. Im Frühling und Sommer 10.30–13.30 und 16.30–19.00 Uhr. Der Eintrittspreis für Erwachsene beträgt 3,60 Euro, Kinder zahlen die Hälfte. Auf dem Gelände gibt es auch ein Hotel. Adresse siehe Infobox auf S. 133.

Skulptur »Lesender Mann« auf der Bank

Oben: Im Innern der Kathedrale von Baeza
Unten: Alte Schriften aus dem Olivenmuseum, in denen man nachlesen kann, wie früher Olivenöl produziert wurde – vorausgesetzt man versteht etwas ...

Im südlichen Teil findet sich die Kathedrale aus dem Jahr 1570 an der Plaza de Santa María. Sie besitzt einen gotischen Turm sowie in ihrem Innern einen wunderschönen Hochaltar und drei Kapellen im Mudéjar-Stil. Einer der schönsten Paläste ist der *Palacio de Jabalquinto* im Stil der Gotik. Hier ist die Universität untergebracht. Auch an der Plaza del Populo finden sich einige interessante Gebäude. In der Mitte des Platzes steht die *Fuente de los Leones*, der Löwenbrunnen, aus römischer Zeit. Durch ihn erhielt der Platz auch den Namen *Plaza de los Leones*. Eines der schönsten Gebäude ist die *Antigua Carnicería*, das Alte Schlachthaus, aus dem 16. Jahrhundert. Die Fassade des Renaissancebaus trägt das Wappen Karls V. Der Palast *Casa del Pópulo* aus dem frühen 16. Jahrhundert besticht durch seine fein gearbeitete Fassade. Heute befindet sich hier das Touristenbüro. In nordöstlicher Richtung treffen wir auf die Pasaje Cardenal Benavides mit dem Rathaus. Es wurde Ende des 16. Jahrhunderts erbaut und ursprünglich als Gerichtshof und Gefängnis genutzt. Seine Fassade wird von reich verzierten Fenstern und Balkonen geprägt und durch fein gearbeitete Wappen ergänzt. Weitere Renaissancebauten finden sich in der Calle San Francisco und der Calle San Pablo.

Der Palacio de Jabalquinto in Baeza

Infos und Adressen

INFORMATION

Oficina de Turismo. Plaza del Pópulo, s/n, 23440 Baeza, Tel. 953 740 444, E-Mail baezaturismo.es, www.baeza.es

Pópulo Servicios Turísticos. Privater Veranstalter mit interessantem Angebot. Plaza del Populo, 1, 23440 Baeza, Tel. 953 744 370, www.populo.es

ESSEN UND TRINKEN

El Estudiante. Tapas-Bar mit kleinen Gerichten zu moderaten Preisen zwischen 7 und 12 Euro. Auch zum Mitnehmen. Calle Ronde de Romanones, 1, 23440 Baeza

Restaurante Juanito. Familiengeführtes Restaurant mit Hotel. Traditionelle Küche, in der sehr viel Wert auf bestes Olivenöl gelegt wird. Gut bestückter Weinkeller. Puche Pardo, 57, 23440 Baeza, Tel. 953 740 040, Fax 953 742 324, www.juanitobaeza.com

ÜBERNACHTEN

Hotel Campos de Baeza. Ein wenig außerhalb des Stadtkerns gelegen, bietet das Hotel gut ausgestattete Zimmer, Pool, Sauna, Restaurant und im Sommer eine wunderschöne Terrasse. Doppelzimmer kosten ab circa 60 Euro pro Nacht. Puerta de Córdoba, 57, 23440 Baeza, Tel. 953 747 311, E-Mail reservas@hotelcamposdebaeza.com, www.hotelcamposdebaeza.com

Die Antigua Carnicería, das alte Schlachthaus, auf der Plaza del Populo

Hotel Puerto de la Luna. Das Hotel ist in einem Palast aus dem 16. Jahrhundert untergebracht, direkt bei der Kathedrale. Gut ausgestattete Zimmer, Pool, Cafeteria, Restaurant und ein kleines Spa gehören zum Angebot. Doppelzimmer ab circa 75 Euro. Calle del Canónigo Melgarés Raya, 23440 Baeza, Tel. 953 747 019, www.hotelpuertadelaluna.com

MUSEUM

Museo de la Cultura del Olivo. Puente del Obispo, 23529 Baeza, Tel. 953 765 142, Fax 953 744 370, Email info@museodelaculturadelolivo.com, www.museodelaculturadelolivo.com

Fisch ist eine Spezialität der Region – immer frisch erhältlich im Mercado Central.

24 Córdoba

Geschichte zum Anfassen

Bereits in römischer Zeit war »Corduba« die Hauptstadt Südspaniens. Zerstört durch die Vandalen, versank die Stadt in die Bedeutungslosigkeit, bis sie 711 von den Mauren erobert wurde. Wieder wurde sie Hauptstadt und entwickelte sich zu einer der größten Metropolen der bekannten Welt. Sie wurde ein Zentrum von Wissenschaft, Kunst und Kultur. Seit 1984 gehört Córdobas Altstadt zum Unesco-Weltkulturerbe.

Córdoba ist Hauptstadt der gleichnamigen Provinz und mit ca. 329 000 Einwohnern die drittgrößte Stadt in Andalusien. Über 500 Jahre lang war sie eine der Hauptstädte in Al-Andaluz. Muslime, Christen und Juden konnten ungehindert ihre Religion ausüben und ihre Gotteshäuser besuchen. Die Mezquita, die Iglesia de Santa Marina und die Synagoge stammen aus dieser Zeit.

Während der Wiedereroberung durch die Christen wurden die religiösen Gebäude der Andersgläubi-

Mitte: Die Brücke Puente Romano mit der Mezquita im Hintergrund
Unten: Beliebter Treffpunkt: die Plaza de la Corredera in Córdoba

MAL EHRLICH

BAUCH FREI

Auch in Spanien hat sich die Kleidung längst an den europäischen Standard angepasst. Die schwarz gewandeten Alten gehören der Vergangenheit an. An spärlich bekleideten Urlaubern stört sich kaum noch jemand. Ob man in diesem Outfit jedoch eine Kirche, Moschee oder Synagoge besuchen muss, bleibt dahingestellt. Immerhin trifft man hier Menschen bei ihrer religiösen Andacht. T-Shirt und Rock im Rucksack machen wenig Mühe und halten Ärger fern.

gen oft anderen Nutzungsarten zugeführt und umgebaut. Die Mezquita weihte man direkt nach der Eroberung zur christlichen Kirche. Trotzdem herrschte in der Anfangszeit der Reconquista eine gewisse Toleranz und Akzeptanz, sodass die Juden im Jahr 1315 in Córdoba unbehelligt eine Synagoge erbauen konnten. Sie übernahmen in dieser Zeit eine Vermittlerrolle zwischen Christen und Moslems. Die Juden lehrten die arabische Sprache und gaben Erkenntnisse aus Medizin, Technik und Landwirtschaft weiter.

Mit dem Fortschreiten der Wiedereroberung jedoch verlor sich jede Toleranz. Ein Ende fand diese recht friedliche Zeit im Jahr 1391, als es zu einem von Dominikanern ausgelösten Pogrom gegen die Juden kam. Die Vertreibung begann. Einen weiteren Tiefschlag erlitt Córdoba im spanischen Unabhängigkeitskrieg, als es am 8. Juni 1808 von französischen Truppen eingenommen, geplündert und zum Teil zerstört wurde.

Die Altstadt

Das historische Stadtzentrum mit der *Juderia*, dem Judenviertel, ist noch immer ein Ort mit orientalischem Flair und den meisten Sehenswürdigkeiten der Stadt. Hier ist man zwar niemals allein, denn Córdoba ist, neben der Alhambra in Granada, der touristische Glanzpunkt Spaniens, doch bei einem Streifzug durch die engen Gassen und blumengeschmückten Plätze kann man sich vom Trubel erholen. Eine Vielzahl an Bars und Restaurants laden zur Einkehr ein und wer noch ein Mitbringsel für zu Hause sucht, wird dort sicher fündig. Der *Zoco Municipal* (Arabischer Markt) in der *Calle Judíos* (Judengasse) B ist eine Ansammlung von kunsthandwerklichen Werkstätten, die sich um einige typische Innenhöfe gruppieren. Hier gibt es Lederwaren, Silberschmuck, Malereien und Kera-

AUTORENTIPP!

KLUGE KÖPFE

Besonders für Literaturbegeisterte lohnt sich ein Spaziergang hinter dem Alcazar. Gleich rechts an der alten Stadtmauer entlang, stößt man auf Ibn Rushid (Averroes), einen der berühmten Söhne der Stadt. 1126 in Córdoba geboren, studierte er Recht und Medizin. Er wurde zum Richter (Kadi) in Sevilla und Córdoba berufen, übersetzte *De Anima* von Aristoteles und schrieb Interpretationen und Kommentare über dessen Werk. Ein wenig weiter treffen wir auf die Bronzeplastik von Seneca, der etwa im 4. Jahrhundert in Córdoba geboren wurde. Der Philosoph zählt zu den bedeutendsten Schriftstellern seiner Zeit. Er wurde der Lehrer des Prinzen Nero und hatte zeitweilig große Macht in Rom. Weiter durch die Puerta Madinat Alzahra und nach rechts, treffen wir Moshe Ben Maimon (Maimonidis), das Vorbild für Lessings *Nathan der Weise*. Maimonidis wurde um 1135 in Córdoba geboren, er gilt als bedeutender Gelehrter des Mittelalters und als einer der bedeutendsten jüdischen Gelehrten aller Zeiten.

Großer Sohn der Stadt: der Gelehrte und Richter Averroes

AUTORENTIPP!

DIE INNENHÖFE VON CÓRDOBA

Wenn man nicht gerade zum *Concurso de Patios Córdobeses* im Mai in Córdoba sein kann, ist ein Blick hinter die hohen Mauern der privaten Häuser in die Patios schwierig. Denn die Höfe gehören zum Wohnbereich der Eigentümer, und die wollen nicht ständig fremde Menschen in ihrem Haus vorfinden. Schade für den Besucher ist es aber allemal. Doch es gibt eine Alternative zu den Privathäusern: besuchen Sie doch einfach öffentliche Gebäude wie Hotels, Museen und Verwaltungsgebäude, denn diese sind, so fern sie in der Altstadt liegen, meist mit ebenso schönen Höfen ausgestattet. Und hier werden Besucher meist nicht nur einfach hingenommen, sondern man freut sich über das Interesse am Bauwerk. Restaurants, Hotels und Hostels haben häufig sogar das Wort »Patio« im Namen und viele liegen in der Altstadt.

Im Zoco von Córdoba findet man Kunst und Kunsthandwerk.

mik. Der *Zoco* wurde im Jahr 1954 vom damaligen Bürgermeister der Stadt gegründet, um den Kunsthandwerkern und Künstlern eine Möglichkeit zu offerieren, ihre Produkte und Kunstgegenstände ohne Zwischenhändler anbieten zu können. Ein Konzept, das sich bis heute bewährt hat.

Straßen und Plätze

Einige der sehenswertesten Straßen und Plätze, die nicht durch den Rundgang abgedeckt werden, sind trotzdem wahre Kleinode des öffentlichen Lebens, die aus historischen Gründen oder weil sie besonders schön und beliebt sind, einen Besuch lohnen.

Die *Plaza Jerónimo Páez* liegt dort, wo einst das drittgrößte Amphitheater des römischen Imperiums stand. Auf dem Platz sind verschiedene Funde ausgestellt, unter anderem Fragmente antiker Säulen. Die Mehrzahl der Ausgrabungen sind im Archäologischen Museum zu sehen, das ebenfalls an der Plaza Jerónimo Páez liegt.

Die *Cuesta del Bailio*, Abhang des *Bailio*, war früher die Verbindung zwischen den beiden Stadtteilen *Medina*, die Oberstadt innerhalb der Stadtmauer, und *Axerquía*, die Unterstadt, denn die

Rundgang Córdoba

A Puerta de Almodóvar – eines der Stadttore von Córdoba. Ganz in ihrer Nähe ist noch ein kleines Stück der alten Stadtmauer zu sehen.

B Calle de los Judíos – In der schmalen Judengasse befindet sich auch das Denkmal des Philosophen Maimonides.

C Sinagoge – Die einzige Synagoge auf spanischem Boden, die während der Wiedereroberung durch die Christen nicht zerstört wurde.

D Palast der Katholischen Könige – Hier gibt es uralte Sarkophage zu sehen, und auch der Garten lohnt unbedingt einen Besuch.

E Arco del Triunfo – Triumphbogen.

F Puente Romano – Römische Brücke über den Gualquivir. Am anderen Ende steht der **Torre de la Calahorra** mit dem Museum **Vivo de Al-Andalus**, das über das Leben im maurischen Andalusien informiert.

G Calleja de las Flores – Blumengasse. Aus einem typisch cordobesischen Patio bietet sich ein wunderbarer Blick zum Turm der Mezquita.

H Posada del Potro – Hier verkehrte der spanische Schriftsteller Cervantes. Das Gasthaus kommt auch in seinem weltberühmten Roman *Don Quijote* vor.

I Museum der Schönen Künste – ebenfalls an der Plaza del Potro, Platz des Fohlens, die ihren Namen einer kleinen Figur auf dem Brunnen verdankt.

J Museum Julio Romero de Torres – Außerhalb Córdobas gibt es kaum Werke des Malers zu sehen, darum bietet dieses Museum eine gute Gelegenheit, seine Bilder kennenzulernen.

K Mezquita – Die letzte Station unseres Rundgangs ist das Wahrzeichen von Córdoba und eines der berühmtesten Bauwerke der Welt.

Oben: Im Garten des alten Alcázar; im Hintergrund der Torre de los Leones
Mitte: Eine Statue von Maimonides, dem großen jüdischen Gelehrten
Unten: Alte Mühle am Rio Guadalquivir in Córdoba

Stadtmauer hatte an dieser Stelle eine Pforte. Bis 1711 befand sich hier der *Arco de Corbacho*. Heute ist die Cuesta del Bailio ein Veranstaltungsort, an dem verschiedene Feste gefeiert werden. Im Mai beispielsweise, zum Festival der Maikreuze, wird hier ein blumengeschmücktes Kreuz aufgestellt.

Die Plaza de las Tendillas gilt als Zentrum Córdobas. Hier finden die wichtigsten Zusammenkünfte statt, darunter Kundgebungen, Reden, sportliche Ehrungen und Gedenkfeiern. Der Platz ist beliebt als Treffpunkt, denn rundherum gibt es viele Bars und Restaurants. Einige Brunnen in der Mitte sorgen im Sommer für ein angenehmes Klima. Seinen Namen erhielt die Plaza de las Tendillas von den kleinen Geschäften (*Tiendas*), die es früher hier gab.

Die Calleja del Pañuelo, direkt neben der Mezquita, gehört zu den engsten Gassen Spaniens. Sie ist so schmal, dass zwischen zwei Personen, die sich gegenüberstehen, lediglich ein Taschentuch Platz findet. Daher auch der Name Taschentuchgässchen.

Die Plaza de la Corredera war in römischer Zeit der Eingang zum Amphitheater. Der rechteckige Platz ist nach dem Vorbild einer kastilischen *Plaza Mayor* gebaut und der einzige seiner Art in Andalusien. Unter den Bogengängen gibt es zahlreiche Cafés, Bars, Restaurants und Geschäfte, sodass die Plaza gerne als Treffpunkt von jung und alt genutzt wird.

Sehenswürdigkeiten

Die Sinagoge aus dem 14. Jahrhundert ist eine Kostbarkeit, denn in ganz Spanien existieren heute nur noch drei ihrer Art. Man gelangt über ei-

Der Turm der Mezquita

nen Innenhof zum Eingangsportal, das mit reichlich Stuck im Mudéjar-Stil verziert ist. In späteren Zeiten, unter christlicher Herrschaft, diente die Synagoge als Hospital, im Jahr 1588 kam sie in den Besitz der Schuhmachergilde von Córdoba, die das Gebäude ihrem Schutzheiligen weihte. Noch heute findet sich ein Kreuz an der Fassade, zur Erinnerung an die christlichen Nutzung der Synagoge, die seit 1885 unter Denkmalschutz steht.

Der Palast der Katholischen Könige D wurde im 14. Jahrhundert auf dem Grundriss eines maurischen Palasts errichtet. In seinen Mauern entschied sich ein Großteil der Geschichte Córdobas: Während der maurischen Zeit hieß das Gebäude *Palacio Califal*, danach residierte hier Ferdinand III. und schließlich wurde es Hauptsitz der Katholischen Könige, die von hier aus die Rückeroberung des Königreiches Granada organisierten. Später diente der Palast als Gerichtsgebäude der Inquisition und wurde nach deren Abschaffung

AUTORENTIPP!

FREIER EINTRITT

Wer in Córdoba unterwegs ist und alle Sehenswürdigkeiten besuchen möchte, der muss schon ordentlich tief in die Tasche greifen. Natürlich kommt das Geld auch den Denkmälern zugute, doch wer auf seine Reisekasse achten muss, kann bei vielen Stationen viel Eintrittsgeld sparen. In der Synagoge und einigen Museen beispielsweise zahlen EU-Bürger entweder gar nichts oder nur einen kleinen Obolus. Unbedingt an den Personalausweis denken. Ebenso gilt das für Reisende über 65 und Studenten unter 26, sie haben praktisch überall ermäßigten oder freien Eintritt. Mittwochs kann man die Gärten des Alcázar de los Reyes Cristianos gratis besuchen und für Frühaufsteher gilt freier Eintritt in die Mezquita während der Gottesdienste, Montag bis Samstag 9.00 bis 10.00 Uhr und Sonntag 9.00 bis 11.00 Uhr. Man muss allerdings bis zum Ende der Messe bleiben.

Das Stadttor Puerta de Almodovar

durch die Cortes de Cadiz 1812 zum Gefängnis umfunktioniert. Schließlich wurde der Palast bis 1955 vom Militär genutzt und fiel danach an die Stadtverwaltung von Córdoba.

Die *Puente Romano* F, die alte Römischen Brücke, spannt sich in 16 Bögen über den Fluss. In der Mitte steht ein Denkmal für San Rafael, den Schutzpatron der Stadt. Die Puente Romano wurde wahrscheinlich bereits unter Kaiser Augustus errichtet. Dass man sie überqueren muss, um zum *Museum Vivo de Al-Andalus* im Torre de la Calahorra zu gelangen, hat seine Bewandtnis. Es symbolisiert das Überqueren der Zeitspanne, die zwischen dem Heute und dem Leben in Al-Andalus liegt.

Das Gasthaus *Posada del Potro* H stammt aus dem 15. Jahrhundert und hat die Zeit weitgehend unverändert überstanden. Typisch ist die Anordnung sämtlicher Räume um einen zentralen Innenhof. Heute ist hier ein Kulturzentrum mit Ausstellungsräumen untergebracht.

Feste feiern

Grundsätzlich fängt die Festsaison mit der *semana santa*, der Osterwoche, an. Auch in Córdoba gibt es dann verschiedene Osterprozessionen. Im Mai folgt die *Feria de Mayo*, ein Volksfest, danach geht es mit der *Cruces* weiter, einem Wettstreit zwischen den Stadtteilen um die schönsten Blumenkreuze, und ebenfalls im Mai öffnen sich die privaten Innenhöfe zum *Concurso de Patios Córdobeses*, einem Wettbewerb, bei dem der schönste Patio gesucht wird. Natürlich gibt es in und um Córdoba noch zahlreiche weitere Feste, die sich über das ganze Jahr erstrecken. Auf der Website **www.cordoba.fiestas.net** kann man sich über aktuelle Veranstaltungen informieren.

Oben: Im beliebten Café La Gloria
Mitte: Viele Jugendliche treffen sich in einer Bar, um sich die vielen Neuigkeiten des Tages zu erzählen.
Unten: Beliebte Show – Flamencotanz mit Pferd und Reiter

Infos und Adressen

INFORMATION

Es gibt drei Touristeninformationen in Córdoba. Die Öffnungszeiten sind jeweils Mo–So 9–14 Uhr und 17–20 Uhr. Plaza de las Tendillas, abends 17.30–20 Uhr.

Plaza de las Tendillas (ohne Hausnummer), 14002 Córdoba, Tel. 902 201 774

Am Bahnhof, Ankunftshalle, 14011 Córdoba, Tel. 902 201 774

Am Alcázar de los Reyes Cristianos, Calle Campo Santo de los Márires (ohne Hausnummer), 14004 Córdoba, Tel. 902 201 774

VERKEHRSNETZ

Córdoba ist mit dem Zug gut zu erreichen, denn es liegt an der spanischen Hochgeschwindigkeitsstrecke Madrid–Sevilla. Es liegt an der Autobahn A-4, der Autovia del Sur, und ist von allen Himmelsrichtungen aus angebunden. Córdoba besitzt auch einen kleinen Flughafen, der aber bislang nur wenige Innlandsflüge abwickelt. Ein Ausbau ist geplant. In der Stadt gibt es gute Fahrradwege und ein neues Straßenbahnnetz. Auf das Auto sollte man in der City besser verzichten.

WEITERE SEHENSWÜRDIGKEITEN

Archäologisches Museum. Öffnungszeiten: Di 14.30–20.30 Uhr, Mi–Sa durchgehend 9–20.30 Uhr, So 9–14.30, Mo Ruhetage, EU-Bürger: Eintritt frei, Plaza Jerónimo Páez, 7, 14003 Córdoba, Tel. 957 355 517 und 957 355 525, www.juntadeandalucia.es/cultura/museos

Palacio Museo de Viana. Der Palast aus dem 14. Jahrhundert hat zwölf unterschiedliche Innenhöfe und einige sehenswerte Räume. Es werden Mosaiken, Kacheln, Feuerwaffen und Malereien ausgestellt.

Heimatkundemuseen. Rejas de Don Gome, 2, 14003 Córdoba, Tel. 957 480 134

Kinderspielplatz Ciudad de los Niños. Die »Stadt der Kinder« ist ein großer städtischer Spielplatz, auf dem Kinder gefahrlos spielen können, denn das Gelände ist komplett umzäunt. Bis zu 7000 Besucher finden Platz in dem Naherholungsgebiet ganz in der Nähe des Botanischen Gartens und des städtischen Zoos. Der Spielplatz ist tägl. außer montags ab 10 Uhr geöffnet.

Botanischer Garten. Durch seine Nähe zum Fluss und wegen des großen Baumbestands herrscht hier ein erfrischendes Klima. Auf einer Fläche von 55 000 Quadratmetern gibt es acht verschiedene Themenschwerpunkte, darunter ein Rosengarten, Bäume, ein Geruchsgarten und eine botanische Schule. Im Botanischen Garten von Córdoba gibt es das einzige ethnobotanische Museum in Spanien. Es beschäftigt sich mit den Beziehungen des Menschen zu den Pflanzen. Der Garten ist Dienstag bis Sonntag geöffnet, Mo Ruhetag. Die Öffnungszeiten richten sich nach den Jahreszeiten. Avenida de Linneo (ohne Hausnummer), 14004 Córdoba, Tel. 957 200 077, www.jardinbotanicodecordoba.com/

Zoologischer Garten. Im Zoo von Córdoba werden vor allem einheimische Tierarten präsentiert. Öffnungszeiten Di–So ab 10 Uhr, Mo Ruhetag, im Juli und August ist der Zoo nur vormittags, 9–14 Uhr geöffnet. Avenida de Linneo (ohne Hausnummer), 14071 Córdoba, Tel. 957 200 807, www.zoo.cordoba.es

Restaurant des Hotels Patios de Córdoba

Mitte: Ein Brunnen im Garten des alten Alcázar
Unten: Im Inneren der Mezquita

25 Córdoba
Die Mezquita

Unter den zwölf größten Kulturschätzen Spaniens steht sie an erster Stelle. Ihre wechselvolle Geschichte umfasst eine Zeitspanne von mehr als 1000 Jahren. Von ihren Eroberern wurde sie gewürdigt und nie zerstört. Mit ihrer Grundfläche von rund 23 000 Quadratmetern ist die Mezquita von Córdoba so riesig, dass sie in ihrer Mitte eine christliche Kathedrale aufnehmen konnte, die im Mittelalter dort gebaut wurde.

Abd ar-Rahman I. begann im Jahr 785 mit dem Bau der Mezquita. Zwischen 833 und 852 wurde der Gebetssaal durch Abd ar-Rahman II. erweitert und war nun fast doppelt so groß. Ein weiterer Ausbau folgte unter Abd ar-Rahman III. (912–961), der den Hof der Moschee vergrößern ließ. Al-Hakim II. ließ 961 den Gebetssaal nochmals um mehr als die Hälfte erweitern, womit das Gebäude seine größte mögliche Ausdehnung nach Süden erreicht hatte. Der Guadelquivir verhinderte eine weitere Vergrößerung. Al-Mansur nahm im Jahr 987 den letzten Ausbau vor, indem er den

MAL EHRLICH

DIE GASSEN VON CÓRDOBA

Sehr oft trifft man auf Frauen, die ein Sträußchen Rosmarin (Romero) anbieten und dafür einen kleinen Obolus erwarten. Doch Vorsicht, gerade in Córdoba, wo es in den engen Gassen gerne einmal eng wird, hat sich die Masche eingeschlichen, den Angesprochenen mit dem Grünzeug abzulenken und blitzschnell die Taschen zu leeren. Verzichten Sie also lieber auf den Rosmarin, auch wenn er als Symbol der Liebe gilt.

Die Capilla del Sagrario in der Mezquita

riesigen Gebetssaal nach Osten hin fast verdoppelte und auch den Vorhof anpasste. Die Mezquita wurde dadurch breiter als lang. Nach der Rückeroberung Córdobas durch die Christen wurde im 16. Jahrhundert eine riesige Kathedrale in der Mitte des Gebetsaals erbaut.

Beten in der Moschee

Im maurischen Andalusien gab es in jeder Stadt mehrere Moscheen; eine große, zentral positioniert und mit dem Herrscherpalast eng verbunden, und um sie herum viele kleinere. Die Moschee (spanisch: *Mezquita*) stellte das religiöse Machtzentrum dar. Der Kalif war, als Nachfolger Mohammeds, das religiöse Oberhaupt der Gläubigen. Ein weltliches Recht gibt es im Islam nicht.

Gott ist nicht darstellbar und nicht personifiziert. Die einzige Art Gott zu erfahren, stellt die heilige Schrift, der Koran, dar. Darum gibt es in Moscheen auch keine Darstellungen in Bildform, sondern lediglich reiches Schmuckwerk und prunkvolle Verzierungen an den Wänden. Während in christlichen Kirchen der Blick der Gemeinde im-

AUTORENTIPP!

BAÑOS ÁRABES

Der *Hamam* liegt meist in der näheren Umgebung der Moschee, da die rituellen Waschungen in der islamischen Kultur eine wichtige Rolle spielen. Der Hamam ist ein öffentlicher Ort, der ganz selbstverständlich zum Gefüge einer Stadt gehört. Auch in Andalusien hatte sich die Nutzung der Badehäuser etabliert. Doch seit der Rückeroberung durch die Christen verlor sich diese Tradition völlig, denn wer großen Wert auf Körperhygiene legte, galt als andersgläubig. Inzwischen konnten einige der alten Badehäuser wiederaufgebaut und in Betrieb genommen werden. In Córdoba sind die Baños Árabes nur ein paar Gehminuten von der Mezquita entfernt. Zunächst gelangt man in den Empfangsbereich, dann in den Kaltwasserbereich, weiter zum Warmwasser und schließlich zur Massage. Anschließend lädt ein heißer Stein zur Entspannung ein. Darüber hinaus stehen zwei weitere Becken mit Heißwasser und ein Türkisches Bad zur Verfügung. Gebadet wird in Badekleidung. Hamams gibt es auch in Granada, Málaga, Madrid und Toledo. Weitere Infos in der Infobox auf S. 147.

Oben: Die Maksoera-Kuppel in der Mihrab, eine Gebetsnische in der Mezquita
Mitte: Eingangstor der Mezquita
Unten: Im Patio de los Naranjos, dem Vorhof der Mezquita

mer nach oben, zum Altar hin gelenkt wird, ist der muslimische Betende an jedem Platz der Moschee Allah gleich nah. Egal wo er steht, es ist immer die Mitte des Raums, und für ihn ist es die Mitte der Welt. Dies spiegelt sich auch in der Architektur der Moschee wider. Die endlosen Wiederholungen gleicher Pfeiler und Bögen haben kein Ziel, zu dem sie streben. Der Blick wird nicht in eine Richtung gelenkt, sondern schweift umher. Dieser Wald aus Säulen steht als Sinnbild für die Unendlichkeit. Schon in der ersten Moschee, die Mohammed in Medina erbauen ließ, wurde ein derartiger Säulenwald dargestellt.

Das architektonische Grundprinzip einer Moschee ist immer gleich. Der Hof ist von Schatten spendenden Arkaden umgeben und wird vom Minarett überragt. Von dort aus ruft der Muezzin fünfmal am Tag zum Gebet. Bevor der Gläubige in die Gebetshalle tritt, muss er die Schuhe ausziehen, um den Raum nicht zu beschmutzen, und sich Ge-

Detail der Mezquita

Rundgang durch die Mezquita

A Puerta del Perdón – »Tor der Vergebung«, Eingang.

B Patio de los Naranjos – der Orangenhof. Die Orangenbäume wurden von den Christen gepflanzt, zu maurischer Zeit standen hier Oliven, Zypressen und Lorbeer.

C Puerta de las Palmas – ältester Teil. Die Arkaden zum Patio hin waren in maurischer Zeit offen und dadurch viel heller. Zudem wurde der Innenraum von Tausenden Öllämpchen erhellt. Die Mezquita hatte eine flache Holzdecke mit aufwendig geschnitzten und bemalten Trägerbalken. Die heute sichtbaren hellen Gewölbe stammen aus dem 18. Jh.

D Betsaal – Obwohl beim Einbau der Kathedrale viele Säulen weichen mussten, stützen noch über 800 die Bögen des Betsaals. Sie sind aus Marmor, Granit und Jaspis. Materialien der Hufeisen- und Zackenbögen der Mezquita sind rote Ziegel und Sandstein. Dieser rot-weiße Farbwechsel vermittelt den Eindruck von Schwerelosigkeit.

E Kathedrale – Sie wurde gegen den Widerstand der Bevölkerung im 16. Jh. errichtet. In der Capilla de la Encarnación kann man das Hauptwerk des berühmten andalusischen Malers der Spätgotik, Pedro de Córdoba, besuchen.

F Bogensystem – Es bildet seit dem 15. Jh. den Altarraum der ersten christlichen Kirche. Zuvor war hier der Eingang zum Gebetssaal von al-Hakim II. Die Lichtkuppeln wurden von den Baumeistern im 9. Jh. selbst entwickelt. Sie bestehen aus Rippen, die ein Geflecht aus Dreiecken und Vierecken bilden. Die Mitte wird durch eine Muschel abgeschlossen.

G Gebetssaal von al-Hakam II. – An dessen Ende ist die *Mihrab*, die achteckige Gebetsnische. Da Córdoba zu einem Pilgerzentrum aufgestiegen war, wollte al-Hakim II. die Moschee durch eine *Mihrab* bereichern. Er ließ Handwerker aus Damaskus kommen, die einheimische Handwerker in die Kunst einwiesen. Die Kuppe ist an Pracht nicht zu überbieten. Der Stern (Mitte) gilt als Symbol der Himmelskugel.

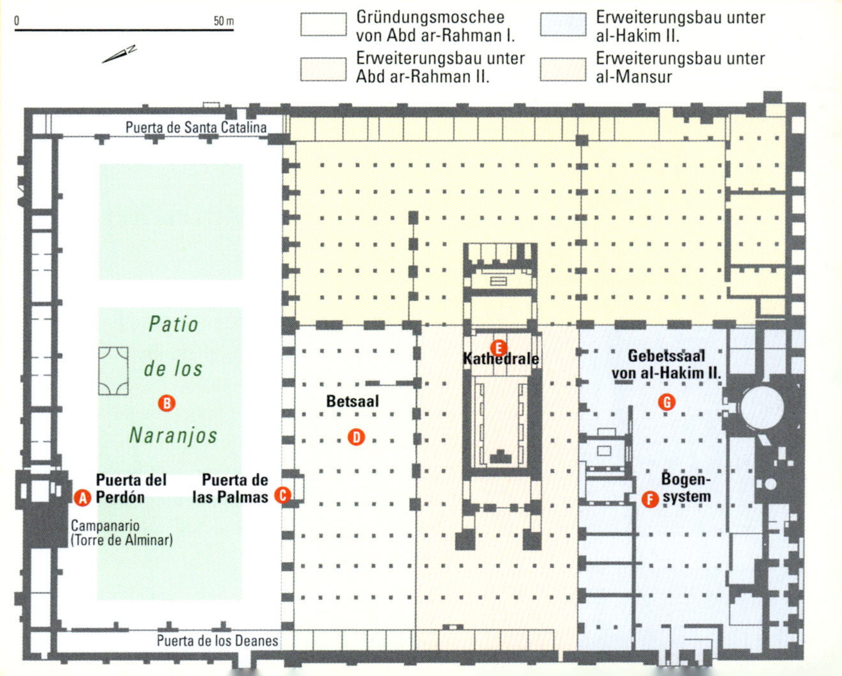

AUTORENTIPP!

MEDINA AZAHARA

Acht Kilometer westlich der Stadt liegt Medina Azahara, die Ruinen einer riesigen Palaststadt. Kalif Abd ar-Rahman III. ließ die Anlage ab 936 errichten und bewohnte sie ab 945. Madinat al-Zahra, so der andere Name, liegt an einem Hang und ist in drei Terrassen unterteilt. Der Blick geht über die Ebene des Guadalquivir und auf Córdoba. Die Stadt war rechtwinklig auf einer Fläche von 1500 mal 750 Meter angelegt und hatte sowohl eine Trinkwasserversorgung als auch ein Abwassersystem. Ihre Pracht wurde bald zur Legende. Bereits 1010 fiel die Palaststadt einem Angriff der Berber zum Opfer und wurde komplett zerstört. Die Ausgrabungen begannen 1911. Bis heute wurden etwa zehn Prozent der Anlage freigelegt. Der Palast des Kalifen und andere bedeutende Gebäude wurden teilweise wieder aufgebaut und lohnen einen Besuch. Weitere Infos in der Infobox auf S. 147.

Ungewöhnliches Fresko: Menschen dürfen im Islam nicht abgebildet werden.

sicht, Hände und Füße waschen. Danach reiht er sich in die Reihen der Betenden ein, immer mit dem Gesicht Richtung Mekka. Die Richtung wird durch die *Mihrab*, eine reich verzierte Nische in der Mauer, angezeigt. In der Nähe der *Mihrab* befindet sich in Moscheen von Hauptstädten häufig die *Maqsura*, ein abgetrennter Raum, der dem Herrscher und seinem Gefolge vorbehalten war. So auch in Córdoba. Auf der rechten Seite der *Mihrab* steht die Kanzel, die *Minbar*.

Bedeutung im Mittelalter

Im Mittelalter war die Moschee nicht nur dem Beten vorbehalten, sie war auch ein Ort des Wissens. Bedeutende Gelehrte hatten in Moscheen einen Lehrstuhl und lehrten vor allem die Wissenschaften, die mit der Religion zusammenhängen. Außerhalb der Gebetszeiten ließen sie sich im Hof an einer Arkade nieder und begannen in freier Rede zu dozieren. Jeder, der interessiert war, konnte zuhören. An anderer Stelle innerhalb der Moschee hielt der oberste Richter zu bestimmten Zeiten Gerichtssitzungen ab.

Infos und Adressen

SEHENSWÜRDIGKEITEN

Mezquita. Öffnungszeiten März bis Oktober: Mo bis Sa 10–19 Uhr, an Sonn- und Feiertagen 8.30–10.30 Uhr und 14–19 Uhr. Von November bis Februar schließt die Mezquita eine Stunde früher. Bitte fragen Sie vor Ihrem Besuch nach den Öffnungszeiten, sie können sich ändern. Eintrittspreise für Erwachsene 8 Euro, Kinder von 10 bis 14 Jahren 4 Euro. Calle Cardenal Herrero, 1, 14003 Córdoba

Baños Árabes (Hamam). Einlass ist 10 Uhr bis Mitternacht alle zwei Stunden, die Preise richten sich nach dem gewählten Angebot. Bad und Massage 34 Euro. Calle Luis de la Cerda, 51, 14003 Córdoba, Tel. 957 484 746 und 902 333 334, E-mail cordobareservas@hammam.es, www.hammamspain.com

Archäologiepark Medinat Al-Zahra. Öffnungszeiten von Mai bis 15. September Di–Sa 10–20.30 Uhr und So 10–14 Uhr. Vom 16. September bis zum 30. April wird der Archäologiepark dienstags bis samstags um 18.30 Uhr geschlossen. Von Córdoba aus fährt ein Bus um 10 Uhr ab Glorietta Cruz Roja nach Medinat Al-Zahra. Rückfahrt um 13.45 Uhr. Tickets gibt es im Informationsbüro Campo Santo de los Martires für 6,50 Euro, inklusive Eintritt. Carretera palma del Río, km 5,5, 14005 Córdoba, Tel. 957 352 860

SPORT UND FREIZEIT

Fahrradverleih Solo Bici. Der Anbieter vermietet Fahrräder und organisiert für Gruppen ab fünf Personen Fahrradtouren durch Córdoba, auch in Deutsch. Miete pro Tag 15 Euro, 3 Stunden 6 Euro. Ronda de Isasa, 10, 14003 Córdoba, Tel. 957 485 766, E-Mail info@solobici.net, www.solobici.net

Gartenanlage in der Ruinenstadt Medina Azahara

Mitte: Stausee Embalsa de Bembezar im Naturpark Sierra de Hornachuelos
Unten: Gänsegeier im Flug in der Sierra de Córdoba

26 Sierras de Córdoba
Wandern bei Luchs und Wildschwein

Rund um Córdoba gibt es ausgedehnte Wandergebiete, in denen man Ruhe und Entspannung findet. Vor allem nördlich der Stadt, in der Sierra Morena, finden sich mehrere Stauseen, Flüsse, Waldgebiete und zwei Naturparks. Nordwestlich der Stadt erstreckt sich die Sierra de Hornachuelos und im Nordosten die Sierra de Cardeña y Montoro. Sie bieten wunderschöne Landschaften, seltene Tiere und eine reichhaltige Pflanzenwelt.

Die Sierra de Hornachuelos im Westen der Provinz Córdoba ist 670 Quadratkilometer groß und ein Schutzgebiet innerhalb der Sierra Morena. Im Naturpark herrscht ein mildes Klima, sodass die Vegetation vom mediterranen Bergwald, in dem Stein- und Korkeichen vorherrschen, über Auenwälder mit Weiden, Erlen und Eschen bis zum Weideland reicht. Die Flüsse Guadiato, Bembezar und Ciudadeja, die in Stauseen münden, schaffen optimale Lebensbedingungen für verschiedene Greifvögel. Das Gebiet beherbergt die größte Gänsegeierkolonie Andalusiens sowie verschiedene Adlerarten direkt vor den Toren Córdobas.

Sierra de Cardeña y Montoro

Die Sierra de Cardeña y Montoro gehört ebenfalls zur Sierra Morena. Sie umfasst eine Fläche von knapp 390 Quadratkilometern und ist Refugium für eine Vielzahl von Tieren. Hier leben 88 Vogelarten, 20 Säugetierarten, 15 Reptilien- und zehn Amphibienarten. Zu den seltensten Bewohnern zählen Luchse, Wölfe, Nachtigallen und verschie-

Oben: »Dar al Mulk«, Salon Rico, in Medina Azahara
Unten: Wandverzierung in Medina Azahara

dene Greifvögel. Fast die Hälfte aller Schafe und Rinder der Provinz werden in der Sierra de Cardeña y Montoro gehalten. Sie leben auf den Weiden und in den Wäldern des meist hügeligen Parks, der vom Río Yeguas durchquert wird. Neben den mediterranen Wäldern stellt Buschwerk die vorherrschende Vegetation dar.

Wandern in der Sierra

Durch den Naturpark Sierra de Cardeña y Montoro führen fünf Wanderwege, die die wichtigsten Charakteristiken des Parks vermitteln. Am westlichen Rand des Naturparks liegt der Ort Cardeña, von dem aus man zu den Wanderungen aufbricht. Die erste Route beginnt im Vorort El Cerezo und führt über 6,6 Kilometer durch Steineichenwälder und an Viehweiden vorbei. Es ist ein Spaziergang von knapp zwei Stunden. Auch die zweite Route startet in El Cerezo und führt über Weiden mit Schafen, Kühen und den typischen Iberischen Schweinen. Etwa zwei Stunden braucht man für den leichten Wanderweg über 7,4 Kilometer. Über den dritten Weg – ebenfalls Start in El Cerezo –

Oben: Gänsegeier auf einem Felsen in der Sierra de Córdoba
Unten: Ruinen der alten Palststadt von Medina Azahara

errricht man nach zwölf Kilometern Azuel. Es geht durch Steineichenwälder, und in den *Sierras Madrona* und *Navalmanzano y Quintana* gibt es spektakuläre Aussichten zu genießen. Die leichte Wanderung dauert knapp vier Stunden. Die vierte Route, der *Camino de Vuelcacrreta*, beginnt an der Venta del Charco, einem Gasthaus, und führt auf sieben Kilometern durch mediterrane Wälder und Jagdgebiete. Der Spaziergang dauert etwas mehr als zwei Stunden. Der letzte Wanderweg ist der *Sendero de Educación Ambiental Vegueta del Fresno*, ein ausgewiesener Umweltlehrpfad, der nur nach Anmeldung in Gruppen bis zu 25 Wanderern betreten werden darf. Durchwandert werden Aufforstungsgebiete und Regionen mit seltenen Tieren. Es ist möglich, hier Wildschweine und Hirsche anzutreffen. Der Weg hat eine Länge von 3,5 Kilometern und dauert etwa 1,5 Stunden. Weitere Informationen zu den Wanderwegen können Sie vor Ort erfragen und auf Tafeln am Start der einzelnen Routen finden.

Infos und Adressen

INFORMATION

Oficina de Turismo Hornachuelos. Calle Antonio Machado, 6, 14740 Hornachuelos, Tel. 957 640 786, E-Mail turismo@hornachuelos-rural.com, www.hornachuelosrural.com

Oficina de Turismo Cardeña. Calle Miguel Gallo, 3, 14445 Cardeña, Tel. 957 174 138, mobil 639 572 090, Fax 957 174 126, E-Mail turismo@cardena.es, www.cardena.es

Centro de Visitantes – Gästezentrum Naturpark. Informationszentrum des Naturparks mit Bar und Cafeteria. Venta Nueva, Kreuzung der Carretera N-420 mit CO-510, km 79, 14445 Cardeña, Tel. 957 015 936, mobil 677 904 308

Oficina de Turismo Montoro. Calle Corredera, 25, 14600 Montoro, Tel. 957 160 089, E-Mail aytomontoro@telefonica.net

ÜBERNACHTEN

Casa Rural Rosalia. Das liebevoll renovierte Landhaus, *casa rural*, bietet bis zu 8 Personen Platz. Mit 4 Personen 100 Euro pro Tag, mit 5 Personen 125 Euro. Das Haus ist komplett behindertengerecht ausgestattet. Calle Julio Romero de Torres, 3, 14445 Cardeña-Córdoba, Tel. 957 174 068, mobil 617 490 221, E-Mail info.reservas@casaruralrosalia.es, www.casaruralrosalia.es

Schwimmingpool der Casa Rural Charqueña

Casa Rural Charqueña. Mitten im Naturpark Sierra de Cardeña y Montoro gelegen, bietet das Landhaus verschiedene Zimmer, Pool und eine Bar. Übernachtung pro Person für 20 Euro. Calle 28 de Febrero, 14, 14446 Venta del Charco, Tel. und Fax 957 173 838, mobil 618 040 711 und 670 574 231, www.casaruralcharquena.com

In den Baños Árabes (Hamam) kann man sich verwöhnen lassen.

Mitte: Kirche in Lucena in der Sierra Subbetica
Unten: Innenhof der Ermita Nuestra Señora de la Sierra in Sierra Subbetica

27 Priego de Córdoba

Barocke Pracht bei den Sierras Subbéticas

Am Rand des Naturparks Parque Natural de Sierras Subbéticas – er gehört seit 2006 zu den UNESCO-Geoparks – liegt das Städtchen Priego de Córdoba. Wegen seiner vielen Brunnen wird es auch ciudad del agua, Stadt des Wassers, genannt. Und seine barocken Gebäude haben ihm den Beinamen Joya del Barroco Cordobés, Juwel des cordobesischen Barocks eingebracht. 30 dieser Gebäude wurden durch die Landesregierung zum nationalen kulturellen Erbe erklärt.

Priego liegt im Südosten der Provinz; etwa 100 Kilometer von Córdoba entfernt, ein wenig abseits der Hauptstraßen am Rand des Naturparks Sierras Subbéticas. Heute zählt die Stadt rund 23 500 Einwohner, die in erster Linie vom Olivenanbau und dem Tourismus leben.

MAL EHRLICH

ACHTUNG! CAMPEN VERBOTEN

Es ist schon sehr verlockend – viel Platz und keine Menschenseele. Da stellt man seinen Camper doch gerne mal am Bachlauf ab oder übernachtet einfach auf dem ansonsten leeren Parkplatz. Aber Vorsicht, das wilde Campen kann sehr teuer werden. Man könnte gar glauben, die lokalen Polizisten hätten es gerade auf schicke Wohnmobile abgesehen. Wer außerhalb eines Campingplatzes steht, muss mit bis zu 200 Euro Strafe rechnen.

Geschichte

Priego durchlief die für viele andalusische Gemeinde übliche Historie. Erste Besiedlung wahrscheinlich in der Mittelsteinzeit vor mehr als 30 000 Jahren, Iberer, Phönizier, Römer, Mauren. 1341 wurde der Ort von den Christen zurückerobert und erhielt Steuererleichterungen, um nach der Vertreibung der Mauren seine Wiederbesiedlung zu fördern. Im 16. Jahrhundert, unter dem ersten Marqués von Priego, Don Pedro Fernández de Córdoba, erblühte der Ort. Viele öffentliche Gebäude, darunter der Kerker und das Schlachthaus sowie einige Kirchen, entstanden in dieser Zeit. Im 17. Jahrhundert mussten die Morisken die Stadt verlassen. Den Wegzug von rund 3000 Einwohnern sowie die Einführung neuer Steuern konnte Priego indes nicht verkraften, sodass die Wirtschaft bald daniederlag. Erst im 18. Jahrhun-

Reich verzierter Altarraum in Lucena

AUTORENTIPP!

FLEDERMAUSHÖHLE

Hunderte von Fledermäusen, Tropfsteine und steinzeitliche Höhlenmalereien gibt es in der Cueva de los Murciélagos bei Zuheros zu bewundern. Zum Schutz ihres Mikroklimas darf sie nur von einer bestimmten Anzahl Besucher am Tag betreten werden. Es ist darum notwendig, sich zuvor anzumelden. Ebenfalls aus diesem Grund sind Foto- und Videokameras sowie das Mitführen von Haustieren verboten. Im Innern herrscht konstant neun Grad Celsius Raumtemperatur, sodass man auch im Hochsommer lange Hosen und Jacke nicht vergessen sollte. Die Fledermaushöhle liegt etwa vier Kilometer von Zuheros entfernt in den Bergen, die Zufahrt ist ausgeschildert. Reservieren per Telefon können Sie von Montag bis Freitag von 10.00 bis 14.00 Uhr sowie von 16.00 bis 18.00 Uhr im Winter und von 10.00 bis 14.00 sowie von 17.00 bis 19.00 im Sommer. Führungen dauern etwa eine Stunde. Falls Sie wegen Wochenende oder Feiertagen nicht reservieren konnten, fragen Sie bitte an der Tür zur Höhle nach, ob noch Plätze frei sind. Nähere Infos in der Infobox auf S. 157.

Fronleichnam im Barrio de Villa

dert kam der Wohlstand zurück, als hier ein Zentrum für Seidenspinnerei entstand. Aus dieser Zeit stammen die barocken Kirchen und Paläste, die das Stadtbild heute prägen. Wiederum ein Jahrhundert später wurde die Seide durch Baumwolle abgelöst, sodass die Wirtschaft von Priego abermals einen Einbruch erlitt. Gegen Ende des 19. Jahrhunderts entwickelte sich eine Textilindustrie, wodurch die Bevölkerungszahl zunahm und Priego Stadtrechte verliehen wurde. Die Textilindustrie wuchs bis in die 1920er-Jahre hinein und konnte sich bis etwa 1970 halten. Danach wurde sie unrentabel.

Sehenswertes

Der *Barrio de la Villa*, das ehemalige Stadtzentrum, ist maurischen Ursprungs und wurde 1972 insgesamt unter Denkmalsschutz gestellt. Vom Turm des Castillos bietet sich ein atemberaubender Ausblick. Priego besitzt acht Kirchen, deren Außenansicht und Interieur aus der Zeit des Barock stammen. Die Brunnen *Fuente del Rey* – 139 Rohre speisen die drei Becken – und *Fuente de la Salud* mit ihren Wasserspielen sowie die Gebäude aus dem 16. Jahrhundert prägen das Stadtbild. Der natürliche Aussichtspunkt *Balcón del Adarve* wurde früher als Wehrgang genutzt und diente zur Verteidigung der Stadt. Von hier aus hat man einen wunderbaren Ausblick.

Parque Natural de Sierras Subbéticas

Westlich von Priego erstrecken sich die Sierras Subbéticas. Die Bergregion ist Teil der sogenannten Betischen Kordillere, eines Faltengebirge. 1988 wurde ein großer Teil des Gebiets zum Naturpark erklärt, der eine Fläche von 315 Quadratkilometern aufweist.

Oben: Die Gassen von Zuheros
Mitte: Mit Blumen geschmückte Gasse in Priego de Córdoba
Unten: Fuente del Rey, ein neoklassizistischer Brunnen in Priego
Linke Seite: Zuheros in Sierra Subbetica. Ganz in der Nähe liegt die Fledermaushöhle.

Oben: Grüne Hügel in der Sierra Subbetica
Mitte: Ziegen gehören zum Alltag der Menschen in Zuheros.
Unten: Das Dorf am Hang, Zuheros, ist umgeben von Olivenhainen.

Besiedlung

In Höhlen wie der *Cueva de los Cholones* bei Zagrilla und der *Cueva de los Murciélagos* bei Zuheros fand man Felszeichnungen aus der Steinzeit. Und bereits vor 6000 Jahren bauten die damaligen Bewohner Weizen an und züchteten Schafe, Ziegen und Schweine. In Zuheros findet man auch Reste von Befestigungsanlagen der Iberer. Im 2. Jh. v. Chr. wurde das Gebiet von Römern besiedelt, die Ackerbau und Viehzucht betrieben und vermutlich die ersten Olivenbäume und Weinstöcke anpflanzten. Feigen, Granatäpfeln und Safran brachten wahrscheinlich die Mauren mit. Auf ihre Spuren trifft man häufig. Burgen gibt es in Zuheros, Cabra, Carcabuey, Luque und Priego de Córdoba.

Landschaft

In den unteren Lagen werden die Sierras heute zum größten Teil von Olivenhainen bedeckt und die als Weideland genutzt. Hier kann man noch die ursprüngliche und unberührte Landschaft mit der für die Region typischen Tier- und Pflanzenwelt antreffen. Es gibt Steineichenwälder, die mit Portugiesischen Eichen und Französischem Ahorn durchsetzt sind, sowie Zwergsträucher und Grasflächen. Typische Blumen sind die Winde, die Kugelblume und verschiedene Glockenblumen. An den Bachläufen findet man Reste des ehemaligen Auenwalds, darin Weiden, Erlen und Pappeln. In den Wäldern leben Wildschweine, Wildkatzen und viele Vogelarten. In den Felsen finden sich Steinböcke, Steinmarder und Fledermäuse, außerdem Schlangen und Eidechsen. Mit viel Glück kann man in den Bachläufen auch Otter antreffen. Der große Artenreichtum, die engen Täler, schroffen Felsen und einladenden Ortschaften, machen den Naturpark zu einem attraktiven Wandergebiet.

Infos und Adressen

INFORMATION

Cueva de los Murciélagos (Fledermaushöhle). Calle Nueva, 1, 14870 Zuheros, Tel. 957 694 545, Fax 957 694 545, E-Mail informacion@cuevadelosmurcielagos.com, www.cuevadelosmurcielagos.com – englische Version in Arbeit

Oficina de Turismo Zuheros und Museo Arqueológico. Die Touristeninformation befindet sich im Archäologischen Museum. Plaza de la Paz, 2, 14870 Zuheros, Tel. 957 694 545, Fax 957 694 545, E-Mail turismo@zuheros.es, www.zuheros.es

Oficina de Turismo Priego de Córdoba. Plaza de la Constitución, 3, 14800 Priego de Córdoba, Tel. 957 700 625 und 957 708 420, E-Mail informacion@turismodepriego.com, www.turismodepriego.com

ESSEN UND TRINKEN

Restaurante La Fuente. Hübsches Restaurant mit moderaten Preisen. Menüs ab 20 Euro. Francisco Rojas, Calle El Viso – Zagrilla Alta, 14816 Priego de Córdoba, Tel. 957 703 734 und 957 703 735, E-Mail lafuente@zagrilla.es, www.zagrilla.es

ÜBERNACHTEN

Hotel und Restaurante Hacienda Minerva. Ein hübsches Landhotel mit Restaurant, Terrasse und Pool, umgeben von Olivenhainen. Doppelzimmer ab circa 80 Euro. Carretera Zuheros – Doña Mencia, km 2, 14870 Zuheros, Tel. 957 090 951, E-Mail info@haciendaminerva.com, www.haciendaminerva.com

EINKAUFEN

Olivenölfabrik Aceites Vizcántar. Hier können Sie bestes Ölivenöl einkaufen und an Führungen teilnehmen. Für Gruppen werden auch Verkostungen angeboten. Die Fabrik ist an Werktagen 9–14 Uhr geöffnet. Carretera de Zagrilla, 14800 Priego de Córdoba, Tel. 957 540 266, Fax 957 701 059, www.aceitesvizcantar.com

Barrio de la Villa

HAUPTSTADT UND VIEL MEHR

Vorangehende Doppelseite: Die Plaza España, einer der schönsten Plätze Spaniens
Mitte: Blick auf die Kathedrale, eine der größten der Welt
Unten: Die Stierkampfarena »Real Maestranza de Caballeria de Sevilla«

28 Sevilla Kultur
Goldene Stadt am Guadalquivir

In Sevilla, der größten Stadt Andalusiens und der viertgrößten des Landes, haben gleich zwei Universitäten ihren Sitz, wobei die Universidad de Sevilla die zweitgrößte Spaniens ist. In der Landeshauptstadt steht eine der gewaltigsten Kathedralen der Christenheit, und noch heute ahnt man, wie reich Sevilla einst gewesen sein muss. In Sevilla kann man Geschichte mit allen Sinnen erfahren, und doch ist es eine moderne, lebendige Stadt.

Sevilla ist die Hauptstadt der Autonomen Region Andalusien und der gleichnamigen Provinz. 705 000 Einwohner, die *Sevillanos*, leben hier. Es heißt, dass der griechische Held Herakles die Stadt einst gründete, doch tatsächlich verlieren sich die Anfänge der Siedlung im Dunkel.

Geschichte

Sevilla könnte in der Antike die Hauptstadt von Tartessos gewesen sein, überliefert ist aber nur der Name, *Hispalis*. Bereits in vorrömischer Zeit war

MAL EHRLICH

TASCHENDIEBE

Egal ob auf dem Land oder in der Stadt, Taschendiebstahl ist inzwischen an der Tagesordnung. In Großstädten wie Sevilla gibt es natürlich besonders viele Gelegenheiten, sein Hab und Gut zu verlieren. Seien Sie vorsichtig und nehmen Sie nur so viel Geld und Papiere mit, wie Sie unbedingt brauchen. Wenn Ihre Papiere gestohlen werden, bleibt Ihnen nichts anderes übrig, als sich nach Málaga zu begeben, um dort Ersatzdokumente ausstellen zu lassen.

es ein wichtiges Handelszentrum und wurde unter den Römern eine der bedeutendsten Städte ihrer Provinz Baetica. 428 wurde Sevilla von den Vandalen geplündert, gewann aber unter den Westgoten wieder an Bedeutung. Im Jahr 712 eroberten die Mauren die Stadt und machten sie zur Hauptstadt einer Provinz. Aus dieser Zeit stammt der heutige Name. 844 zerstörten die Wikinger die Stadt, die auf dem Wasserweg über den Guadalquivir leicht zu erreichen war. Nach einer Woche wurden sie wieder vertrieben. Unter den Almohaden, die die Stadt ab 1147 in Besitz hatten, wurde Sevilla zur wichtigsten Stadt des maurischen Andalusiens und hatte mehr Einwohner als Córdoba. 1248 wurde sie von den Christen zurückerobert. Rund 300.000 Menschen sollen laut alten Schriften die Stadt im Laufe der nächsten Jahre verlassen und sich in noch maurisch beherrschte Gebiete oder nach Afrika zurückgezogen haben. Damit wurde die Bevölkerung mehr als halbiert, worunter besonders die Wirtschaft zu leiden hatte. Zu Beginn der Reconquista, der Rückeroberung, waren die Juden von den Christen geduldet, doch 1391 wurde das erste Judenpogrom erlassen und nun mussten auch die Juden fliehen.

Die neue Zeit

Seine wirtschaftliche Blüte erreichte Sevilla schließlich im 16. und 17. Jahrhundert, nachdem ihm das Handelsmonopol für die Neue Welt zugesprochen wurde. Die Schiffe kamen den Fluss hinauf und entluden ihre Schätze direkt in der Stadt. Sevilla wurde zum Hauptumschlagplatz des spanischen Seehandels. Die Epoche endete, als das transatlantische Handelsmonopol 1717 an Cádiz gegeben werden musste. 1929 fand in Sevilla die Iberoamerikanische Ausstellung statt, die sich sichtlich auf die Stadt auswirkte. Neue Plätze und Gebäude wurden zwischen 1911 und 1928

AUTORENTIPP!

NICHT IM SOMMER

Sevilla ist ganz gewiss eine Reise wert, aber ganz sicher nicht im Sommer! Die Stadt gehört zu den heißesten Orten in Europa und das bedeutet, es ist monatelang so heiß wie in der Sauna. Liest man sich die Klimatabellen durch, hört es sich eigentlich ganz kuschelig an. Für Sevilla betragen die durchschnittlichen Temperaturen im Juni 31 Grad, 35 Grad im Juli und August und 31,5 Grad im September. Davon träumt der Mitteleuropäer. Doch außerhalb der Statistik bedeutet dass, man hält sich konsequent in einer Atmosphäre von über 40 Grad Celsius auf. Schatten gibt es leider nicht überall, und so wird bald jeder Schritt zur Tortur. Am 4. August 1881 wurden in Sevilla am Boden 50 Grad Celsius gemessen. Diese Messung ist bestätigt, und es ist die höchste jemals in Europa erreichte Temperatur. Wenn Sie es einrichten können, schauen Sie sich diese wunderschöne Stadt im Herbst oder Frühjahr an, Ihr Kreislauf wird es Ihnen danken.

Ein Straßencafé am Edeficio de la Lonja, dem Indienarchiv

AUTORENTIPP!

SÜSSES AUS DEM KLOSTER
Es ist lange Tradition, dass Nonnen und Mönche in spanischen Klöstern Süßigkeiten zubereiten. Nach alten Rezepten werden sie hergestellt und sind nur in begrenzter Menge lieferbar. Trüffel, Marzipan, fruchtiges Gebäck oder Eierkonfekt, jedes Kloster hat seine Spezialitäten. Wer die Köstlichkeiten kosten möchte, sollte bei einem Kloster anklopfen. Natürlich ist schon der Einkauf ein Erlebnis. Im Convento de Santa Ines in der Calle Doña María Coronel haben sich die Nonnen auf typisch andalusisches Weihnachts- und Ostergebäck spezialisiert und unterhalten eine Verkaufsstelle. In anderen Klöstern muss man telefonisch bestellen. Ein Klosterladen sieht nicht unbedingt aus wie ein Geschäft. Man tritt ein, geht zu einem Drehkreuz und äußert seinen Wunsch. Dann legt man Geld in ein Fach des Drehkreuzes und bald erscheint die gewünschte Ware.

errichtet, darunter auch die berühmte Plaza España. 1992 fand die Weltausstellung Expo in Sevilla statt, die erhebliche Schulden hinterließ, aber auch eine moderne repräsentative Infrastruktur. Der Ausbau des internationalen Flughafens, Brücken, mehrspurige Autobahnen und ein Schnellbahnanschluss kamen mit der Expo. Heute ist Sevilla bedeutender Handelsplatz, Industriestützpunkt, kulturelles Zentrum und Tourismusmetropole.

Im Hinterland und doch am Wasser

Von jeher war die Lage am Guadalquivir wichtige Voraussetzung für den wirtschaftlichen Erfolg der Stadt. In früheren Zeiten lag Sevilla an einem See, der einen Zugang zum Atlantischen Ozean hatte. Auf dem Landweg war es über die *Via Augusta* von Barcelona aus über Valencia und Córdoba zu erreichen. Und bei Sevilla zweigte auch die *Ruta de la Plata* ab, die wichtigste Handelsverbindung von Nord- nach Südspanien. Im 18. Jahrhundert war der See versandet, und auch der Fluss längst nicht mehr so breit und tief wie zuvor. Umstände, die mit verantwortlich waren, dass die Stadt 1717 ihr Handelsmonopol verlor. Heute legen noch immer Überseeschiffe in Sevilla an, allerdings nur bis zu einer bestimmten Größe. Auch Kreuzfahrtschiffe kommen häufig in die Stadt.

Sevilla hat sich zu beiden Seiten des Guadalquivir ausgedehnt, wobei sich die Innenstadt am rechten Ufer, östlich des Flusses, befindet. Sevilla hatte einst eine Stadtmauer mit 66 Türmen, weshalb es auch die »Stadt der Türme« genannt wird. Heute steht nur noch der *Torre del Oro*, der Goldturm, am Ufer des Flusses. Rechts des Stroms liegt die Vorstadt Triana, traditionell das Stadtviertel der Seefahrer.

Verkehrswege

Sevilla ist ein Verkehrsknotenpunkt, die Autobahnen und Straßen sind in gutem Zustand. Der internationale Flughafen San Pablo liegt im Norden der Stadt und wird von verschiedenen deutschen und internationalen Fluggesellschaften angeflogen. Von Madrid aus wird Sevilla auch vom Hochgeschwindigkeitszug Alta Velocidad Española (AVE) angefahren und verfügt zudem über gute Verbindungen zu allen größeren Städten. Innerhalb der Stadt stehen Busse, die U-Bahn und eine Straßenbahnstrecke zur Auswahl. Auf das eigene Auto sollte man in der City besser verzichten und es am Stadtrand abstellen. Fernbusse von verschiedenen Gesellschaften fahren ebenfalls in sämtliche Richtungen. Leider entstehen beim Umsteigen oft lange Wartezeiten. Verlassen Sie sich besser nicht auf die Busfahrpläne im Internet, sondern fragen sie telefonisch nach.

Museen

Das Flamenco-Museum *Museo del Baile Flamenco* wurde von der Flamencotänzerin, Choreographin und Schauspielerin Cristina Hoyos Panadero gegründet. Es ist in einem Gebäude aus dem 18. Jahrhundert untergebracht und präsentiert auf vier Ebenen Musik, Tanz und Ausstellungen.
In der ehemaligen Börse von Sevilla, der *Casa Lonja de Mercaderes*, ist das *Archivo General de Indias*, das Indienarchiv, untergebracht. Es wurde 1785 gegründet und ist das zentrale und bedeutendste Archiv über die spanische Kolonialzeit. Das Archiv und das Renaissancegebäude, in dem es sich befindet, gehören seit 1987 zum Weltkulturerbe der Unesco. Das Archiv ist täglich geöffnet und kann kostenlos besucht werden.
Das Archäologische Museum *Museo Arqueológico Provincial* befindet sich im alten Pavillon der Ibe-

Oben: Die neue Autobahnbrücke über den Fluss Guadalquivir wurde 1992 zur EXPO eröffnet.
Mitte: Saal im Schloss Alcazar. Hier wohnt die Königsfamilie, wenn sie in Sevilla ist.
Unten: Innenhof der Casa de Pilatos, ein typisches andalusisches Adelshaus

Oben: Rund um die Kathedrale findet man ruhige und gemütliche Plätzchen.
Mitte: Unverzichtbares Accessoire in Sevilla: der Fächer
Unten: Die Gärten an der Mauer am Alcazar werden auf Spanisch »Jardins de Murillo« genannt.

roamerikanischen Ausstellung von 1929. Das Gebäude im Neorenaissance-Stil ist, wie die gesamte Plaza América, einen Besuch wert. Hier gibt es Funde aus der Bronzezeit bis zum Mittelalter zu sehen. Der Eintritt ist ebenfalls kostenlos (für EU-Bürger). Das *Museo de las Bellas Artes* zählt zu den wichtigsten Kunstmuseen Spaniens. Werke von El Greco, Velázquez, Murillo und etlichen Künstlern mehr sind hier zu sehen. Das Museum ist im *Convento de la Merced*, einem Kirchen- und Klosterbau aus dem 18. Jahrhundert, untergebracht.

Feste feiern

Die *semana santa*, die Woche vor Ostern, wird in ganz Spanien gefeiert. Doch Sevilla ist bekannt für die größten Prozessionen, hier gilt die Karwoche als wichtigstes Fest des Jahres. Im Frühling wird die *Feria de Abril* gefeiert, die Aprilmesse. Sie ist eines der größten Volksfeste Andalusiens und dauert sechs Tage. 2012 beginnt sie am 24. April, 2013 am 16. April, 2014 am 6. Mai und 2015 am 21. April. Die Feria findet auf dem Messe- und Festgelände *Los Remedios* statt.

Heimat der Tapas

In Sevilla soll die Tapa erfunden worden sein. Die Kleinigkeiten, die man heute auch als Fingerfood bezeichnen könnte, werden kalt oder warm serviert und zum Getränk genossen. Es gibt Tapas aller Art, aus Fleisch, Fisch, Käse, Schinken, Ei, Gemüse, Wurst, Kartoffeln und sämtlichen gängigen Lebensmitteln der Region. Für den *tapeo*, das Tapas-Essen, ist Sevilla eine hervorragende Adresse. Hunderte von Bars und Restaurants gibt es hier, und fast überall werden Tapas serviert. Manchmal wird sie auch gratis zum Bier oder Wein gegeben. Eine Tapas-Tour unternimmt man gerne mit Freunden und zieht dabei von Bar zu Bar.

Ausgehen in Sevilla

In Sevilla ist das Angebot so groß, dass man zu Fuß unterwegs sein kann. Rund um die Kathedrale gibt es relativ ruhige Bars und Cafés und im benachbarten Viertel Santa Cruz kann man auch in den frühen Abendstunden schon seinen Spaß haben. Im Sommer gibt es am Fluss zahlreiche Terrassen und Bars, die für ein wenig Abkühlung sorgen. Im Park *Maria Luisa* gibt es ebenfalls sehr schöne Sommerterrassen, die meisten in der Nähe des Theaters *Lope de Vega*. Hier wird getanzt und Party bis in den Morgen hinein gemacht. Diskotheken findet man in der Calle Betis und der Calle Alfalfa, und in den Straßen um die *Plaza de Armas* kann man feiern, bis das Frühstück kommt.

Einkaufen

In der Altstadt findet man alles was das Touristenherz begehrt. Kunsthandwerk, Geschäfte für Flamenco-Kleidung, Fächer und Souvenirläden. In der Vorstadt Triana gibt es viele Töpfereien und Geschäfte für Keramikwaren. Sehr beliebt sind die andalusischen Kacheln, die gerne als Mitbringsel eingekauft werden. Die Haupteinkaufstraße ist die Calle Sierpes und ganz in der Nähe der Altstadt das *Centro Comercial Nervión Plaza*, das außer Geschäften auch Kinos und Restaurants zu bieten hat. Besonders beliebt sind auch die zahlreichen Märkte, die sich über das gesamte Stadtgebiet verteilen, wie der *Mercadillo Plaza del Duque*, der auch als Hippie-Markt bekannt ist. Er findet jeden Freitag und Samstag statt. Lederwaren, Kleidung, Kunstgegenstände und Geschenkartikel gibt es hier zu kaufen. Der Mercadillo del Jueves, der Donnerstagsmarkt, wörtlich »das Donnerstagsmärktchen«, findet jeden Donnerstag in der Calle Feria statt. Ein buntes Angebot aus Keramik, Tieren, Möbeln, Büchern und Antiquitäten gibt es hier.

AUTORENTIPP!

MITESSEN

Als Tourist in Sevilla hält man sich lange rund um die Kathedrale auf, denn in diesem Bereich gibt es sehr viele Sehenswürdigkeiten, Geschäfte, Hotels und Bars. Im Barrio Santa Cruz, dem ehemaligen Judenviertel, steht Tisch neben Tisch, und überall wird mit einer großen Auswahl an Tagesmenüs zu Festpreisen geworben. Über Menge und Qualität der Speisen sei kein Urteil gefällt, dazu müsste man sich schließlich durch sämtliche Karten probieren. Doch hin und wieder findet man Hostals, die nur wenige Speisen anbieten und diese ohne großes Aufhebens im *comedor*, dem Speisesaal, servieren. Die Gerichte sind einfach, aber ausgesprochen schmackhaft, denn hier essen auch die Einheimischen in der Mittagspause. So wie das Essen sind übrigens auch viele Hostals in Santa Cruz. Einfach, aber mit Charme und Ambiente. Und man ist mittendrin, im Treiben der Goldenen Stadt.

Im Barrio Santa Cruz legt man gerne eine Pause ein.

Infos und Adressen

INFORMATION

Tourist Information. Sevilla Tourismus, Plaza de San Francisco, 19, Edif. Laredo, 41004 Sevilla, Tel. 955 471 232, E-Mail laredo.turismo@sevilla.org, www.visitasevilla.es und www.venasevilla.es

CAAC (Centro Andaluz de Arte Contemporaneo), das Museum für zeitgenössische Kunst ist im Monasterio de la Cartuja untergebracht.

ESSEN UND TRINKEN

Espacio Azahar. Das Hotel Espacio Azahar betreibt eine Dachterrassenbar, die man nur findet, wenn man weiß, dass es sie gibt. In gemütlichen Sofas den Blick über die Stadt schweifen lassen oder sich nachts bei einem Cocktail die angestrahlte Kathedrale anzusehen ist den Aufstieg zum Hoteldach wert. Tagsüber und abends geöffnet. Calle Jesús del Gran Poder, 28 (hinter *Plaza del Duque*), 41002 Sevilla, Tel. 954 384 959, Fax 954 384 959, E-Mail info@espacioazahar.es, www.espacioazahar.es

Taberna Coloniales. Man hört immer wieder, dies sei die beste Tapas-Bar in Sevilla. Auf zum Selbstversuch! Plaza Cristo De Burgos, 19, 41003 Sevilla, Tel. 954 501 137, E-Mail info@tabernacoloniales.es, www.tabernacoloniales.es

Bar Restaurante Eslava. Ein Klassiker im Stadtteil San Lorenzo, mit traditionellen Tapas. Bar und Restaurant sind getrennt, Tapas werden auch gerne im Stehen genossen. Sehr voll, darum sollte man reservieren, wenn es ein gemütliches Mittag- oder Abendessen werden soll. Calle Eslava, 3–5, 41002 Sevilla, Tel. 954 906 568

ÜBERNACHTEN

Top City Apartamentos Sevilla. Kein Hotel und keine Pension. Über diese Seiten kann man Studios und Apartments mit einem oder zwei Schlafzimmern mieten. Bereits ab einem Tag und ab circa 35 Euro. Die Unterkünfte liegen zentral, sind voll eingerichtet und haben meist auch eine kleine Küche. Eine Alternative zum Hotel oder für längere Aufenthalte. www.topcity.es

MUSEEN

Museo del Baile Flamenco. Öffnungszeiten, tägl. 10–19 Uhr, Erwachsene zahlen 10 Euro Eintritt, Studenten 8 Euro und Kinder 6 Euro. Calle Manuel Rojas Marcos, 4, 41004 Sevilla, Tel. 954 340 311, www.museoflamenco.com

Archivo General de Indias. Mo–Sa 10–16 Uhr sowie an Sonn- und Feiertagen 10–14 Uhr geöffnet. Der Eintritt ist frei. Edificio de la Lonja, Avenida de la Constitución, 3, 41071 Sevilla

Museo Arqueológico Provincial. Di–Sa 9–20.30 Uhr sowie an Sonn- und Feiertagen 9–14.30 Uhr geöffnet. Montags sowie an einigen Feiertagen geschlossen. Für EU-Bürger ist der Eintritt frei, Besucher aus anderen Nationen zahlen 1,50 Euro. Plaza América, 41013 Sevilla, Tel. 954 786 474

Museo de las Bellas Artes Sevilla. Dienstag bis Samstag von 9–20.30 Uhr sowie an Sonn- und Feiertagen von 9–14.30 Uhr geöffnet. Montag geschlossen. Für EU-Bürger ist der Eintritt frei, Besucher aus anderen Nationen zahlen 1,50 Euro. Plaza Museo, 9, 41001 Sevilla, Tel. 954 220 790 und 954 786 500, Reservierungen für Gruppen 12–14 Uhr Tel. 954 786 491, Fax 954 786 490, E-Mail museobellasartessevilla.ccul@juntadeandalucia.es

EINKAUFEN

Convento de San Leandro. Das »*Convento San Leandro*« ist vor allem bekannt für seine »*Yemas de San Leandro*«, eine Süßspeise aus Eigelb und Zucker. Eine Kiste kostet zehn Euro. Vor Abholung bitte anrufen. Plaza San Ildefonso, 1, 41003 Sevilla, Tel. 954 224 195

Convento de Santa Ines. Der Laden ist Mo–Sa 9–13 Uhr und 16–17 Uhr geöffnet. Die Nonnen sind bekannt für ihre *Bollitos de San Inés*, *Cortadillos*, gefüllte Kuchenschnitten, *Pestiños*, typisch andalusisches Gebäck, das in Fett ausgebacken und gerne zu Weihnachten und Ostern verzehrt wird, und einige weitere Süßigkeiten. Die Kirche des Klosters kann tägl. 10–20.30 Uhr besucht werden. Calle Doña María Coronel, 41003 Sevilla, Tel. 954 223 145

Einkaufszentrum Nervión Plaza. Luis de Morales, s/n, 41018 Sevilla, Tel. 954 989 131, www.nervionplaza.com

Santa Cruz hat viele romantische Ecken und schattige Gassen zu bieten.

Das ehemalige Judenviertel Barro Santa Cruz hinter der Kathedrale

MÄRKTE

Mercadillo del Charco la pava. Hübscher Flohmarkt für Bücher, Kleidung, Lebensmittel, Antiquitäten und vielem mehr. Direkt am Fluss, findet er jeden Sonntagvormittag statt. Früher bekannt als »Mercadillo de la Alameda«, der auf der Alameda de Hércules stattfand. Avenida Carlos III., 41001 Sevilla

Mercadillo Plaza de la Magdalena. Der Markt wird auch »Afrikanischer Markt« genannt. Es gibt Taschen, Gürtel, Tücher, Schals. Jeden Mittwoch und Donnerstag. Plaza de la Magdalena, 41001 Sevilla

Mercadillo Plaza del Museo. Hier treffen sich Maler, Bildhauer und andere Künstler, um unter freiem Himmel zu arbeiten und auszustellen. Jeden Sonntag 9–15 Uhr. Plaza del Museo de Bellas Artes, 41001 Sevilla

Mitte: Der Goldturm Torre del Oro am Fluss Guadalquivir
Unten: Für die Gärten des Alcazar sollte man sich Zeit nehmen.

29 Sevilla Stadt

Auf Stadterkundung

Sevilla hat nicht nur sehenswerte Gebäude, sondern auch wunderschöne Plätze und Parkanlagen zu bieten. Der Park Maria Luisa bezaubert durch seine Brunnen, Gartenlauben und schattigen Plätzchen, an der Plaza de San Francisco finden sich prächtige Bauten, und hinter dem Torre del Oro liegt die Stierkampfarena, eine der schönsten in Spanien. Der Barrio Santa Cruz besticht durch sein malerisches Labyrinth aus engen Gassen.

Wir beginnen unseren Rundgang am Ufer des *Río Guadalquivir*, wo wir den zwölfeckigen *Torre del Oro* Ⓐ, den Goldturm, besuchen. Er wurde nach einem Jahr Bauzeit 1222 fertiggestellt und ist eines der letzten Gebäude aus maurischer Zeit. Später diente er als Lagerplatz für die Waren aus der Neuen Welt, darunter auch Gold, dem der Turm seinen heutigen Namen verdankt. Heute beherbergt er das Seefahrtmuseum *Museo Naval*. Über die Calle Almirante Lobo und die Avenida de Roma gelangen wir zum *Reales Alcázares de Sevilla* Ⓑ, dem Königspalast, mit seinen wunderschönen Gärten. Der Alcázar zählt zum Weltkulturerbe der Unesco und ist auch heute noch Residenz des spanischen Königs. Der Palast geht zurück auf das Jahr 913 und war ursprünglich Festungsanlage der maurischen Herrscher. Nach der Rückeroberung wurde er von spanischen Königen mehrfach erweitert. Peter I. ließ ab 1364 viele Teile im Mudéjar-Stil neu errichten, wozu er Handwerker aus Granada holte. Dieser Stil, der Elemente der Gotik, Renaissance und der islamischen Kunst in sich vereint, beherrscht den Alcázar, wenn auch durch spätere Erweiterungen weitere Stilrichtungen hinzufügt wurden. Die Gärten des Alcázar mit ihren

Den alten Hamam im Alcazar erreicht man durch den Garten.

unzähligen Pflanzen, Wasserspielen und Teichen sind ebenfalls ein Muss in Sevilla. Von einer hohen Mauer umgeben, wurden hier in unterschiedlichen Epochen verschiedene Gärten angelegt. Heute setzt sich die Anlage zusammen aus dem *Jardín de la Alcubilla* aus dem 16. Jahrhundert, aus dem Englischen Garten *Jardín Ingles*, dem *Jardín de los Poetas*, der mit seinen Teichen an arabische Anlagen erinnert, und dem *Jardín de la Vega Inclan*, der maurische und Elemente der Renaissance vereint.

In direkter Nachbarschaft, an der Avenida de la Constitución, steht das *Edificio de la Lonja* C, in dem das Indische Generalarchiv untergebracht ist. Das Gebäude stammt aus dem 16. Jahrhundert und war zunächst ein Warenumschlagplatz. Es gehört zum Weltkulturerbe der Unesco. Hier befinden wir uns bereits kurz vor der Kathedrale *Maria de la Sede* D, der flächenmäßig größten gotischen Kirche der Welt. Sie wurde im 15. und 16. Jahrhundert auf den Überresten einer Moschee erbaut und folgt deren Grundriss. Die hallenähnliche Basilika kommt in dieser Art nur in Spanien vor. Ihre fünf Schiffe haben eine Länge von 126 Metern, wobei alle Seitenschiffe gleich hoch sind. Zusammen mit den Kapellen ergibt sich eine Breite von

AUTORENTIPP!

ALCÁZAR STATT KATHEDRALE

Keine Frage, die Kathedrale von Sevilla ist ein Muss. Doch sie ist nicht nur gut besucht, sondern oft richtig voll. Der Raum, der betreten werden darf, ist begrenzt, und um die Schätze zu schützen, sind die Lichtverhältnisse eher diffus. Darum muss man sich eigentlich nicht allzu lange hier aufhalten. Spannender ist es, den Turm, die *Giralda*, zu besteigen, denn von dort hat man einen wirklich atemberaubenden Blick über die Stadt. Das Gute ist, es bleibt dann noch genügend Zeit, um dem *Alcázar* seine ganze Aufmerksamkeit zu widmen. Im Gegensatz zur Kathedrale kann man sich hier verlieren, unzählige Räume und Höfe durchstreifen und sogar einen Abstecher in die Wohnung des spanischen Königs machen. Die Gärten laden zum Spazieren und Entspannen ein und das sollte man tatsächlich nutzen.

Der Palacio de San Telmo zwischen Tabakfabrik und Ufer ist Sitz des Parlaments.

Oben: Goldene Pracht in der Kathedrale von Sevilla
Unten: Das Kunstmuseum Museo de Bellas Artes in Sevilla

82 Metern. Der Chor befindet sich genau in der Mitte, ihm gegenüber, von der Vierung getrennt, liegt die *Capilla Mayor*, die Große Kapelle. Zu den Schätzen der Kathedrale gehören auch Gemälde von Murillo, Velázquez, Zurbarán und anderen bekannten Malern. In der Mitte des südlichen Querschiffs befindet sich die Grabstätte von Christoph Kolumbus. Seit 1987 gehört die Kathedrale zum Unesco-Weltkulturerbe. Gegenüber steht die *Giralda* E, das Minarett der ehemaligen Moschee. Es wurde Ende des 12. Jahrhunderts errichtet, hat eine Höhe von 97 Metern und dient heute als Glockenturm der Kathedrale. Um einen zentralen Kern mit sieben übereinanderliegenden Kuppelräumen führt eine Rampe nach oben auf eine Plattform. Von hier aus hat man einen hervorragenden Blick über die Stadt. Wir gehen zurück zur Avenida de Roma und folgen ihr bis zur Calle Palos de Frontera, die uns zur *Antigua Fábrica de Tabacos* F, der alten Tabakfabrik, führt. In diesem Gebäude ist heute ein Teil der Universität von Sevilla untergebracht. Der Platz vor dem Fabriktor ist aus der Oper *Carmen* bekannt, als Kulisse des ersten Aktes.

Weiter geht es über die Calle Palos de Frontera und die Avenida de Isabel la Católica zur *Plaza España* G. Der Platz wurde für die Iberoamerikanische Ausstellung 1929 angelegt und in den *Parque de Maria Luisa* integriert. Die Plaza wird dominiert von dem riesigen halbkreisförmig geschwungenen *Palacio Español*, der durch seine unterschiedlichen Baustile die Größe der einstigen Weltmacht darstellen soll. Die Ecktürme des Palastes sind der Giralda nachempfunden und im manieristischen Stil gehalten, während die mittlere Fassade barock ist und das restliche Gebäude Elemente der Renaissance aufweist. Ein Kanal mit wunderschön verzierten Brücken folgt dem Verlauf des Platzes.

Infos und Adressen

INFORMATION

Das Rathaus von Sevilla unterhält eine eigene Homepage, auch deutsch, mit vielen nützlichen Infos: www.visitasevilla.es

Oficinas de Turismo. Plaza de la Delicias, 9, 41001 Sevilla, Tel. 954 234 465

Am Flughafen. Crta. N-IV, km 532, 41020 Sevilla, Tel. 954 449 128, www.sevilla-airport.com

Am Bahnhof Santa Justa. Avenida Kansas City, 41007 Sevilla, Tel. 954 782 002, www.andalucia.org

SPORT UND FREIZEIT

Fahrradverleih. Es gibt Fahrradvermietungen, die unterschiedliche Touren durch die Stadt anbieten. Eine davon ist »Sevilla Guia«, die einen Audioguide mitliefern. 3 Std. für Erwachsene 14 €, am einfachsten bucht man online. Deneb viajes, turismo y ocio, Calle Japón, 8, Edificio Giralda Este 12-F, oficina 6, 41020 Sevilla, Tel. 954 475 605, www.sevillaguia.com

NÜTZLICHE INFOS

Mit Kindern. Auf www.visitasevilla.es werden viele Tipps für Familien gegeben (Isla Magica, ein Vergnügungspark, Kanu fahren, Spielwarengeschäfe).

Tarjeta Turística. Sehr praktisch ist die Touristenkarte, mit der man vergünstigten Eintritt in Museen, auf Bustouren und in Restaurants erhält. 1–5 Tage buchbar. www.sevillacard.es

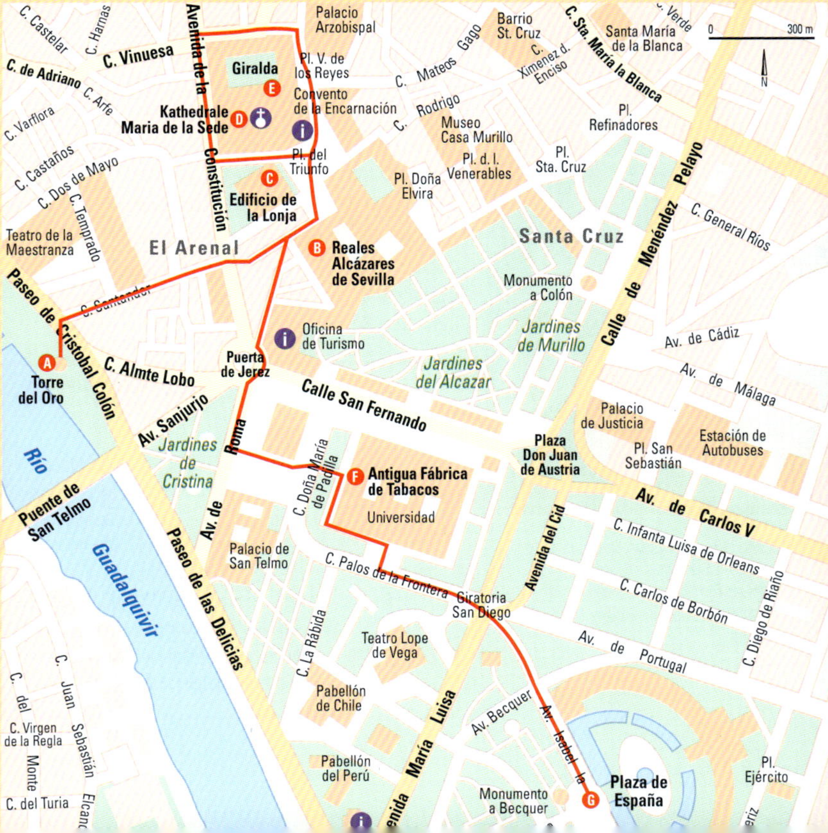

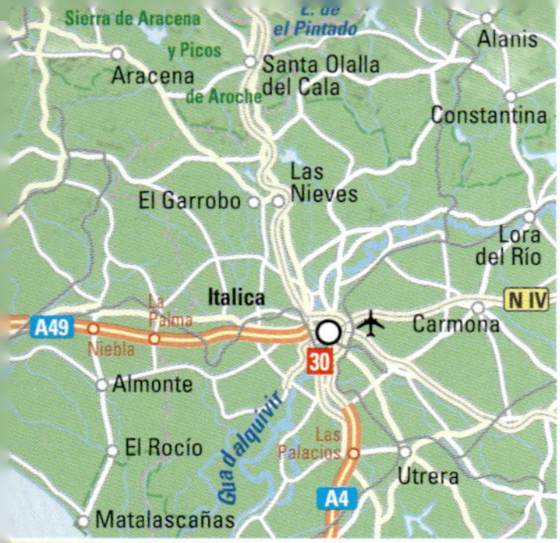

Mitte: Die Karwoche Semana santa wird in ganz Spanien gefeiert.
Unten: Die Sünder verbergen ihr Gesicht mit den traditionellen Spitzkappen.

30 Sevilla Semana santa
Die größte Osterprozession Spaniens

Die semana santa, die Karwoche, wird in Sevilla wie sonst nirgendwo in Spanien gefeiert. Während im restlichen Land an diesen Tagen Urlaub gemacht wird, bleiben die Sevillanos zu Hause, um an dem Großereignis teilzuhaben. Ausgerichtet werden die Prozessionen von den *hermandades*, Bruderschaften, die schon seit Jahrhunderten den Leidensweg Christi begleiten.

Geschichte

Die ersten *hermandades* schlossen sich bereits im 14. Jahrhundert zusammen. Doch die Entstehung der Prozessionstradition wird auf das Jahr 1521 zurückgeführt, als Fadrique Enríquez de Ribera, der erste Marquis von Tarifa, aus Jerusalem zurückkehrte und einen Kreuzweg festlegte. Dessen Stationen bilden den heutigen Verlauf der Bußprozessionen. In der zweiten Hälfte des 19. Jahrhunderts bildete sich die *semana santa* in ihrer heutigen Form.

MAL EHRLICH

NICHTS FÜR KINDER
Die semana santa ist ein Highlight in Sevilla. Da sie genau in die deutschen Osterferien fällt, kommen auch viele Familien mit Kindern. Doch unterschätzen Sie nicht die Massen an Menschen und die vielen Stunden, die Sie dort eingepfercht verbringen müssen. Das ist sehr anstrengend für Kinder und oftmals fürchten sie sich auch vor den unheimlichen Büßern. Mit Kind sollte man lieber klein anfangen und eine kleinere Osterprozession besuchen.

Ablauf

Die Prozessionen beginnen und enden an dem Sitz der jeweiligen Bruderschaft. Dabei ist genau festgelegt, welche *hermandades* an welchem Tag der Karwoche an der Reihe ist. Der Beginn heißt *salida*, Auszug aus der Kirche, und stellt den emotionalsten Teil dar. Der Prozessionszug besteht aus einem großen Leitkreuz, gefolgt von den *Nazarenos del Cristo*, den Christusbüßern. Die tragen – damit ihre Anonymität bewahrt bleibt – über dem Kopf spitze Hüte mit Schlitzen nur für die Augen. Danach folgt der *Paso del Cristo*, ein riesiger Heiligenschrein auf einem Thron, auf dem eine Szene aus dem Leidensweg Christi dargestellt ist. Er wird von bis zu 50 Leuten getragen und meist von einer Musikkapelle begleitet. Aufgrund seines enormen Gewichts geht es sehr langsam voran. Ihm folgt die zweite Gruppe der Büßer, die *Nazarenos de la Virgen*, die Büßer der Jungfrau. Der *Paso de la Virgen* zeigt die Jungfrau Maria unter einem Baldachin. Die Strecke führt zur Kathedrale. Dort wird Buße getan bevor man den Rückweg antritt.

Saetas

Am Weg stehen Sänger und Sängerinnen auf Balkonen, die die Prozession mit *saetas* empfangen. Dies sind Flamenco-Gesänge speziell für die *semana santa*, die ohne Musikbegleitung vorgetragen werden.

Träger eines tonnenschweren Pasos

Infos und Adressen

ÜBERNACHTEN

Las Casas de Judería. Diese restaurierten Häuser gruppieren sich um mehrere Patios. Wunderschön und der Klassiker in Sevilla. Callejón de dos Hermanos, 7, 41004 Sevilla, Tel. 954 415 150, www.casasypalacios.com

YH Giralda. Ein einfaches Hotel im Jugendherbergsstil. Dafür liegt es direkt im Viertel Santa Cruz, nur 100 Meter von der Giralda entfernt. Calle de Abades, 30, 41004 Sevilla, Tel. 954 228 324, www.yh-hoteles.com

Hotel Simon. Um einen Patio gruppieren sich großzügige, aber einfache Zimmer. Frühstück gibt es im Patio oder in einem der zahlreichen Cafés in der Nachbarschaft. In der Nähe der Plaza de Toros de la Maestranza. Calle García de Vinuesa, 19, 41001 Sevilla, Tel. 954 226 660, www.hotelsimosevilla.com

Hostería Laurel. Direkt im Viertel Santa Cruz gelegen, bietet dieses 2-Sterne-Hotel auch ein typisches Tapas-Restaurant, das Restaurante Hostería del Laurel. Plaza Venerables, 5, 41004 Sevilla, Tel. 954 220 295, www.hosteriadellaurel.com

Hotel Amadeus. Das Hotel bezaubert durch seinen Patio, in dem auch Konzerte stattfinden. Von der Dachterrasse aus hat man einen atemberaubenden Blick auf die nahe Kathedrale. Farnesio, 6, 41004 Sevilla, Tel. 954 501 443, www.hotelamadeussevilla.com

31 Carmona

Perle im Hinterland

In der fruchtbaren Vega del Corbones, auf dem Höhenzug Alcores, 43 Kilometer östlich von Sevilla, liegt Carmona, ein malerisches Städtchen, von dem bereits Ferdinand III. gesagt haben soll: »Wie der Morgenstern in der Morgenröte, so strahlt Carmona in Andalusien!« Hier findet man ein gigantisches Bauwerk, das auf das 3. Jahrhundert v. Chr. zurückgeht, sowie Gebäude und Ruinen aus fast allen folgenden Epochen.

Wegen seiner strategisch günstigen Lage ist Carmona einer der ältesten Orte Andalusiens. Seine Besiedelung führt zurück in prähistorische Zeit und wurde niemals unterbrochen. In der Antike war es ein blühender Handelsplatz, und zur Zeit von Julius Caesar die am stärksten befestigte Stadt des römischen Spaniens. Viele Sehenswürdigkeiten sind aus der Römerzeit erhalten. Heute hat Carmona etwa 28 600 Einwohner und lebt vor allem vom Tourismus. Daneben gibt es Wein-, Olivenöl-, Getreide- und Viehhandel.

Mitte: Blick auf Carmona in der Provinz Sevilla
Unten: Innenhof des Parador von Carmona

MAL EHRLICH

DIE BRATPFANNE ANDALUSIENS

Eigentlich macht es ja Spaß, sich auch die kleinen Städtchen und Dörfer anzusehen, an denen man auf seinem Weg vorbeikommt. Eines, das leicht zu erreichen ist und sogar einige Sehenswürdigkeiten zu bieten hat, ist Écija in der Nähe von Carmona. Der Ort trägt den Beinahmen »Stadt der Türme«. In Andalusien wird Ècija aber vor allem *Sartén de Andalucía* genannt, die Bratpfanne Andalusiens, denn es ist die heißeste Stadt weit und breit.

Sehenswertes

Die *Puerta de Sevilla* im Westen bildet die Grenze zwischen Altstadt und Neustadt. Die gigantische Toranlage stammt aus dem 3. Jh. v. Chr. und weist Reste einer punischen Befestigung auf. In römischer Zeit war sie ebenfalls Teil der Stadtmauer. Den Mittelteil der Anlage bildet ein rechteckiger Turm, zu dessen beiden Seiten Tore in die Stadtmauer eingelassen sind. Das dritte Tor errichteten später die Mauren. In augustinescher Zeit, etwa um Christi Geburt, stand an der Rückseite ein Tempel. Er war über einen Platz zu erreichen, der von einem *Portikus*, einem Säulengang, umgeben war. Heute ist nur noch dessen südliche Außenfassade zu sehen. Im Osten befindet sich die *Puerta de Córdoba*. Auch sie gehörte zur römischen Befestigungsanlage. Das Tor wurde mehrmals umgebaut und erhielt sein derzeitiges Erscheinungsbild im 18. Jahrhundert.

Durchschreitet man die Puerta de Sevilla, gelangt man zum Ortsausgang und hier zu den römischen Ausgrabungen. Auf dem Weg kommt man zur Iglesia San Pedro, deren Turm man bereits von Weitem sieht. Die dreischiffige Basilika mit Querhaus stammt aus dem 15. Jahrhundert. Im 18. Jahrhundert wurde sie im Stil des Barock umgestaltet und bekam einen 56 Meter hohen Turm, der nach dem Vorbild der Giralda in Sevilla gestaltet ist.

Das römische Amphitheater wurde wohl zwischen dem 1. bis 4. Jahrhundert erbaut und bisher nur teilweise ausgegraben. Die Archäologen konzentrierten sich auf die *Necrópolis Romana*, den römischen Friedhof. Seit sie 1868 entdeckt wurde, konnte bisher etwa ein Viertel der über 1000 Grabkammern freigelegt werden. Die rechteckigen Kammern sind unterirdisch und in den

AUTORENTIPP!

AUSGRABEN

Interessante Sommerkurse zum Thema Ausgrabungen bietet die Universidad Pablo de Olavide in Carmona in den Monaten Juli und August an. Der Kurs im August dauert drei Wochen und beschäftigt sich mit Theorie und Praxis von archäologischen Ausgrabungen. Von 8.00 bis 13.00 Uhr arbeiten die Teilnehmer in der Grabungsstätte, dann folgt eine halbstündige Pause und danach gibt es noch eine Stunde lang Theoretisches oder Besichtigungen. Die Kurse werden in spanischer Sprache abgehalten und richten sich in erster Linie an Studenten. Die Teilnahme kostet etwa 120 Euro. Die Kurse werden in Zusammenarbeit mit dem Stadtmuseum Carmona organisiert. Wer sich für das Angebot interessiert, findet weitere Infos in spanischer Sprache im Internet unter www.asociacionlosdolmenes.blogspot.com, oder bei der Universität.
Centro en Carmona de la Universidad Pablo de Olavide, Casa Palacio de los Briones, C alle Ramón y Cajal, 15, 41410. Carmona,
Tel. 954 978 149 / 954 144 355

Oben: Gasse zum Stadttor Puerta de Sevilla in Carmona
Mitte: Im Stadtmuseum von Carmona lässt sich die Geschichte der Region sehr gut erkunden.
Unten: Esel und Mulis als Arbeitstiere sieht man nur noch selten.

Fels gehauen und enthalten Nischen zur Aufbewahrung der Urnen. Ihre Wände waren mit Malereien geschmückt – geometrische und florale Motive, aber auch Totenzeremonien. Die Funde sind im angeschlossenen Museum ausgestellt. Gleich links vom Eingang der Nekropole stieß man auf eine aufwendige Grabanlage, die mit einem fast 60 Zentimeter hohen steinernen Elefanten geschmückt ist. Nach ihm heißt die Stätte *Tumba del Elefante*, Elefantengrab. Da der Elefant verschiedene Bedeutungen hat, vom Symbol des langen Lebens über Kriegselefanten bis zum Wappentier der Punier, gibt es zwar viele Spekulationen über seine Bedeutung, aber keine Gewissheit. Die Anlage besitzt einen Patio, Speisesäle, Küche, Brunnen und mehrere kleinere Räume. Zurückzuführen ist die pompöse Ausstattung dieses Grabes auf die römische Vorstellung des Jenseits, nach dem die Toten nicht auf ihren gewohnten Luxus verzichten sollen. Im Westen der Nekropole liegt die *Tumba de Servilia*, der größte Grabbezirk, den wohlhabenden und einflussreichen Familien der Stadt vorbehalten. Im Zentrum befindet sich ein großer Hof, der von einem zweigeschossigen Säulengang umgeben war. Die Grabkammern sind in den Fels gehauen und weisen eine prächtige Ausstattung mit Wanddekorationen und Skulpturen auf.

Innerhalb der Stadt finden sich typisch maurische Straßen und Plätze sowie die Ruinen des Alcázar in der Nähe der Puerta de Córdoba. Peter I. ließ ihn zum Palast ausbauen und nutzte ihn als bevorzugte Wohnstätte. Heute ist innerhalb der Ruinen der *Parador Alcázar del Rey Don Pedro* untergebracht. Die *Iglesia de Santa María* ist eine dreischiffige gotische Hallenkirche, die 1578 fertiggestellt wurde und bis zum 19. Jahrhundert einige Umgestaltungen erlebt hat. Im Innern befindet sich ein Hochalter im plateresken Stil.

Infos und Adressen

INFORMATION

Oficina de Turismo. Das Touristenbüro ist Mo–Fr 10–18 Uhr und an Sonn- und Feiertagen 10–15 Uhr geöffnet. Im Juli und August Siesta 15–16.30 Uhr. Alcázar de la Puerta de Sevilla, s/n, 41410 Carmona, Tel. 954 190 080, E-Mail turismo@carmona.org, www.carmona.org

Alcázar de la Puerta de Sevilla. Der Alcázar de la Puerta de Sevilla hat dieselben Öffnungszeiten wie das Touristenbüro. Plaza del Palenque, 7, 41410 Carmona, Tel. 954 190 955, E-Mail turismo@carmona.org, www.carmona.org

Museo de la Ciudad – Stadtmuseum. Calle San Ildefonso, 1, 41410 Carmona, Tel. 954 140 128, www.museociudad.carmona.org

ESSEN UND TRINKEN

Restaurante Emilio. Familienfreundliches Restaurant in der Neustadt, in dem man für etwa 20 Euro essen kann. Es gibt auch Tapas und Kinderteller. Calle del Romero, 46-48, 41410 Carmona, Tel. 902 104 143

Eine Gasse in Carmona

Hausfassade im maurischen Stil, mit typisch blauen Kacheln verziert.

ÜBERNACHTEN

Parador de Carmona. Der Parador hat 63 helle, mit maurischen Elementen dekorierte Zimmer mit Bad oder Dusche sowie Heizung und Klimaanlage. Von Mai bis Oktober ist der Pool geöffnet, der in einem gepflegten Garten mit Sonnenterrasse liegt. Die Übernachtung im Doppelzimmer gibt es ab circa 160 Euro. Ein Restaurant ist vorhanden. Alcázar, s/n, 41410 Carmona, www.paradores.de

Casa de Carmona. Hotel im Zentrum von Carmona. Zimmer mit guter Ausstattung ab circa 130 Euro pro Doppelzimmer. Bar und Restaurant sind vorhanden. Plaza de Lasso, 1, 41410 Carmona, Tel. 954 191 000, Fax 954 190 189, E-Mail reserve@casadecarmona.com, www.casadecarmona.com

Mitte: Reste der römischen Stadt Itálica bei Santiponce
Unten: Mosaik im Haus der Vögel in der Ausgrabungsstätte Itálica

32 Itálica

Rom in Spanien

Nördlich von Sevilla, hinter dem Dorf Santiponce stößt man auf die Reste der Stadt Itálica; die erste Gründung der Römer auf iberischem Boden. Und sie war sehr römisch. Zu Ehren ihrer Heimat nannten ihre Erbauer sie Itálica. Die Stadt geht zurück auf den berühmten Heerführer Scipio Africanus d. Ä., der in dem Ort die verwundeten Soldaten aus dem Zweiten Punischen Krieg, um 206 v. Chr., ansiedelte.

Es heißt, der Feldherr habe seinen Veteranen ein kleines Heer zur Seite gestellt, das er für Friedenszeiten als ausreichend erachtete. Er gab ihnen Geld und Land, was den ehemaligen Soldaten nach Beendigung ihrer Dienstzeit zustand. Die Römer nahmen sich Frauen aus der Umgebung und sorgten dafür, dass aus der kleinen Siedlung bald eine ansehnliche Stadt wurde. In ihren Glanzzeiten war sie der wichtigste Verkehrsknotenpunkt in Andalusien und hatte etwa 10 000 Einwohner. Itá-

MAL EHRLICH

GEGENPAPST

Südlich von Sevilla, in El Palmar de Troya, gibt es eine Sekte, deren Führer sich vor über 40 Jahren zum »Papst« ernannte, als Kritik an der katholischen Kirche. Die Sekte heißt *Palmarianische Kirche*. Ihren Tempel, den »zweiten Vatikan«, kann man besichtigen. 2005 starb der »Gegenpapst«, und sein Nachfolger erließ strenge Gesetze, die den Umgang mit Nichtmitgliedern verbieten. Zwar ist auch er inzwischen tot, doch die Sekte lebt weiter. Ob man sie durch Eintrittsgeld unterstützen sollte, bleibt dahingestellt.

lica brachte zwei römische Kaiser hervor. Kaiser Trajan, der von 98 bis 117 regierte, und Kaiser Hadrian, der ihm folgte und bis 138 Regent über das Römische Reich war. Die Stadt gewann durch die beiden Kaiser erneut an Bedeutung und wurde um das Wohngebiet *Nova Urbs* erweitert. Itálica wurde bis in die maurische Zeit hinein bewohnt und diente danach als Steinbruch. Später wurde das Dorf Santiponce auf das Stadtgebiet des ehemaligen Itálica verlegt.

Eine römische Stadt

Die Ausgrabungsstätte Itálica gehört zu den wichtigsten in ganz Spanien, denn hier liegt eine vollständige römische Stadt. Zwar wird der ältere Teil unter dem Dorf Santiponce vermutet, doch die Neustadt Nova Urbs ist freigelegt. Die Linienführung des Straßennetzes ist orthogonal, das heißt, die Straßen treffen immer im rechten Winkel aufeinander und bilden Blocks verschiedener Größe. Die Anlage der Straßen folgt somit dem typischen römischen Plan. Bemerkenswert ist die Hauptstraße, die eine Breite von fast 16 Metern aufweist, wobei acht Meter für die Fahrbahnen genutzt wurden. Die je vier Meter breiten Bürgersteige verliefen in Säulengängen. Noch heute sind der Steinplattenbelag und die Randsteine der Straßen sowie die Pfeiler der Säulengänge zu sehen. Die Häuser entlang der Straßen waren im damals modernen *Peristyl* erbaut, einem Baustil, den die Römer ab dem 2. Jh. v. Chr. von den Griechen übernommen hatten. Um einen Hof herum verläuft das *Peristyl*, ein Säulenumgang, von dem die Räume abgehen. Im Innern hatte das Stadthaus, *domus*, eine reiche Ausstattung wie Mosaikböden, Heizung, Wasserbecken und begrünte Höfe. Im Süden der Stadt lag eine öffentliche Therme, die ebenfalls reich geschmückt war und vom Wohlstand der Einwohner zeugte. Das Zentrum der Neustadt, die von ei-

AUTORENTIPP!

AUSGRABUNGEN IN MULVA – MUNIGUA

Eine weitere interessante Ausgrabungsstätte ist Munigua, das auch unter *Castillo del Mulva* bekannt ist. Es liegt rund 40 Kilometer von Itálica und gut 20 Kilometer von Carmona, in nördlicher Richtung. Die iberische Siedlung aus dem 4. Jh. v. Chr. befindet sich auf einem Hügel nahe der Bergarbeiterstadt Villanueva del Río y Minas. Obwohl der Ort recht abseits liegt, wurde er in römischer Zeit zu einem wichtigen Verwaltungsort. Das größte Gebäude ist ein Heiligtum aus dem 1. Jahrhundert, das an einem Hügel angelehnt ist. Treppen und Rampen führen zu den Terrassen in unterschiedlichen Höhen und bis hinauf zu einem Tempel. Am Fuß der Anlage befanden sich ein Tempelbezirk und das Forum. Inzwischen sind zahlreiche Wohnhäuser, die Thermen und einige Gräberfelder freigelegt. Die Stadt soll durch ein Erdbeben im 3. Jahrhundert stark geschädigt und im 6. Jahrhundert von den letzten Einwohnern verlassen worden sein.

Das Amphitheater von Itálica

Oben: Kopie der Statue der Diana beim Amphitheater
Mitte: Mosaik im Neptun-Haus
Unten: Der Raum der Gladiatoren in Itálica. Früher Vorbereitungszentrum für die großen Kämpfe.

ner mächtigen Stadtmauer umgeben war, bildete das Forum, der öffentliche Platz mit einem Tempel. Dieser diente wahrscheinlich dem Kaiserkult, der gerade in den Provinzen als Ausdruck der Loyalität gegenüber Rom große Bedeutung hatte. Unter Kaiser Hadrian erhielt die Stadt eine Wasserversorgung und eine Kanalisation. Das Frischwasser wurde über ein Aquädukt herangeführt und in Zisternen gesammelt, von wo aus es in die Hauptgebäude, Brunnen und öffentlichen Bäder geleitet wurde.

Ausgrabungen

Die *Casa de los Pájaros*, das Haus der Vögel, gelegen an einer der Hauptstraßen in der Nähe des Forums, hat einen gut erhaltenen Fußboden aus Mosaiken, die 32 verschiedene Vögel darstellen. Der Raum mit dem Mosaik hat zwei Zugänge. Einer lässt vermuten, dass es sich um eine Bäckerei handelt, denn er führt in ein Zimmer mit Backofen. Über den zweiten erreicht man das Vestibül, den überdachten Eingangsbereich, über den man in den mit Säulengängen umgebenen Hof gelangt. Sehenswert ist auch das Amphitheater, das zu den größten des römischen Reichs zählt. Es hat eine ovale Form und ist 160 Meter lang und 137 Meter breit. Sein Fassungsvermögen beträgt 25 000 Zuschauer. Das Theater liegt außerhalb der Stadtmauern am Fuß eines Hügels, an dem sich die Zuschauertribüne hochzog. Die unteren Sitzreihen tragen eingemeißelt Namen, was ein Beleg dafür ist, dass diese Plätze den Patriziern vorbehalten waren. Die kreuzförmige Vertiefung im Bühnenbereich war früher abgedeckt und diente als Lagerstätte. Im Amphitheater wurden Gladiatoren- und Tierkämpfe gezeigt.
Yacimiento Arqueológico de Munigia, 41350 Villanueva del Río y Minas, www.villanuevadelasminas.es

Infos und Adressen

INFORMATION

Itálica Ausgrabungen. Das Grabungsfeld ist von April bis September Di–Sa 8.30–20.30 Uhr und an Sonn- und Feiertagen 9–15 Uhr geöffnet. Von Oktober bis März Di–Sa 9–17.30 Uhr und an Sonn- und Feiertagen 10–16 Uhr. Mo ist Ruhetag. Avenida Extremadura, 2, 41970 Santiponce

Touristeninformation. Calle La Feria, s/n, 41970 Santiponce, Tel. 955 998 028, E-Mail santiponce@dipusevilla.es, www.turismosantiponce.com

Kloster de San Isidoro del Campo. Die ehemaliger Zisterzienserabtei wurde 1301 von Alonso Pérez de Guzmán, *Guzmán el Bueno*, und seiner Ehefrau gestiftet. Ihre Grabstätten kann man heute noch besuchen. Im Jahr 1431 wurde das Kloster von Hieronymitenmönchen übernommen und bis 1836 bewohnt. Öffnungszeiten von Oktober bis März Mi–Sa 10–14 Uhr, Fr und Sa zusätzlich 16–19 Uhr und an Sonn- und Feiertagen 10–15 Uhr. Von April bis September Mi–Sa 10–14 Uhr, Fr und Sa zusätzl. 17.30–20.30 Uhr und an Sonn- und Feiertagen 10–15 Uhr. Mo und Di geschlossen.
Calle Monasterio San Isidoro del Campo, 41970 Santiponce, Tel. 955 996 920, Fax 955 996 392

Büste von Kaiser Hadrian, der in Itálica geboren ist.

Römische Ruinen in der Ausgrabungsstätte Itálica

ESSEN UND TRINKEN

Restaurante Ventorrillo Canario. Spezialisiert auf Fleischgerichte, gehobene Preiskategorie. Zum Restaurant gehört auch ein Hotel. Avenida Extremadura, 13, 41970 Santiponce, Tel. 955 996 700, E-Mail info@ventorrillocanario.com, www.ventorrillocanario.com

Ventorrillo Romano. Landgasthaus mit regionalen Gerichten. Avenida Extremadura, km 4, 41970 Santiponce, Tel. 955 997 377

Restaurante Jomapa. Schnellrestaurant, nur 100 Meter von der Grabungsstelle, tägl. 21–0 Uhr. Montag Ruhetag. Avenida Rocío Vega, 16, 41970 Santiponce, Tel. 955 997 869

P

AM ATLANTIK

Vorangehende Doppelseite: Cádiz liegt auf einer Landzunge und ist vom Meer umgeben.
Mitte: Blick auf Aracena von der Kirche »Iglesia prioral de Nuestra Señora del Mayor Dolor« aus
Unten: Korkeichen in der Sierra de Aracena in der Provinz Huelva

33 Aracena
Hauptstadt der Berge

Inmitten des Naturparks Sierra de Aracena y Picos de Aroche liegt der Ort Aracena. Kastanien, Kork- und Steineichen sind die vorherrschende Vegetation in diesem Mittelgebirge, das zur Sierra Morena zählt. Auf einer Fläche von 1860 Quadratkilometern gibt es nur 28 Dörfer. Hier scheint die Zeit stehen geblieben zu sein, hier kreist der Steinadler am Himmel, und es duftet nach Thymian und Rosmarin.

Spuren erster Ansiedlungen gehen auf das Jahr 3000 v. Chr. zurück. Vermutlich hatten die Phönizier hier einen Handelsstützpunkt errichtet. Doch es gibt auch Bodenschätze, die über die Jahrhunderte hinweg zu einer kontinuierlichen Besiedelung führten. Heute hat Aracena etwa 8000 Einwohner und lebt vor allem vom Tourismus und der Schinkenproduktion. Die Region zählt zwar zu den regenreichsten Gebieten in ganz Andalusien, es gibt aber wenig Landwirtschaft. Schweine fühlen sich in den kühlen Laubwäldern ausgesprochen wohl, und so wird hier das Iberische Schwein gehalten, bekannt auch als »schwarzes Schwein«. Aus der Region um Aracena, Jabugo, Cumbres Mayores und Cortegana kommt der berühmte Bergschinken *Jamón de Huelva.*

Sehenswertes

Obwohl Aracena nur 85 Kilometer von Sevilla entfernt liegt, taucht der Besucher in eine andere Welt ein. Denn Aracena steht für das ursprüngliche Andalusien. Erholung und Behaglichkeit verströmt die gut erhaltene Altstadt mit ihren vielen Plätzen und Bars. Über allem thront die Kirche *Iglesia Prioral de Nuestra Señora del Mayor Dolor,*

Plaza de Marqués de Aracena

eine Klosterkirche, die zwischen dem 12. und 15. Jahrhundert auf den Ruinen der maurischen Burg von Aracena erbaut worden ist. Die Besonderheit der Kirche besteht in den zahlreichen gotischen Elementen, die für die Region eher untypisch sind. Attraktion von Aracena ist die Tropfsteinhöhle *Grutas de Maravillas,* Wundergrotten. Über einen Kilometer weit kann man in das Erdinnere vordringen und sich an unterirdischen Seen und Hallen sowie Gesteinsformationen erfreuen. Der größte Saal in 50 Metern Tiefe ist 50 Meter hoch. Die Höhle ist ganzjährig geöffnet. Eine weitere Sehenswürdigkeit, vor allem für Feinschmecker, ist das Schinkenmuseum im historischen Zentrum der Stadt.

Umgebung

Das Wandern in der Sierra de Aracena ist fast noch ein Geheimtipp. Es gibt einige ausgewiesene Wege, die mit »GR«, *Gran Recorrido,* mehr als 50 Kilometer lang, oder »PR«, *Pequeño Recorrido,* zwischen zehn und 50 Kilometer Länge, gekennzeichnet sind. Die Wege führen über römische Straßen, vorbei an Ruinen und durch kleine Orte, die einen altertümlichen Charme ausstrahlen. In der Sierra plätschern Flüsse und entspringen klare Quellen, an denen man sich bedenkenlos erfrischen kann. Nur Wasserstellen mit der Bezeich-

AUTORENTIPP!

SO WIRD DER SCHINKEN GEMACHT

In Jabugo, über die N-433 etwa 75 Kilometer von Aracena entfernt, wird in der Fabrik Bellota Cinco Jotas der *pata negra* hergestellt. Nur hier gibt es das spezielle Mikroklima, das der Schinken zum Reifen braucht: Hitze im Sommer, Eis und Schnee im Winter, Trockenheit am Tage und Feuchtigkeit in der Nacht. Dies sind die besten Voraussetzungen für den berühmten Schinken aus den Bergen von Huelva und so siedelte der Firmengründer Sánchez Romero Carvajal seine Produktion bereits vor über 130 Jahren in Jabugo an. Das sagen zumindest die Firmenannalen. Wer sich für die Herstellung des Schinkens interessiert, kann sich per Telefon oder über die Website der Firma zu einer Werksführung anmelden.

Dpto. de RR.PP de Sánchez Romero Carvajal, Carretera Huelva – Badajoz s/n – Jabugo (Huelva),
Tel. 959 121 194, Fax 925 121 076,
www.cincojotas.com

Oben: Gasse in Jabugo, Sierra de Aracena
Mitte: Figur auf der Plaza in Aracena
Unten: Feierabend in Almonaster la Real in der Sierra de Aracena

nung *no potable* haben keine Trinkwasserqualität. Immer wieder läuft man über Weiden, muss Gatter öffnen und schließen und fragt sich hin und wieder, ob man sich überhaupt noch auf dem rechten Pfad befinden. Doch keine Angst, in Spanien gilt die Faustregel: so lange es keinen anderen Hinweis gibt, geht es immer geradeaus.

Die Tier- und Pflanzenwelt ist vielfältig und ländlich. Hier leben Arten, die man im übrigen Europa kaum noch in freier Wildbahn findet. Geier, Adler, Wildkatze und Habicht sind nur einige Beispiele der reichen Fauna. Ab Dezember bis weit ins Frühjahr hinein sprießen Blumen, Kräuter und Gräser und weben einen durchgehend grünen Teppich. Im Herbst verfärben sich die Blätter der Laubbäume, es gibt Pilze und Nüsse und zwischen März und November auch einen kräftigen Ziegenkäse zum Serrano-Schinken.

Wer nur einen Spaziergang unternehmen möchte, kann sich von Aracena aus auf den Weg nach Linares de la Sierra begeben, das etwa 4,5 Kilometer weit entfernt ist. Es ist ein alter Handelspfad, vorbei an Gärten und Feldern, an Steineichen und Schweinen, durch das Tal und über einen alten Brückenkopf. Ein zauberhafter Weg, der zu jeder Jahreszeit seinen Reiz hat. Mit dem Auto ist man schnell im gut 20 Kilometer entfernten Santa Ana la Real, einem kleinen Dörfchen mit gerade einmal 500 Einwohnern, engen Gassen und einem auffälligen Dorfbrunnen, dem ehemaligen Waschplatz des Ortes. In der Nähe findet man den Wasserfall *El Chorro* (der Wasserstrahl), der höchst gelegenen in der Sierra de Aracena. Die kleine Wanderung dorthin führt durch wunderschöne Haine und über den Fluss Rivera de Santa Ana. Weitere Wanderrouten, auch in deutscher Sprache, gibt es im Büro des Naturparks oder bei der Touristeninformation.

Infos und Adressen

INFORMATION

Touristeninformation. Calle Pozo de la Nieve, ohne Hausnummer, 21200 Aracena, Tel. 663 937 877, E-Mail turismo@ayto-aracena.es, Öffnungszeiten: Tägl. 10–14 Uhr und 16–18 Uhr.
Wer sich für Radtouren in der Sierra de Aracena interessiert, sollte bei der Touristeninformation nachfragen, es gibt einige Veranstalter, die auch Mountainbiking anbieten.
Tropfsteinhöhle. Öffnungszeiten tägl. 10–13.30 Uhr und 15–18 Uhr. Eintritt für Erwachsene 8,50 Euro. Ein Kombiticket mit dem Schinkenmuseum bekommt man für 10 Euro. Calle Pozo de la Nieve, s/n, 21200 Aracena, mobil 663 937 876, E-Mail grutadelasmaravillas@ayto-aracena.es
Schinkenmuseum. Öffnungszeiten Mo–So, 11–13.45 Uhr und 15.30–18.30 Uhr. Um 11, 13.15, 16 und 18 Uhr finden Führungen statt. Erwachsene zahlen 3 Euro Eintritt. Jedes Jahr am 3. Wochenende im Oktober findet in Aracena das Fest des Schinkens statt.
Calle Gran Vía, s/n, 21200 Aracena, mobil 663 937 870, E-Mail museodeljamon@ayto-aracena.es, www.aracena.es
Oficina del Parque (Büro des Naturparks). Plaza Alta, s/n, Edificio Cabildo Viejo, 21200 Aracena, Tel. 959 129 539, Fax 959 129 538, E-Mail pn.aracena.cma@juntadeandalucia.es

Die Mezquita von Almonaster la Real ist heute ein Museum.

ESSEN UND TRINKEN

Restaurante Montecruz. Das gemütliche Restaurant bietet Spezialitäten aus der Region, teilweise auch ökologische Gerichte. Preiskategorie: gehoben. Öffnungszeiten tägl. 9.30 –23.30 Uhr. Plaza de San Pedro, s/n, 21200 Aracena, Tel. 959 126 013, E-Mail montecruz@telefonica.net
Restaurante Casa El Padrino. Das alte Bauernhaus wurde 1984 zum Restaurant umgebaut. Die Küche bietet Leckereien aus der Region für etwa 15 Euro. Plaza Miguel Moya, 2, 21340 Alájar, Tel. 959 125 601

Der Abend wird auch hier in den Straßen Almonaster la Real mit Tapas eingeläutet.

Mitte: Kirche Iglesia de la Asunción in Almonte
Unten: An den Strand schlendern. Der bietet vielseitige Möglichkeiten – von Sport bis Entspannung.

34 Almonte und Huelva
Zwei Städte, eine Provinz

Almonte gilt als Vorposten der Doñana und Huelva ist die Hauptstadt der gleichnamigen Provinz, die die westlichste Andalusiens ist. An der Grenze zu Portugal haben sich der ländliche Charme und die Ursprünglichkeit des Landes bewahrt. Noch steht die Region an der Schwelle vom Agrarland zum Tourismusgebiet. Eine gute Zeit also, um sich hier ein wenig umzusehen.

Almonte hat etwa 22 000 Einwohner und besteht aus drei Gemeindeteilen: Almonte Stadt, El Rocío, dem Wallfahrtsort in der Doñana, und Matalascañas, einem vor allem bei spanischen Touristen beliebten Badeort. Aus Almonte und Umgebung kommt der bekannte Weißwein »*Condado de Huelva*«, und es gibt jede Menge Bodegas, in denen man Wein und ländliche Schlemmereien genießen kann. Der Ort trägt die typischen Zeichen eines weißen Dorfes: schmale Gassen, weiß getünchte Häuser mit schmiedeeisernen Balkongittern und eine Plaza im Zentrum der Stadt. Hier, an der Plaza de la Virgen del Rocío, steht das beeindruckende Rathaus aus dem 16. Jahrhundert mit seinen Arkaden und einem sehr schönen Vorplatz. Ein wenig weiter findet man die *Iglesia Nuestra Señora de la Asunción*, deren imposante Fassade aus dem 17. und 18. Jahrhundert stammt. Im Innern befindet sich ein Grabstein aus dem 5. Jahrhundert und es gibt noch eine Kapelle im Mudéjar-Stil, übrig geblieben aus der Vorgängerkirche. Alle sieben Jahre wird das Bild der *Virgen del Rocío*, der Schutzheiligen der Stadt, in einer Wallfahrt in die Kirche gebracht und dort aufbewahrt. Das Stadtmuseum informiert über die alten Bräuche der Region und über Fischerei, Viehhaltung und Jagd.

Parque Dunar

In der Nähe von Matalascanas liegt ein einzigartiger Dünenpark, *Parque Dunar*. Er hat eine Ausdehnung von 1,3 Quadratkilometern und kann mit Wanderdünen, einer fossilen Düne, die bis in den nächsten Ort Mazagon reicht und mit einem Wald, bestehend aus einer einzigen Pinienart, aufwarten. Der Park stellt die Bedeutung des Feuchtgebiets Doñana für die Umwelt dar und soll die Prinzipien der Nachhaltigkeit vermitteln. Der Parque Dunar wurde auf Initiative einer internationalen Expertenkommission ins Leben gerufen. Durch das Gebiet führen Wanderwege, Rad- und Reitwege. Außerdem kann man den Park auch auf einer einstündigen Tour per Dromedar erkunden. Weitere Informationen gibt es im Besucherzentrum.

Huelva Stadt

Dort wo heute Huelva liegt, hatten vor 3000 Jahren Griechen und Phönizier die Tartessos-Kultur geschaffen. Schon damals wurde dort Erz abgebaut, war die Region für ihren Metallreichtum bekannt. Heute ist Huelva eine Industriestadt mit etwa 150 000 Einwohnern. Flächenmäßig besitzt es nach Barcelona den zweitgrößten Hafen in Spanien. Das Umland ist ursprünglich und noch von ländlichem Charme geprägt. Allerdings auch durchzogen von riesigen Erdbeer-Anbaugebieten. Monokulturen, die ähnlich gezüchtet werden wie das Gemüse in Almería. Nur allmählich setzt sich auch ökologischer Anbau durch.

Wer Huelva besucht, sollte unbedingt einen Abstecher zum *Barrio Reina Victoria*, Arbeiterviertel machen. Von 1919 bis 1923 wurden fast 300 Wohnungen von der englischen Minengesellschaft *Minera de Riotinto* im viktorianischen Stil gebaut. Das entstandene Stadtviertel hat 81 Gebäude und

AUTORENTIPP!

DIE ROUTE DER BERGWERKE

An der Route liegen die Orte Berrocal, Campofrío, La Granade de Río Tinto, Minas de Río Tinto, Nerva und Zalamea la Real. Die Bodenschätze der Region und ihr Abbau durch die Engländer ist Thema dieser Tour. Der Bergbaupark *Parque Minero de Río* Tinto hat eine Fläche von neun Quadratkilometern und bietet eine Zugfahrt entlang der alten Bahnstrecke, über die das Erz nach Huelva transportiert wurde, sowie alte Stollen, einen römischen Friedhof und das Stadtviertel Bellavista, das sich die englischen Bergwerksbarone Ende des 19. Jahrhunderts erbauen ließen und das heute noch unverändert in Minas de Río Tinto zu finden ist.

Parque Minero de Río Tinto.
Öffnungszeiten ganzjährig 10.30–19.30 Uhr, Kinder und Senioren zahlen 9 Euro, Erwachsene 10 Euro für das Museum und die Mine. Die Zugfahrt kostet extra. Plaza Ernest Lluch, 21660 Minas de Río Tinto, Tel. 959 590 025, www.parquemineroderiotinto.com

Oben: Das Rathaus in Moguer in der Provinz Huelva
Mitte: Im Kloster La Rabida hielt sich schon Kolumbus auf.
Unten: Innenhof des Klosters La Rabida in Huelva

sieht aus wie eine englische Kleinstadt. Eine weitere Sehenswürdigkeit ist die Kathedrale *La Merced*, die zu einem alten Kloster gehörte. Sie stammt aus dem 18. Jahrhundert und gilt als die schönste Barockkirche der Region. Im *Museo Provincial* (Provinzmuseum) gibt es Funde der tartessischen Kultur zu sehen sowie Gemälde und Kunstgegenstände aus verschiedenen Epochen.

Ruta Colombina

In der Region um Huelva bereitete sich einst Christoph Kolumbus auf seine großen Reisen nach Westen vor. Die Kolumbus-Route, die *Routa Colombina*, folgt den Spuren des Entdeckers.

Oberhalb von Huelva befindet sich das *Sanctuario de Nuestra Señora de la Cinta*, das der Schutzheiligen der Stadt gewidmet ist. Man steigt den Hügel hinauf bis zum Aussichtspunkt *El Conquero*, wo sich auch das Sanctuario befindet, das im gotischen Mudéjar-Stil erbaut wurde. Kolumbus betete hier und genoss die Aussicht über die Stadt und den Fluss. Das Franziskanerkloster *Monasterio La Rábida* liegt südlich von Huelva. Es gehört zur Gemeinde Palos de la Frontera, von wo aus Kolumbus zu seiner ersten Entdeckungsreise startete. Nachdem Kolumbus zunächst weder in Portugal noch in Spanien Unterstützung gefunden hatte, lebte er im *Kloster La Rábida*, wo er mit den Mönchen seine Pläne besprach. Pater Juan Perez bat schließlich Königin Isabel I., dem Vorhaben zuzustimmen. Am nahe gelegenen Kai kann man Nachbauten der drei Karavellen des Entdeckers besichtigen. Auch im etwa acht Kilometer nördlich von Palos gelegenen Moguer kann man auf den Spuren des genuesischen Seefahrers wandeln. Im *Kloster Santa Clara*, im gotischen Mudéjar-Stil errichtet, soll sich Kolumbus öfters aufgehalten, und nach seiner Rückkehr aus Amerika eine Nacht lang gebetet haben.

Infos und Adressen

INFORMATION

Oficina de Turismo Almonte. Calle Alonso Pérez, 1, 21730 Almonte, Tel. 959 450 616

Ayuntamiento Almonte. Calle Antonio Machado, 17, 21730 Almonte, Tel. 959 407 857

Oficina de Turismo de Matalascañas. Parque Dunar. 21760 Matalascañas (Almonte), Tel. 959 430 086, E-Mail turismo@aytoalmonte.es

Sehr gute Website auf Deutsch. www.turismo-huelva.org

SEHENSWÜRDIGKEITEN

Iglesia La Asunción. Calle Rector Martín Villa, 26–28, 21730 Almonte, Tel. 959 406 133

Museo de la Villa (Heimatmuseum). Von Mo–Sa geöffnet, im Sommer nur vormittags. Das Museum ist in einer alten Ölmühle untergebracht. Calle Sebastián Conde, 8, 21760 Almonte (Huelva), Tel. 959 451 503, E-Mail museodelavilla@aytoalmonte.es

Museo Mundo del Marino (Museum Welt des Ozeans). Öffnungszeiten: Di–Fr, 10–14 Uhr, Erwachsene zahlen 5,60 Euro. Führungen oder Gruppenanmeldungen bitte reservieren. Der Dünenpark ist kostenlos. Parque Dunar, *Parque Dunar* Ctra. A-494 a, Mazagón, 21760 Matalascañas (Almonte), Tel. 959 448 409, Fax 959 448 061, E-Mail mundomarino@museomundomarino.es

AKTIVITÄTEN

Reitausflüge und Fahrradverleih. Arte Andaluz, Carretera Huelva – Matalascañas, km 34,6, 21130 Mazagon, Tel. 959 106 683, mobil 626 022 055 (zum Reservieren), E-Mail info@arteandaluz.es, www.arteandaluz.es

Touren mit dem Dromedar. Die Tour dauert etwa eine Stunde, zuzüglich 20 Minuten Vorbereitung, und kostet 18 Euro für Erwachsene und 14 Euro für Kinder bis 11 Jahre. Aires Africanos, Parque Dunar de Doñana, Tel. 959 448 577, E-Mail rompeolas_anim@terra.es, www.airesafricanos.com

Golf. Golf Dunas de *Donñana* Huelva 18, Tel. 959 441 810, E-Mail dunasdonana@golf-andalucia.net, www.golfdunasdedonana.es

Golf. Club de Golf Bellavista Huelva 18, Tel. 959 319 017/18, E-Mail bellavista@golf-andalucia.net, www.golfbellavista.com

Matrose auf einer Karavelle von Kolumbus im Dock von Palos de la Frontera

35 El Rocío

Dorf der Wallfahrt und wilder Stuten

El Rocío gehört zu Almonte und liegt am Rande des Nationalparks Doñana. Es ist eine Art Westernstadtkulisse. Zumindest, wenn man es außerhalb der Wallfahrt, der Romería, besucht. Der Ort hat keine befestigten Straßen, sodass man möglichst außerhalb parken sollte. Es sei denn, man verfügt über Vierradantrieb oder ein Pferd. El Rocío hat etwa 800 Einwohner, zur Romería aber kommen eine Million Menschen.

In El Rocío stehen die meisten Häuser leer, denn sie gehören sogenannten Bruderschaften, die sie lediglich zur Zeit der Wallfahrt an Pfingsten benutzen. Im Zentrum thront die Kirche *Eremita del Rocío*, und um sie herum findet man einige kleine Läden, Restaurants und Hotels. Der Ort lebt hauptsächlich von der *Romería* und dem zweiten großen Ereignis eines jeden Jahres, dem Einfangen der Wildpferde im Juni, bei dem sich nochmals einige tausend Zuschauer einfinden. Die restlichen elf Monate des Jahres schlummert der Ort vor sich hin.

Mitte: Wallfahrtskirche »La Paloma Blanca in El Rocío« in Huelva
Unten: Die Jungfrau von El Rocío, die auch »Weiße Taube« genannt wird.

MAL EHRLICH

TIERSCHUTZ BEI DER WALLFAHRT wird leider noch immer vernachlässigt. Jedes Jahr verenden Pferde an Überanstrengung, oder sie verdursten. Obwohl ein Veterinär vor Ort ist, kommt oft jede Hilfe zu spät. Noch immer gibt es Wallfahrer, die gegen den eigenen Durst bestens gerüstet sind, aber nicht an ihre Pferde denken. Das wird jedes Jahr aufs Neue in den Medien angeprangert und diskutiert, doch es passiert leider immer wieder.

Die Wallfahrt

Die heilige Jungfrau von El Rocío ist seit dem 15. Jahrhundert die Schutzheilige von Almonte. Sie soll Heilung von Krankheiten, bei Unfruchtbarkeit und bei psychischen Störungen bringen. Seit 1758 wird an Pfingsten die *Romería* in El Rocío gefeiert, zu Ehren der Jungfrau, die auch *blanca paloma*, weiße Taube, genannt wird. Die Pilgerreise beginnt ein paar Tage vor Pfingsten, wenn sich über 100 Bruderschaften aus ganz Spanien und teilweise aus dem Ausland auf den festgelegten Wegen nach El Rocío, den *camino*, begeben, traditionell per Kutsche oder auf dem Pferd. Am Samstag kommen sie vor der Wallfahrtskirche an, werden begrüßt und begeben sich dann zu ihren Bruderhäusern. Am Abend trifft man sich zum gemeinsamen Gebet, und bei Sonnenaufgang beginnt mit dem *salto de la reja*, dem Überspringen der Absperrung, die Prozession. Mitglieder der Hauptbruderschaft holen die Madonna aus der Kirche und tragen sie auf den Schultern durch den Ort. Dies ist keine leichte Angelegenheit, denn Tausende versuchen, die Statue zu berühren,

Oben: Wallfahrt zu Pfingsten: Wer die Jungfrau berührt, ist gesegnet.
Mitte: Zur Wallfahrt kommen Pilger aus dem ganzen Land nach El Rocío.
Unten: Traditionell kommen die Pilger mit Gespannen oder zu Pferd.

sodass es kaum ein Fortkommen gibt. Dann wird gefeiert. Die Menschen singen traditionelle Lieder und tanzen gemeinsam auf den Feldern. Es wird gegessen und reichlich Wein und Sherry konsumiert, bis sich am Dienstag alle wieder auf den Rückweg begeben, um den Segen der Madonna in ihre Heimatorte zu tragen.

Das Einfangen der Stuten

Im Rahmen der Feria von Almonte treffen sich jedes Jahr am 26. Juni die Pferdezüchter aus dem Gebiet, um ihre Stuten und Fohlen in El Rocío zusammenzutreiben. Die *saca de las yeguas* wird schon seit 500 Jahren im Marschland der Doñana veranstaltet und dient dazu, die frei lebenden Pferdeherden aus dem Naturschutzgebiet zu zählen, ärztlich zu versorgen und zu markieren. Bereits am Vorabend ziehen etwa 200 Reiter in die Doñana, teilen sich auf und schlagen ihr Nachtlager auf. Im Morgengrauen beginnt das Einfangen. Im Laufe des Vormittags kommen die Herden immer näher an den Ort heran und inzwischen hat sich die Promenade gegenüber der Wallfahrtskirche *Blanca Paloma* bereits mit Hunderten von Zuschauern gefüllt, die einen umfassenden Blick auf das angrenzende Marschland haben und dem Spektakel zuschauen. Herde für Herde wird aus dem Marschland herausgetrieben und am Rand des Dorfes gesammelt. Und dann kommen die Pferde. Vom Ende der Straße nähern sie sich in Richtung Wallfahrtskirche, Rücken an Rücken. Bis zu 1500 Tiere werden jedes Jahr zusammengetrieben – ein mitreißendes Schauspiel. Absperrungen, wie man sie in Deutschland aufgestellt hätte, gibt es hier nicht. Mensch und Tier stehen sich sprichwörtlich gegenüber, und man muss schon starke Nerven haben, wenn man an der Straße stehen bleibt, wo Hunderte wilder Pferde an den Zuschauern vorbei galoppieren. Wem das zu viel ist,

Oben: Señoritas und Caballeros tragen von Kindesbeinen an Trachten.
Mitte: Churros, das leckere Schmalzgebackene, genießt man mit einer Tasse Schokolade.
Unten: Trubel vor und in den Häusern der Bruderschaften
Linke Seite: Sehen und gesehen werden – auch bei der Wallfahrt!

Oben: Der Eselskarren ist die Limousine des kleinen Mannes.
Mitte: Die Pfingstwallfahrt wird mit viel Musik und Tanz, Essen und Getränken gefeiert.
Unten: Die Vaqueros, die Cowboys Andalusiens, auf dem Weg ins Marschland

der zieht sich auf die Treppe der Kirche zurück, wenn auch nur, um das Gefühl von mehr Sicherheit zu haben. Doch passiert ist wohl noch nie etwas, und so findet der Zusammentrieb jedes Jahr aufs Neue statt. Von der Wallfahrtskirche aus werden die Herden zu Koppeln am Ortsrand geführt, getränkt und gefüttert. Hier können sie sich ausruhen. Gegen 19 Uhr geht es weiter Richtung Almonte, wo die Tiere im Lauf der Nacht ankommen. Am nächsten Tag werden sie sortiert und untersucht. Nachdem am dritten Tag der Verkauf der Fohlen erfolgt und die Tiere markiert worden sind, treiben die Züchter ihre Pferde zurück in den Nationalpark Doñana, wo sie für ein weiteres Jahr frei und in Ruhe leben können.

Einmal im Jahr Ende Juni werden in El Rocío die wild lebenden Stuten eingefangen.

Infos und Adressen

INFORMATION

Centro de Visitantes La Rocina. Öffnungszeiten im Sommer: 9–21 Uhr, im Winter 9–19 Uhr. Carretera de El Rocío a Matalascañas, km 22, 21750 El Rocío, Almonte, Tel. 959 442 340

Centro de Visitantes Palacio de El Acebrón. 6 Kilometer vom Centro de Visitantes La Rocina entfernt. Öffnungszeiten im Sommer 9–21 Uhr, im Winter 9–19 Uhr.
21750 El Rocío, Almonte, Tel. 959 506 162

ÜBERNACHTEN

Hostal Pino Doñana. Ein neues Haus, einfach eingerichtet, aber gut ausgestattet, mit Klimaanlage, Heizung, Badezimmer und kostenlosem Internet. Doppelzimmer ab 30 Euro. Calle Ramón y Cajal, 4, 21740 Hinojos, Tel. 959 459 413, E-Mail info@turismodonana.com, www.turismodonana.com

Doñana Blues Hotel. Mittelklassehotel, individuell und farbenfroh eingerichtet. Die Zimmer verfügen über Klimaanlage, Heizung, Badezimmer, TV. Das Hotel hat ein Restaurant und Swimmingpool. Doppelzimmer ab circa 60 Euro. Sector I, Parcela, 129, 21760 Matalascañas, Tel. 959 448 132 und 959 449 817, E-Mail reservas@donanablues.com, www.donanablues.com

CAMPING

Camping Doñana. Moderner Campingplatz, der auch Hütten anbietet. Geöffnet von Februar bis Mitte Dezember. Playa Carretera San Juan del Puerto – Matalascañas, km 34,6, 21130 Mazagón, Tel. 959 536 281, Fax 959 536 313, E-Mail info@campingdonana.com, www.campingdonana.com

Wie die Kulisse einer Westernstadt: El Rocío in Hulva

Mitte: Unberührte Strände im Nationalpark Coto de Doñana in Huelva
Unten: Obwohl die Pferde im Park frei leben, haben sie doch Besitzer.

36 Doñana
Spaniens wichtigstes Marschland

Der Nationalpark Coto de Doñana war einst königliches Jagdgebiet. Coto bedeutet Revier. Wahrscheinlich ist es diesem Umstand zu verdanken, dass es den Nationalpark überhaupt gibt. Heute trifft man hier über 300 verschiedene Vogel- und 48 Säugetierarten an. Der Doñana-Nationalpark vereint drei Ökosysteme auf einzigartige Weise. Das macht seine besondere Bedeutung aus.

Geschichte

Das Gebiet wurde im Jahr 1262 von Alfons X. von den Mauren zurückerobert und sogleich zum königlichen Jagdgebiet erklärte. Später gelangte der größte Teil des Gebiets in den Besitz der Herzöge von Medina Sidonia. Sie waren es dann auch, die ihm seinen Namen *Coto de Doñana* gaben: Die Frau des 7. Herzogs, Alonso de Guzman El Bueno, hieß Ana de Silva und wurde, wie im Spanischen üblich, mit »Doña Ana« angesprochen. Für sie ließ der Herzog einen Palast inmitten des Jagdgebiets bauen. Heute ist hier ein Forschungszentrum untergebracht.

Noch bis Ende des 18. Jahrhunderts jagten hier auch die spanischen Könige, ringsherum wurde Landwirtschaft betrieben und immer wieder Gebiete trockengelegt. Um das Jahr 1900 wurden große Teile der Doñana an den englischen Sherry-Baron William Garvey verkauft, der die Kiefernwälder großflächig abholzen ließ. In diese Zeit fallen aber auch die ersten Bemühungen, die ökologische Bedeutung der Doñana ins Bewusst-

Im Nationalpark kann man ein altes Dorf besichtigen.

sein zu rücken. Der Engländer Abel Chapman wies in seinen Büchern erstmals auf die Schutzbedürftigkeit des Gebiets hin, doch es dauerte noch weitere 50 Jahre, bis auch spanische Naturforscher aufmerksam wurden. Der World Wildlife Fund (WWF) kaufte 1963 Teile der Doñana auf, um sie zu schützen. Dieses Gebiet stellt noch heute den Kern des Nationalparks auf, der 1969 schließlich gegründet wurde. 1994 erklärte die Unesco ihn zum Weltnaturerbe.

Ökosysteme

Der Nationalpark liegt im Westen des Mündungsgebiets des Río Guadalquivir und birgt gleich drei faszinierende Ökosysteme. Da sind zum einen die Wanderdünen, die parallel zur Küste verlaufen und einen natürlichen Schutz bieten, zum anderen das landeinwärts daran anschließende Trockengebiet, die *Doñana seco*, eine leicht wellige Landschaft aus ehemaligen Dünen, wo niedrige Bäume, Lavendel, Rosmarin und Zistrosen wachsen. Dahinter, Richtung Osten zum Delta des Guadalquivir, erstrecken sich die Salzmarschen, *marismas*. In dem flachen Sumpfgebiet finden die Zug- und heimischen Vogelarten einen idealen Lebensraum.

AUTORENTIPP!

PER UNIMOG AUF SAFARI

Der Nationalpark Coto de Doñana ist das wichtigste Feuchtgebiet Spaniens. 1989 wurde er erweitert und erhielt einen Naturpark als Pufferzone, der sich wie ein Gürtel um das Kerngebiet legt. Der Nationalpark misst 50 720 Hektar und seine Pufferzone noch einmal 53 709 Hektar. Das ist eine Gesamtfläche von über 1044 Quadratkilometern. Heute leben hier Tiere, die sonst in Europa nicht mehr zu finden sind. Vielfältige Tierbeobachtungen sind im Nationalpark möglich. Von El Rocio aus kann man an einer Unimog-Tour durch den Park teilnehmen. Die Fahrzeuge bieten Platz für 21 Personen und sind voll geländegängig. Die Tour wird vom Fahrer kommentiert. Kontaktdaten in der Infobox auf S. 201.

Mit dem Unimog geht es auf Entdeckungsreise in die Doñana.

Oben: Die Doñana ist ein Refugium für Flora und Fauna.
Mitte: Wanderdünen gibt es viele an den Stränden der Doñana.
Unten: Der Coto de Doñana war ein Jagdrevier, in dem auch heute noch viel Wild lebt.

Ausflüge

Zur Vorbereitung auf die Doñana empfiehlt sich ein Besuch in der »Eisfabrik« (*Fábrica de Hielo*) in Sanlúcar de Barrameda. Das Besucherzentrum bietet einen audiovisuellen Überblick über Flora und Fauna des Nationalparks, seine Ökosysteme und die landwirtschaftliche Nutzung. Es bietet auch organisierte Touren an. Von hier aus können Sie zu einer Wanderung in die Doñana starten, die über hölzerne Fußwege an zahlreiche Tierbeobachtungsstellen führt. Die Orte sind mit Informationstafeln ausgestattet und extra eingerichtete Picknickbereiche laden zum Verweilen und Verzehr des Proviants ein. Wer nicht zu Fuß aufbrechen möchte, kann den Park auch per Fahrrad oder Pferd besuchen. Unbedingt sollte man ein Fernglas dabeihaben, denn von den Beobachtungspunkten aus sind die Tiere mit bloßem Auge meist schwer zu sehen. Wer sich nicht allein auf den Weg begeben möchte, sollte sich einen Führer buchen oder an einer der organisierten Touren teilnehmen. Dabei gilt, je weniger Teilnehmer, desto höher ist die Wahrscheinlichkeit, Tiere beobachten zu können.

Tiere

Der Coto de Doñana liegt an einer der wichtigsten Vogelzugstraßen, dem Weg über Gibraltar nach Afrika. Zu Zeiten des Vogelzugs halten sich hier Hunderttausende Vögel auf. Etwa 70 000 Gänse und bis zu 400 000 Enten und 20 000 Uferschnepfen überwintern in dem Feuchtgebiet. Zur Brutzeit bauen Reiher, Störche und Löffler sowie der extrem seltene Iberische Kaiseradler hier ihre Nester, und Flamingos bevölkern in Scharen das seichte Marschland. Unter den Säugetieren gilt der Iberische Luchs (auch Pardelluchs) als größte und seltenste Attraktion. Von dem vom Aussterben bedrohten Tier leben in der Doñana noch etwa 30 Exemplare.

Infos und Adressen

INFORMATION

Besucherzentrum Bajo de Guía. Informationen über den Coto de Doñana und die Stadt Sanlúcar de Barrameda. Öffnungszeiten im Sommer tägl. 10–14 und 18–20 Uhr, im Winter täglich 10–14 Uhr. Avenida Bajo de Guía, s/n, 11540 Sanlúcar de Barrameda, Tel. 956 380 922, E-Mail cv-bajo-guia@egmasa.es

Besucherzentrum Fábrica de Hielo. Mit audiovisuellen Installationen zum Thema Doñana. Öffnungszeiten im Sommer tägl. 9–20/21 Uhr, im Winter tägl. 9–19 Uhr.
Avenida Bajo de Guía, s/n, 11540 Sanlúcar de Barrameda, Tel. 956 386 577

Turismo de Sanlúcar de Barrameda. Cuesta Belén, s/n, 11540 Sanlúcar de Barrameda, Tel. 956 388 000, Fax 956 000 000

AKTIVITÄTEN

Natur- und Vogelbeobachtungen. Steven Daily ist passionierter Ornithologe und verbindet seine Touren mit dem Besuch von kulturellen Highlights und original andalusischen Bars und Restaurants zur Mittagszeit. Er spricht vier Sprachen fließend, auch Deutsch, und bietet individuelle Touren in der gesamten Provinz Cádiz. Steven Daily, Andalucianguides, Higueral de la Oliva, 11160 Barbate/Cádiz, Tel. 956 432 949, E-Mail stephen@andaluciananguides.com, www.Andalucianguides.com

Unimog-Tour. Die vierstündige Fahrt kostet 27 Euro p.P. Ganzjährig. Anmeldung erforderlich. Centro de Visitantes El Acebuche, Carretera A-483, km 37,5, P.N. de Doñana, 21750 El Rocío, Tel. 959 430 432, Fax 959 430 451, www.donanavisitas.es

Sandpiste durch den Pinienwald im Nationalpark

Bei Ebbe lassen sich die Seevögel auf dem feuchten Sand nieder.

Mitte: Sanlúcar de Barrameda wird als Tor zur Doñana bezeichnet.
Unten: Der Patio de la Victoria im Convento San Francisco

37 Sanlúcar de Barrameda

Stadt mit Flair und Geschichte

Sanlúcar ist ein Edelstein an der Costa de la Luz. Hier ging es hochherrschaftlich zu, man läuft durch Gassen und Straßen, die man in einer Kleinstadt so gar nicht vermutet hätte. Es herrscht andalusische Ruhe, obwohl der Ort an der Mündung des Guadalquivir ein beliebtes Ferienziel ist. Ein Paradies für Feinschmecker, Liebhaber des Manzanilla und Naturfreunde.

Die Stadt – sie liegt am Ostufer der Mündung des Guadalquivir in den Atlantik – hat 66000 Einwohner und lebt vor allem vom Fischfang und vom Sherry. Ausländische Touristen hingegen verirren sich nur selten hierher. Dabei fänden sie einen wunderschönen historischen Stadtkern, einen zentralen Platz, der mit seinen Restaurants und Bars zum Verweilen einlädt, und einen hübschen Boulevard, direkt gegenüber der Doñana. Hier gibt es angeblich die schönsten Sonnenuntergänge der ganzen Provinz zu bewundern.

MAL EHRLICH

IN DIE DOÑANA MIT DEM RADDAMPFER?
Von Sanlúcar aus gibt es täglich Ausflüge per Raddampfer in die Doñana. Dabei soll man die Landschaft genießen und die Tierwelt kennenlernen. Billig ist der Ausflug nicht und lohnenswert leider auch nicht. Die stundenlange Fahrt wird bald langweilig, vor allem für Kinder. Bei den Landgängen soll man Vögel beobachten können und von einem Hochstand aus Wild. Die Wahrscheinlichkeit ist jedoch sehr gering, da einige hundert Menschen gleichzeitig unterwegs sind.

Brunnen auf der Plaza del Cabildo

Geschichte

Sanlúcar lag wahrscheinlich im Gebiet von Tartessos und wurde nach dessen Untergang nacheinander von Römern, Westgoten und Arabern eingenommen und von den Christen zurückerobert. Als Belohnung für seinen Mut bei der Verteidigung von Tarifa 1294 erhielt Guzman El Bueno die Stadt Sanlúcar de Barrameda als Belohnung. Er ist der Begründer des Hauses Medina Sidonia, eines der ältesten Adelshäuser Spaniens. Im 15. Jahrhundert profitierte Sanlúcar von seiner Lage im Mündungsgebiet des Guadalquivir, auf dem alle Handelswaren nach Sevilla gebracht wurden. 1498 startete Kolumbus von hier zu seine dritten Reise nach Amerika und im Jahre 1519 Ferdinand Magellan zur ersten Weltumseglung. Nach der Entdeckung Amerikas kamen auch die Schätze aus der Neuen Welt in Sanlúcar an, und der Wohlstand wuchs. Als Cádiz 1717 das Monopol für den Handel mit Amerika zugesprochen wurde, konnte Sanlúcar dem nichts entgegensetzen. Neuen

AUTORENTIPP!

MANZANILLA

Der Begriff »Sherry« ist eine geschützte Bezeichnung. Nur Weine aus Jerez de la Frontera, El Puerto de Santa Maria und Sanlúcar de Barrameda dürfen sich Sherry nennen. Manzanilla ist der Sherry aus Sanlúcar. Er kommt ausschließlich in dieser Region vor. Sein Geschmack wird beeinflusst durch die Lage der Weinberge am Meer, die dem salzhaltigen Wind ausgesetzt sind und ihn in den Trauben speichern. In Sanlúcar liegen die Bodegas – die Kellereien, in denen der Manzanilla hergestellt wird – zum Teil im Barrio Alto, hoch oben in der Stadt, und zum Teil im Barrio Bajo, in der Ebene. Die Stadtteile weisen verschiedene klimatische Verhältnisse auf und so wird der Geschmack des Sherrys nochmals beeinflusst, denn er ruht in der »Kathedrale der Stille« und reift in unverschlossenen 600-Liter-Fässern an der Luft. In Sanlúcar isst man gerne Fisch, auch als Tapas. Wer den Manzanilla nicht nur probieren möchte, sondern sich auch für seine Geschichte interessiert, sollte das Manzanilla-Museum besuchen. Adresse in der Infobox auf S. 207.

Oben: Markthalle Mercado de Abastos von Sanlúcar
Mitte: »Mariscos« (Meeresfrüchte) kommen fangfrisch auf den Tisch.
Unten: Fischstand in der Markthalle

Schwung bekam es ab 1833, als es Teil der Provinz Cádiz wurde und erneut vom Seehandel profitierte. Zu Beginn des 20. Jahrhunderts setzte der inländische Tourismus ein. Der Spanische Bürgerkrieg bremste nur vorübergehend diese Entwicklung. Heute ist der Ort wegen seiner schönen Strände und des guten Klimas sehr beliebt bei erholungsuchenden Spaniern. Im Jahr 1973 wurde die Stadt unter Denkmalschutz gestellt und konnte sich so ihren Charme bis heute bewahren.

Sehenswertes

Die ersten Bewohner der Stadt siedelten auf dem Bergrücken, der heute als Barrio Alto (Hohes Viertel) bekannt ist. Die Stadtmauer grenzte das Gebiet ein, sodass sich Straßen und Plätze des Viertels an die räumliche Situation anpassen mussten. Über Jahrhunderte fanden die wichtigsten Gebäude der Stadt im Barrio Alto Platz, obwohl die wirtschaftliche Entwicklung sich am Wasser abspielte. Dort entstand der Barrio Baja (Unteres Viertel). Hier wohnten früher die Fischer, und ihre kleinen weißen Häuser unterscheiden sich sehr vom Prunk der Oberstadt.

Eine typische andalusische Bar in Sanlúcar de Barrameda

Rundgang Barrio Alto in Sanlúcar de Barramedos

A Covachas – Kleine Höhlen. Don Enrique Pérez de Guzmán, der zweite Herzog von Medina Sidonia, ließ die Arkaden im 15. Jh. erbauen.

B Auditorio de la Merced – Beim »Auditorium der Gnade« handelt es sich um einen Klosterbau aus dem 17. Jh. Heute gehört es zum Rathaus und dient als Kulturzentrum.

C Palacio de Orleáns Borbón – Ayuntamiento – Das Rathaus stammt aus dem 19. Jh. Der Palast war einst der Sommersitz der französischen Herzöge von Montpensier. In der Calle Caballeros, auf der wir nach links abbiegen, finden sich einige hübsche Häuser aus dem 17. bis 19. Jh.

D Basílica de Ntra. Sra. de la Caridad – Kirche der Schutzheiligen von Sanlúcar.

E Puerta de Rota – Eines der alten Stadttore, das zur Straße nach Rota führte. Die Stadtmauer wurde vom 13. bis 15. Jh. erbaut.

F Convento de las Descalzas – Das Karmeliterkloster. Hier gibt es eine Ausstellung über sakrale Kunst und Malerei.

G Iglesia de San Miguel – Barockkirche aus dem 17. Jh.

H Parroquia de Ntra. Sra. de la O – Pfarrkirche unserer Dame von O. Die größte Kirche von Sanlúcar wurde im 14. Jh. von einer Enkelin Guzmán el Bueno gebaut. Das Portal ist im Mudejar-Stil gehalten, auch im Innern findet man Täfelungen im Mudejar sowie viele Werke namhafter Künstler. Der Silberaltar, das Jesuskind und das Bild *Christus von Vera Cruz* gehören zu den bedeutendsten.

I Palacio de Medina Sidonia – Der Palast war die Residenz der Herzöge von Medina Sidonia und steht auf einem ehemaligen arabischen Schloss. Erbaut wurde der Palast im Renaissancestil und beherbergt heute das Familienarchiv des Herzoghauses Medina Sidonia.

J Casa de la Cilla (Kornkammer) – Modell eines Wohnhauses des 18. Jahrhunderts. Ursprünglich war dies der Sommersitz des Bischofs von Sevilla. Hier mussten die Bauern ihren Zehnten abliefern.

K Castillo de Santiago – Die Burg stammt aus der zweiten Hälfte des 15. Jh.

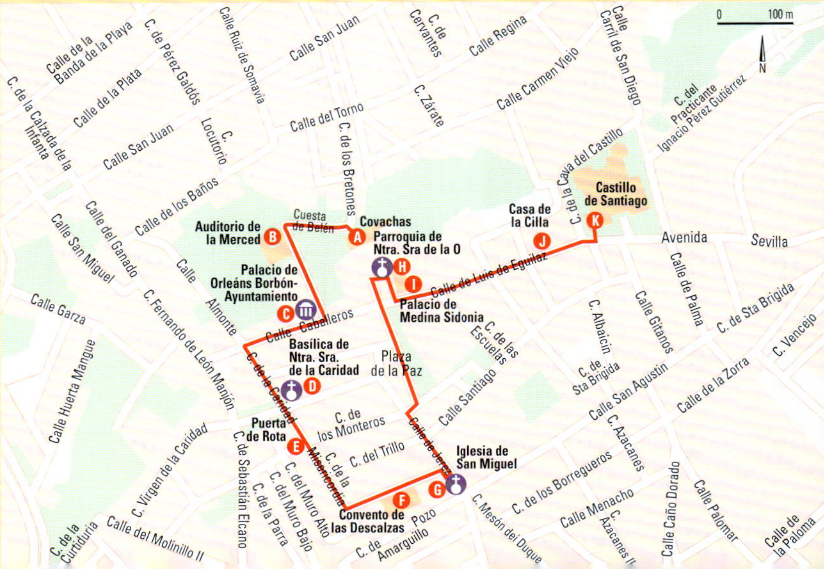

Der Strand von Sanlúcar ist zehn Monate im Jahr fast menschenleer.

AUTORENTIPP!

PFERDERENNEN

Im August findet am Strand von Sanlúcar ein Pferderennen statt. Es ist eine der wichtigsten Traditionen des Ortes und geht auf das Jahr 1845 zurück. Wahrscheinlich liegt der Beginn der Rennen darin begründet, dass früher Pferde eingesetzt wurden, um die Fischernetze an den Stränden einzuholen und zum Markt zu bringen. Dabei sollen die Fischer sich kleine Rennen am Strand geliefert haben, der als provisorische Rennbahn genutzt wurde. Der Wettbewerb findet in zwei Zyklen von jeweils drei Renntagen statt. Dazwischen liegen 14 Tage Ruhephase. Insgesamt werden 24 Rennen ausgetragen. Die Startzeit richtet sich nach der Ebbe. An den Start gehen die besten Rennpferde und Jockeys Spaniens, sodass das Rennen nicht nur spektakulär, sondern auch als hochrangig bezeichnet werden kann. Bitte fragen Sie bei der Touristinfo.

Aktivitäten

Die Umgebung von Sanlúcar bietet Raum für ein reichhaltiges Angeboten an Sport und Freizeitaktivitäten. Wandern, reiten, mit dem Heißluftballon fahren, Radtouren, Golf, Routen im Geländefahrzeug, Unterwassersport und sämtliche anderen Arten von Wassersport sowie Motocross und Vogelbeobachtung werden von privaten Veranstaltern oder Clubs und Vereinen organisiert. Fragen Sie bei der Touristeninformation oder in Ihrem Hotel. Nachtschwärmer kommen in Sanlúcar auf jeden Fall auf ihre Kosten. Eine große Anzahl an Bars, Clubs und Cafés locken vor allem junge Leute an den Wochenenden in die Stadt. Ab etwa 22.00 Uhr trifft man sich in den Bars der Innenstadt, wo man zusammen zu Abend isst, auf Tapas-Tour geht oder einfach nur ein wenig »vorglüht«. Vor 1.00 Uhr in der Nacht braucht man an der gesamten Costa de la Luz keine Disco zu besuchen. Dafür wird dann aber auch bis nach Sonnenaufgang gefeiert und der nächste Tag entsprechend ruhig angegangen.

Infos und Adressen

INFORMATION

Turismo de Sanlúcar de Barrameda. Calle Cuesta Belén, s/n, 11540 Sanlúcar de Barrameda, Tel. 956 388 0001, Fax 956 000 000

Touristenbüro. Avenida Calzada del Ejército, s/n, 11540 Sanlúcar de Barrameda, Tel. 956 382 168

ESSEN UND TRINKEN

Casa Balbino. Sehr gutes Tapas-Restaurant in der Innenstadt, moderate Preise. Plaza Cabildo, 1, 11540 Sanlúcar de Barrameda, Tel. 956 360 513

Pizzeria Da Francesco. Einfache Pizzeria mit gutem Ruf. Falls es einmal etwas anderes sein soll. Calle Bolsa, 48, 11540 Sanlúcar de Barrameda, Tel. 956 362 043

ÜBERNACHTEN

Hospedería Duques de Medina Sidonia (Herberge der Herzöge). Im Palast der Herzöge von Medina Sidonia wurden 7 neue Doppelzimmer im Stil verschiedener Epochen eingerichtet. Es gibt einen Teesalon, der ganztägig geöffnet ist, und die Gärten können besucht werden. Mit etwas Glück kann man ein Zimmer ab 60 Euro buchen. Palacio de Medina Sidonia, Plaza Condes de Niebla, 1, 11540 Sanlúcar de Barrameda, Tel. 956 360 161, E-Mail hospederia@fcmedinasidonia.com, www.fcmedinasidonia.com

Metzgerei in der Markthalle

Bitterorangenbäume stehen häufig am Straßenrand und auf Plätzen.

MUSEUM

Museo de la Manzanilla. Das Museum befasst sich mit der Herstellung des Manzanilla und macht auch eine Führung durch die Bodega. Führungen finden Mo–Sa um 11 und 15 Uhr statt. Preis pro Person: 3 Euro. In den Bodegas Barbadillo, Calle Luis de Eguilaz, 11, 11540 Sanlúcar de Barrameda, Tel. 956 385 500, Fax 956 385 501, www.barbadillo.com.

NACHTLEBEN

Discothek Moro. Beliebter Club im Barrio Alto, der auch im Winter gut besucht ist. Calle Muro Bajo, 3, 11540 Sanlúcar de Barrameda

Mitte: Die Kirche von Chipiona auf der Plaza de la Iglesia
Unten: Die Strände an der Costa de la Luz haben feinen Sand und sind nicht überlaufen.

38 Rota und Chipiona

Badeparadies mit Traumstränden

Rota ist bekannt für seine vielen Parks und seine schöne Küste. Der Stadtstrand La Costilla wurde sogar schon als schönster Spaniens ausgezeichnet. Auch Chipiona hat seinen Ruf vor allem den vielen großen Playas zu verdanken. Außerdem steht hier der höchste Leuchtturm Spaniens, der auch einer der höchsten der Welt ist. Nach Rota und Chipiona kommen jeden Sommer Zehntausende spanischer Touristen.

Rota

Die kleine Stadt liegt an der Bucht von Cádiz und hat eine lange Geschichte. Bereits in der Zeit von Tartessos war es bekannt als »Asta Regia« und später, unter römischer Herrschaft, als »Oraculum Menestei«. Bei den Mauren hieß es »Rabeta Ruta« und seit der Reconquista »Rotta«, bzw. Rota. Heu-

MAL EHRLICH

MARINEBASIS

Die Navy der USA hat vor fast 60 Jahren einen Stützpunkt in Rota eingerichtet. Zu der gut 24 Quadratkilometer großen Basis gehören auch ein Flughafen, Hafenanlagen, ein Krankenhaus, über 1200 Wohn- und sonstige Gebäude, Geschäfte, Gaststätten, Schulen und Hochschulen. Insgesamt leben und arbeiten hier etwa 3000 Menschen. Spanische Urlauber lassen sich von der Marinebasis nicht abschrecken, aber von Deutschen hört man immer wieder, dass sie ein Grund ist, nicht in Rota Urlaub zu machen.

te leben gut 28 000 Menschen hier, die hauptsächlich vom Tourismus und dem Fischfang leben. Obwohl in jedem Sommer viele tausend Besucher kommen, ist es ein Ort mit Flair geblieben und strahlt noch immer den Charme eines Fischerdorfes aus.

Sehenswertes

Aushängeschild von Rota sind seine schönen Strände. Neben der bekannten Playa La Costilla gibt es im innerstädtischen Bereich noch die Playa El Rompidillo mit ihrer langen Strandpromenade. Um Rota herum findet man Naturstrände, die als *Playas Salvajes de Rota* bezeichnet werden. Die *Punta Candor* und *La Ballena* verfügen über Kiefernwälder und Dünen. Außerdem ist Rota bekannt für seine große Anzahl an Parks, deren Hauptattraktion vor allem die frei lebenden Chamäleons sind.

Das *Castillo de Luna*, Mondschloss, wurde im 13. Jahrhundert gebaut und diente später als Wohnsitz der Grafen von Rota. Heute sind die Kommunalverwaltung und ein Touristenbüro darin untergebracht. Der *Arco de Regla* ist eines der noch vorhandenen historischen Stadttore, die Teil der Befestigungsanlage waren. Er steht an der Calle de Higuereta. Zu den interessanten Sakralbauten gehören die *Iglesia de la O* aus dem 16. Jahrhundert, die in ihrem Innern verschiedene Stilrichtungen vereint, und die Barockkirche *Iglesia de la Caridad* außerhalb der historischen Stadtmauer.

Chipiona

Das Städtchen hat rund 19 000 Einwohner im Winter und einige zehntausend mehr im Sommer. Trotzdem gilt es als einer der saubersten Badeorte Andalusiens. Der Name Chipiona stammt von ei-

AUTORENTIPP!

SPEZIALITÄTEN AUS ROTA UND CHIPIONA

Beide Orte stehen für frischen Fisch und Gemüse aus der Umgebung. Vor allem Rota hat sich mit seinen Spezialitäten einen Namen gemacht, und man sollte sich nicht scheuen, auch einmal das Besondere zu probieren. Seeigel und Meerbrasse werden hier gerne verzehrt. Eines der bekanntesten Gerichte ist *Urta a laronteña*, Rotbandbrasse. Auch Gemüseeintöpfe mit Fisch oder Fleisch sind sehr schmackhaft. Chipiona ist der Umschlagplatz für Fisch an der westlichen Costa de la Luz, darum ist der Fisch hier auch besonders frisch und die Auswahl groß. Rochen, Hundshai und Anemonen kommen genauso auf den Tisch wie Thunfisch, Seezunge und Garnelen. Ein Besuch in Rota oder Chipiona sollte unbedingt mit einem frischen Fischgericht abgerundet werden. Dazu schmeckt vor allem der Wein aus der Region. In Rota trinkt man den *Tintilla*, der aus der Rebsorte Graciano gekeltert wird und außer in der Region eher selten angebaut wird. In Chipiona nimmt man gerne einen Moscatel.

Pittoresk: die Calle Isaac Peral in Chipiona

Oben: Turm der Kathedrale Nuestra Senora de la O in Chipiona
Unten: Tapas und Manzanilla in einer Bar in Sanlúcar de Barrameda

nem antiken, nicht mehr erhaltenen Leuchtturm an der Mündung des Guadalquivir, der 206 v. Chr. vom römischen Feldherrn Scipio Africanus erbaut wurde. Mit diesem Datum wird auch die Entstehung Chipionas verbunden. Während der Reconquista erhielt Guzman El Bueno die Stadt als Belohnung für seine Verdienste. Er erbaute die kleine Burg, die noch heute erhalten ist. In der Folgezeit spielte Chipiona keine erwähnenswerte Rolle mehr und lebt heute vom Tourismus und Fischhandel. Ein weiteres Standbein ist die Weinproduktion, denn hier werden die Sherrysorten Moscatel, Oloroso und Vino Fino hergestellt. Auch Weinessig gibt es in der Region. Darüber hinaus ist Chipiona die Stadt der Blumen – von hier aus werden spanische Schnittblumen ins In- und Ausland exportiert.

Sehenswertes

Das Auffälligste an Chipiona ist sein Leuchtturm, erbaut 1867 und mit 69 Metern der höchste Spaniens. Das *Cruz del Mar* (Kreuz des Meeres) ist ein großes eisernes Kreuz, das an der Strandpromenade aufgestellt wurde. Es erinnert an das Erdbeben von Lissabon 1755, bei dem auch Chipiona von dem folgenden Tsunami getroffen wurde. In Verdrehung der Tatsachen behauptet eine Legende, der heilige Christus der Barmherzigkeit sei erschienen und habe die Welle zurück ins Meer gezwungen. Noch heute gibt es an jedem ersten November eine Dankprozession zum Strand. Eine andere Legende rankt sich um die Schutzheilige der Stadt, María Virgen de Regla. Um sie vor den Arabern zu schützen, versteckte man die Statue im 8. Jahrhundert in einem Wassertank und vergaß sie. Erst durch eine Marien-Erscheinung im 14. Jahrhundert wurde sie wiederentdeckt. Über dem Wassertank errichtete man eine Gedenkstätte, die noch immer neben dem *Santuario Vírgen de Regla* steht.

Infos und Adressen

INFORMATION

Oficina de Turismo Rota. Paseo Marítimo de la Costilla, s/n, 11520 Rota, Tel. 956 841 137, E-Mail turismo@AytoRota.es, www.tuismorota.com

Oficina de Turismo. Castillo de Chipiona, Calle Castillo, 5, 11550 Chipiona, Tel. 956 929 065, E-Mail turismo@aytochipiona.es, www.turismochipiona.com

ESSEN UND TRINKEN

Bodega El Castellito. Eine urige Bodega mit sehr viel andalusischem Flair. Calle Castillo, 11, 11550 Chipiona, Tel. 956 372 601

Cerveceria/Marisquería La Marea. Das beste Bier und guten Fisch und Salat gibt es hier mit Blick aufs Meer. Paseo Marítimo, 11550 Chipiona, Tel. 956 250 812 und 956 280 347, E-Mail info@lamarea.es, www.lamarea.es

ÜBERNACHTEN

Hostal Victoria Mar. Ganz neues Haus, gelegen zwischen Strand und Zentrum. Klimaanlage, TV und Internet inklusive. Übernachtung ab circa 45 Euro pro Doppelzimmer. Calle Clavel, 14, 11550 Chipiona, Tel. 956 371 891, www.hostalvictoriamar.com

Hotel La Española. Gediegenes Haus mit diversen Auszeichnungen, Restaurant und Parkplätzen. Fahrrad- und Autoverleih. Übernachtung ab circa 50 Euro pro Doppelzimmer. Calle Isaac Peral, 4–6, 11550 Chipiona, Tel. 956 373 771, E-Mail reservas@hotellaespanola.com, www.hotellaespanola.com

SPORT UND FREIZEIT

Costa Ballena Ocean Golf Club. Sehr schöne Anlage direkt am Meer. Die informative Internetseite gibt es auch in deutscher Sprache. Ctra. Chipiona-Pto. de Sta. María, km 5, 11520 Rota, Tel. 956 847 070, E-Mail info@ballenagolf.com, www.ballenagolf.com

Die Strandpromenade von Chipiona

39 Cádiz

Mehr Südamerika als Europa

»Auf der Palette des Malers gibt es keine Farben von hinlänglicher Helligkeit und Leuchtkraft, um den blendenden Effekt wiederzugeben, den Cádiz auf uns machte. Nur zwei Töne fallen ins Auge: Blau und Weiß ... Etwas Strahlenderes, ein diffuseres und gleichzeitig doch grelleres Licht ist nicht vorstellbar ...«, schrieb der Schriftsteller Théophile Gautier im Jahr 1843 über die älteste Stadt Europas.

Cádiz, die Stadt mit 300 wolkenlosen Tagen im Jahr, zeichnet sich durch seine einzigartige Lage auf einer Landzunge in der Bucht von Cádiz aus. Bis heute ist die Hauptstadt der gleichnamigen Provinz geprägt durch diese geografische Besonderheit, denn es gibt wenige Wege zum Festland und darum auch kaum Industrie. So ist der pulsierende Mittelpunkt noch immer der Hafen. Frachter, Tanker und Marineschiffe legen hier genau so an wie Kreuzfahrtschiffe und Segelboote, Cádiz ist das Tor zum Atlantik. Die Beziehungen zu Lateinamerika waren so groß, dass sich der Eindruck aufdrängte, Cádiz sei der kubanischen Hauptstadt

Mitte: Die goldene Kuppel der Kathedrale von Cádiz
Unten: Der Plaza de la Catedral, ein beliebter Treffpunkt

MAL EHRLICH

SCHLECHTE VERBINDUNG

Eine Fahrt nach Cádiz mit der Bahn kann zu einer nervenaufreibenden Angelegenheit werden. Es gibt nur eine einzige Fernverbindung, und zwar nach Madrid. Wer also nach Cádiz möchte, muss erst einmal in die Hauptstadt, die ist immerhin rund 650 Kilometer entfernt. Auf den Schienen von und nach Cádiz sind sonst nur Bummelzüge unterwegs, und so dauert eine Fahrt in das nur 125 Kilometer entfernte Sevilla rund zwei Stunden.

Angeln ist eine beliebte Freizeitbeschäftigung an der Costa de la Luz.

Havanna, *La Habana*, näher als Madrid. Dies und der allgemein über lange Zeit schlechte Zustand der Gebäude führten dazu, dass Cádiz in Andalusien oft als *Habanita*, Klein Havanna, bezeichnet wird. Doch inzwischen hat es sich zu einer lebendigen Metropole im neuen Kleid gemausert. Im Jahr 2012 ist Cádiz Iberoamerikanische Kulturhauptstadt, *Capital Iberoamericana de la Cultura*, ein Attribut mit dem sich bisher nur nationale Hauptstädte schmücken durften. Es wurde fieberhaft saniert, renoviert und ausgegraben und nun bietet die älteste Stadt Europas neben vielen Sehenswürdigkeiten ein ganz besonderes Flair. Vor allem die Altstadt hat ihren Charme. Hier kann man auf Entdeckungsreise gehen und sich in die Zeiten des großen spanischen Reichs zurückversetzt fühlen. In der neuen modernen Markthalle lohnt sich ein Rundgang, denn alles, was auf dem Seeweg ankommt, gibt es unverzüglich hier zu kaufen. Cádiz' Spezialität ist der gebratene Fisch, den man sich holt, um ihn unterwegs zu verzehren.

Geschichte

Gegründet wurde Cádiz bereits vor über 3000 Jahren, der Legende nach von Herkules. Das Stadtwappen berichtet noch heute davon. »Hercules Fundator Gadium Dominatorque«, Herkules, Gründer und Herrscher von Cádiz, steht dort geschrie-

AUTORENTIPP!

FÜHRUNG DURCH GADES

Von Mai bis August laden Mitarbeiter des Kulturamts mehrmals wöchentlich zu einem ganz besonderen Rundgang ein. Treffpunkt ist der Park *Jardines de Varela*, wo sich in römischer Zeit die *Nekropolis*, der Friedhof, befand. Es geht zur ersten Station, im Keller eines modernen Wohnhauses. Hier finden sich Überreste römischer Gräber, die heute öffentlich zugänglich sind und von einem weiblichen Geist bewohnt werden, der aus seinem Leben vor 2000 Jahren erzählt. Es geht weiter zur Plaza de San Juan de Dios, die früher ein Kanal war. Fischerkähne konnten bis vor die Tore der Fischfabriken fahren. Im Keller einer Bingohalle finden sich Reste einer römischen Fischfabrik, wo noch heute der Geist eines Sklaven umgeht und bereitwillig berichtet. Die letzte Etappe ist das römische Theater. Auch hier wimmelt es von Geistern. Hier endet der Rundgang, der mit viel Liebe und Engagement gestaltet wird. Wer gut zu Fuß ist und die spanische Sprache versteht, kann sich unter Tel. 956 477 035 bei der Gestión de Actividades Socio Culturales frühzeitig anmelden.

AUTORENTIPP!

NEBENSTRASSEN

Verlassen Sie in der Altstadt ruhig einmal die Hauptstraßen und schauen Sie sich in den Wohnstraßen um. Hier findet man den Charme von *La Habanita*, dem kleinen Havanna, wie Cádiz in Spanien gerne genannt wird. Es gibt sie noch, die älteren Damen, die sich einen Stuhl vor die Tür stellen und ein Schwätzchen halten, und sobald die Luft wärmer wird, hängen überall die typischen Drahtkäfige mit den singenden Kanarienvögeln. Man entdeckt jede Menge kleine Geschäfte mit einem unglaublichen Angebot, es gibt Imbisse, Bäckereien und Bars. Besonders zum Frühstück und in der Mittagspause herrscht reger Betrieb, denn die Preise sind meist äußerst moderat. Wer mit der Kamera unterwegs ist, findet sicher wunderbare Motive. Die Menschen sind freundlich und haben meist nichts dagegen, sich fotografieren zu lassen.

ben. Historiker gehen davon aus, dass die Stadt von den Phöniziern gegründet wurde und »Gadir« hieß. Sie wählten den Standort zum einen wegen seiner Nähe zum sagenhaft reichen Königreich Tartessos, zum anderen, und um nach Britannien zu gelangen, das damals durch seine Zinnvorkommen als Handelspartner begehrt war. Durch die Punischen Kriege fiel die Stadt im 2. Jh. v. Chr. an die Römer. Gades, so sein neuer Name, stieg auf zu einer Weltstadt. Exportschlager Nummer eins wurde das Garum, die berühmte römische Fischsoße, die in großem Stil hier hergestellt wurde. Heute noch zeugen Relikte wie das römische Theater, Grabanlagen oder eine Fischfabrik von der römischen Vergangenheit. Es folgten die Vandalen, Byzantiner und Westgoten und im Jahr 711 schließlich die Mauren, unter denen die Stadt den Namen Qadiz erhielt. Ökonomisch spielte sie in maurischer Zeit keine Rolle mehr. 1262 fiel sie im Zuge der Reconquista wieder an die Christen.

Cádiz wurde gleich zweimal, 1587 und 1596, von englischen Piraten überfallen, geplündert und vollständig zerstört. Zu neuem Wohlstand kam es ab 1717, als Cádiz das Monopol für den Handel mit Amerika von Sevilla übernahm. Darum stammen die repräsentativen Gebäude vor allem aus dem 18. und 19. Jahrhundert. Politisch erlangte die Stadt 1812 noch einmal Aufmerksamkeit, als hier die erste spanische Verfassung verabschiedet wurde.

Heute leben in Cádiz, der südlichsten Großstadt Europas, über 125 800 Menschen (2010), die als *gaditanos* bezeichnet werden. Seit 1979 ist Cádiz Universitätsstadt. Die Schwerpunkte der Ausbildung liegen in den Bereichen Medizin, Marine und Nautik. Etwa 18 000 Studierende sind an der Universität eingeschrieben. Die Arbeitslosigkeit in Cádiz gehört zu den höchsten in ganz Andalusien.

Stadtstrände

Cádiz ist ein beliebtes Reiseziel bei spanischen Touristen, denn es bietet Strandurlaub und Städtetour in einem. Einer der vier Stadtstrände lässt sich vom Hotel aus immer erreichen, sodass die Parkplatzsuche entfällt. Kommt man über die vierspurige Straße in die Stadt, kann man sich kaum vorstellen, dass es hinter den grauen Hochhausfassaden tatsächlich Ruhe und Erholung geben soll. Doch parallel zur Hauptstraße erstreckt sich der Paseo Marítimo, die Küstenstraße, die an einem neun Kilometer langen Sandstrand entlangführt und Urlaubsstimmung aufkommen lässt. An der südlichen Spitze beginnt mit der Stadtgrenze die *Playa de la Cortadura*. Sie ist fast vier Kilometer lang und über 60 Meter breit. Danach folgt die *Playa de la Victoria* mit einer Länge von 2,5 Kilometern und einer Breite von 185 Metern. Dieser Strand nimmt den größten Teil des Stadtgebiets ein. Ihm schließt sich die *Playa Santa María del Mar* mit einer Länge von 400 Metern an. Im Norden von Cádiz findet sich die *Playa la Caleta* mit einer Länge von 450 Metern und 50 Metern Breite. Dieser Strand befindet sich im Altstadtgebiet und ist im Stil eines alten Seebads gehalten. Das ist offenbar nicht nur bei Romantikern sehr beliebt, denn die Playa la Caleta ist in den Sommermonaten sehr überlaufen.

Oben: Sommerspaß am Stadtstrand von Cádiz
Unten: Strandcafé in der Hauptstadt

Oben: Die Plaza de San Juan de Dios war in römischer Zeit ein Kanal.
Mitte: In der Stadt empfiehlt es sich, das Auto stehen zu lassen und den Bus zu nehmen.
Unten: Cádiz hat sich herausgeputzt: zur Feier als ibero-amerikanische Kulturhauptstadt 2012.

Die Altstadt

Entlang der Avenida de Andalucía, der breiten Einfahrtstraße, finden sich Boutiquen, Restaurants, Bars und Parks. Hier präsentiert sich die Stadt als Provinzhauptstadt, mit Universität, Klinikum und Verwaltungszentren, geschäftig und modern. Doch am Ende, hinter der Stadtmauer, liegt die pulsierende Altstadt mit ihren Plätzen, Gassen und Winkeln. Das ist Cádiz, das Juwel am Atlantik.

Die Altstadt besteht aus den *Barrios* (Stadtteilen) *La Viña*, dem alten Fischerviertel, *Santa Maria*, dem Flamenco-Viertel, *El Pópulo* – der ehemals mittelalterliche Teil der Altstadt – und *El Mentidero*, wo sich einst Obst- und Gemüsegärten befanden. Wer eintaucht in die Altstadt, wird unweigerlich ihrem Charme erliegen. Hier findet man kleine und kleinste Läden, man trinkt einen Café im Stehen an der Bar, und in der Mittagspause treffen sich die Männer beim Friseur auf ein Schwätzchen inklusive Haarschnitt.

Außerhalb der Stadtmauer, in der Bucht von Cádiz, liegt der Hafen. Er ist Anlegestelle für viele Kreuzfahrtschiffe und der einzige Fährhafen zu den Kanarischen Inseln mit regelmäßigem Schiffsverkehr. Weitere Verbindungen sind El Puerto de Santa María, auf der andern Seite der Bucht, sowie nach Rota, einem beliebten Urlaubsort in der Provinz Huelva. Der Sporthafen gehört dem Königlichen Nautik Club Cádiz und beherbergt neben 200 Liegeplätzen eine Segelschule, eine Tauchschule und einen Bootsverleih. In der Bucht von Cádiz finden einige bedeutende Segelsportwettbewerbe statt.

Naturpark Bahía de Cádiz

Die Bucht erstreckt sich über rund fünf Kilometer von der Landzunge *Punta de San Felipe* bis zur

Burg *Santa Catalina* in El Puerto de Santa María. Hier gibt es unterschiedliche Ökosysteme wie Strände, Dünen, Steilküsten, Marschland und Seen mit ihrer einzigartigen Fauna und Flora. Auch heute noch wird in der Bucht Salz gewonnen. Besonders das edle »Flor de Sal« hat Einzug gehalten in die Feinschmeckerküchen. Der Bereich der Salinen ist über 55 Quadratkilometern groß und geht auf die Zeit der Phönizier zurück. Die *Isla del Trocadero* stellt ein wichtiges Feuchtbiotop dar und dient als Landezone für Zugvögel. Störche, Kormorane, Flamingos, Haubentaucher und Seeadler kommen hier vor und können auf ihrem Zug hier beobachtet werden. Wandern, Windsurfen und Segeln sind weitere Freizeitaktivitäten die auf der Insel gerne ausgeübt werden.

Karneval

Cádiz ist neben Teneriffa die Karnevalshochburg von Spanien. Elf Tage lang wird das Fest auf der Straße gefeiert, und Verkleidung ist ein Muss, zumindest am ersten Samstag und während der Umzüge, die am Sonntag vor Aschermittwoch und am Sonntag nach Aschermittwoch stattfinden. Der spanische Karneval ist später als der deutsche und endet nicht mit der Fastenzeit.

Die berühmten Gesangsgruppen, die aus zehn Sängern bestehen und von einer Pauke, einer so genannten Trommelbox, und Gitarren begleitet werden, tragen satirische Lieder in Tango- oder Paso-Doble-Rhythmen vor. Für Fremde sind die Lieder und Reime der Karnevalisten kaum zu verstehen, doch Insider sagen, dass es ordentlich zur Sache geht und die Pointen meistens treffen. Nichteinheimische Besucher kommen aber trotzdem auf ihre Kosten, denn mit Straßenfesten, Kostümbällen, Feuerwerk und zahlreichen weiteren Veranstaltungen wird der Karneval in Cádiz zu einem unvergesslichen Erlebnis.

AUTORENTIPP!

UMSONST UND DRAUSSEN

Das ganze Jahr über finden in Cádiz Veranstaltungen statt, die auch die Straßen und Plätze der Stadt mit einbeziehen. Ein besonderes Festival ist *Cádiz en Danza*, ein internationales Tanzfestival, das im November veranstaltet wird. Seit 2001 findet das Festival des Gegenwarttanzes statt. Als es ins Leben gerufen wurde, sollte in erster Linie das herbstliche Programmloch gestopft werden. Doch bald schon nutzten Tanzkompanien aus der ganzen Welt diese Plattform, um ihre neuesten Kreationen vorzustellen und sich mit Tänzern und Choreographen auszutauschen. Inzwischen gilt *Cadiz en Danza* als Schaufenster für neue Trends in der Welt des modernen Tanzes. Auf Plätzen, in Parks, in Theatern und der Universität finden die Tanzvorführungen statt. Im Rahmenprogramm werden Dokumentarfilme, Fotografien und Musikstücke rund um den Tanz geboten. Darüber hinaus wird auch anderen Disziplinen, die in einen Bezug zum Tanz haben, Platz geschaffen. Informationen gibt es bei den Touristenbüros oder unter www.cadiz.es

Cádiz ist die Karneval-Hochburg auf dem spanischen Festland.

Infos und Adressen

INFORMATION

Oficina de Turismo. Paseo de Canalejas, s/n (gegenüber vom Hafen), 11010 Cádiz, Tel. 956 241 001, Fax 956 241 005, E-Mail info.turismo@cadiz.es

Oficina de Turismo. Avda. José León de Carranza esquina Avda. de La Coruña, 11010 Cádiz, Tel. 956 285 601, Fax 956 285 605, E-mail estadio.turismo@cadiz.es

Punto de Información Turística (im Sommer). Módulo Central de la Playa Victoria, Paseo Marítimo, s/n, 11010 Cádiz, Tel. und Fax 956 250 426, E-Mail playa.turismo@cadiz.es

ESSEN UND TRINKEN

Cafeteria La Marina. Curros con chocolate, das beliebte süße spanische Frühstück, und andere Leckereien, um den Tag besonders gut anzufangen. Plaza del Topete, 1, 11001 Cádiz, Tel. 956 222 397

Meson Cumbres Mayores. Gemütliches Restaurant der mittleren Preiskategorie. Sein Motto lautet »Alles Gute aus den Bergen von Huelva im Zentrum von Cádiz«. Vor allem Fleisch- und Schinkenliebhaber werden hier auf ihre Kosten kommen. Calle Zorrilla, 4, 11004 Cádiz, Tel. 956 213 270, www.mesoncumbresmayores.es

Restaurante El Faro. Gute mediterrane Küche, im Barrio la Viña gelegen, in der Nähe der Playa La Caleta. Mittlere Preiskategorie, Reservierung erwünscht. Calle San Felix, 15, 11002 Cádiz, Tel 956 211 068, Fax 956 212 188, E-Mail info@elfarodecadiz.com, www.elfarodecadiz.com

El Telescopio – La Tabla. Günstig futtern wie bei Muttern kann man in der Neustadt. Das mehrfach ausgezeichnete »El Telescopio« bietet Frühstück, Brunch und Tapas. Doctor Herrera Quevedo, 2, 11010 Cádiz, Tel. 956 253 231, www.la-tabla.com

Restaurante La Despensa. An der Strandpromenade gelegen, bietet das Restaurant einen wunderbaren Blick auf den Ozean. Die Karte präsentiert eine große Auswahl mit Schwerpunkt Fisch, in mittlerer Preiskategorie. Calle Escritor Ramon Solis, 9 y 10, 11008 Cádiz, Tel. 956 265 320, www.ladespensacadiz.com

Taberna Tio de la Tiza. Auf der kleinen Plaza Tio de la Tiza in der Altstadt gelegen, ist die gleichnamige Taberna Tio de la Tiza sehr beliebt bei Einheimischen. Hier gibt es Tapas und Meeresfrüchte zu moderaten Preisen. Plaza Tio de la Tiza, 11002 Cádiz

Fischbraterei. Restaurante Freiduría Cervecería Las Flores. Gut und günstig, im Zentrum der Alt-

Abendstimmung in Cádiz – auch in der Großstadt findet man ruhige Ecken.

stadt gelegen, gibt es hier Bratfisch und Bier, ganz nach dem Geschmack der Gaditanos. Plaza Topete, 4, 11001 Cádiz, Tel. 956 226 112

ÜBERNACHTEN

Hotel Las Cortes De Cádiz. Ein neues Themenhotelkonzept in der Altstadt. Das Hotel befindet sich in einem typischen Cádizer Haus aus dem 19. Jahrhundert und zeichnet sich durch seine sorgfältige und elegante Einrichtung aus. Alle Zimmer des Hotels sind einem Ereignis oder einer Persönlichkeit der Cortes de Cádiz (Begründer der ersten spanischen Verfassung 1812) gewidmet. Fitnessraum, gratis WiFi und Wellness-Angebote sowie Restaurant und Cafeteria komplettieren das Ambiente. Das Hotel ist behindertengerecht ausgestattet, die Parkplätze sind aber limitiert, sodass man eventuell außerhalb parken muss. DZ mit Frühstück ab ca. 85 Euro, Haustiere willkommen! Calle San Francisco, 9, 11004 Cádiz, Tel. 956 220 489 und 956 226 517, Fax 956 212 668, www.hotellascortes.com

Hotel Patagonia Sur. Das moderne, geschmackvoll eingerichtete Hotel befindet sich in der Altstadt von Cádiz, etwa 200 Meter entfernt von der Kathedrale. Es bietet Kabel-TV und freies WiFi. Den Strand La Caleta erreicht man in 15 Minuten zu Fuß. Zimmerservice und eine Cafeteria sowie eine Wäscherei und Parkservice. Die Übernachtung im Doppelzimmer kostet ab ca. 85 Euro. Calle Cobos, 11, 11005 Cádiz, Tel. 856 174 647 und 856 174 648, Fax 856 174 320, www.hotelpadagoniasur.es

Hostal Cádiz Inn Backpackers. Neues Haus in der Altstadt, mit Schlafsälen (gemischt und Frauen) sowie einigen privaten Doppelzimmern. Schlafsäle ab 18 Euro/ÜF, Privatzimmer mit Gemeinschaftsbad ab 25 Euro/ÜF. Rezeption rund um die Uhr geöffnet, Flughafentransfer, Bar, Fahrradverleih, Internet und Gepäckaufbewahrung machen das Haus zu einem interessanten Aufenthaltsort für Individualreisende und Studenten. Das Hostal ist behindertengerecht ausgestattet. Calle de la Botica, 2, 11005 Cádiz, Tel. 956 262 309, www.cadizbackpackers.es

EINKAUFEN

Mercado Central (Markthalle). Plaza de las Flores, Tel. 956 251 323, Fax 956 275 870

Bioladen. Huerta de San Miguel. Hier gibt es frisches Brot und Gemüse sowie eine gute Auswahl an Biolebensmitteln und anderen Bioprodukten. Calle San Miguel, 4, 11001 Cádiz, Tel. 956 229 679

FREIZEIT UND SPORT

Bustouren durch Cádiz. City Sightseeing Cádiz. Start: Plaza San Juan de Dios, Fahrzeit: 60 Minuten, Kosten 15 Euro Erwachsene, 7 Euro für Kinder von 7–16 Jahren. Tickets können gebucht werden unter www.city-sightseeing.com

Fahrradverleih in der Altstadt. Urban Bike Cádiz. Marques de Valdeiñigo, 4,11004 Cádiz, Tel. 856 170 164, www.urbanbikecadiz.es

Typischer Innenhof, der meist mit den Nachbarn gemeinsam genutzt wird.

Mitte: Cádiz von oben. Es lohnt sich, einen der zahlreichen Türme zu besteigen.
Unten: Auf dem Glockenturm der Kathedrale

40 Cádiz Stadt

Stadtrundgang

Cádiz ist besonders. Seine Plätze und Gassen verströmen eine einzigartige Atmosphäre, die sich dem Besucher schon nach kurzer Zeit mitteilt. Es wurde sehr viel restauriert und renoviert, doch das hat dem Ambiente nicht geschadet. Wenn Sie alles sehen möchten, nehmen Sie sich ein paar Tage Zeit, tauchen Sie ein und lassen Sie sich betören vom Charme, den nur »Klein Havanna« ihnen zu bieten hat.

Das »Silbertässchen am Atlantik«, *tacita de plata* – so wird Cádiz von den Einheimischen genannt. Es ist die Stadt der Türme und der Plätze. 128 Türme gibt es hier und unzählige Plätze, die meisten davon in der Altstadt. In der Nähe der Kathedrale liegt die *Plaza de las Flores,* auch *Plaza Topete*, mit zahlreichen Cafés, Restaurants und den typischen *freidurias.* Gleich nebenan, auf der *Plaza Libertad*, lockt die neue Markthalle. In den Nebenstraßen scheint die Zeit stehen geblieben zu sein. Hier gibt es kleine Geschäfte, in denen man praktisch alles kaufen und sogar noch eine *copa*, ein Glas Wein, trinken kann. Westlich von der Kathedrale liegt der *Barrio de La Viña*, das alte Fischerviertel. Seine Bewohner schmücken ihre Häuser und geben sich alle Mühe, die Nachbarn durch Farbigkeit und Blumenpracht zu übertreffen. Wer die Augen aufhält, trifft aber überall auf Überreste aus der Vergangenheit. Die Reste einer römischen Fischfabrik beispielsweise, kann man in der Calle Sacramento, im Keller einer Bingohalle, besuchen.

Cámera Oscura

Für viele Besucher ist der *Torre Tavira* ein absolutes Muss in Cádiz. Er markiert den höchsten Punkt

Die Plaza de la Catedral gehört zu den beliebtesten Plätzen der Stadt.

der Altstadt und stammt aus dem 18. Jahrhundert. Der *Torre Tavira* war in dieser Zeit der offizielle Wachturm des durch seinen Überseehandel zu Wohlstand gekommenen Cádizes. Seinen Namen erhielt der Turm durch Don Antonio Tavira, der der erste Wächter war und die Ankunft der Handelsschiffe überwachte. Auf dem Turm ist eine Cámara Oscura angebracht, die erste, die in Spanien je installiert wurde. Sie projiziert farbige Bilder der umliegenden Straßen in Echtzeit auf eine weiße Leinwand, die sich im Zentrum eines schwarzen Raums befindet. Mehr über den Turm kann man unter www.torretavira.com in deutscher Sprache nachlesen.

AUTORENTIPP!

IN DER NEUSTADT AUF ENTDECKUNGSTOUR

Auf den ersten Blick wirkt die Neustadt von Cádiz eher unansehnlich und hektisch. Doch in der ältesten Stadt Europas ist natürlich auch die Neustadt auf einem historischen, oft sogar antiken Untergrund erbaut. Während man in der Altstadt der Geschichte praktisch nicht entfliehen kann, muss man sie in der Neustadt ein wenig suchen. Ein guter Ort, damit zu beginnen, ist der Park *Jardines de Varela* an der Avenida de Andalucía. Zu römischer Zeit lag dieses Gebiet weit vor der Stadt und hier befand sich der Friedhof, die *Nekropolis*. Im ganzen Park verteilt findet man Überreste aus dieser Zeit, die sehr schön integriert sind. Ein paar Ecken weiter, in der Calle General Ricardos Nr. 5–7 kann man sich im Keller eines Wohnhauses die Überreste zweier römischer Gräber ansehen, die beim Bau des Hauses gefunden wurden. Entlang der Strandpromenade finden sich einladende Cafés und Restaurants sowie die Möglichkeit, kilometerlange wunderschöne Spaziergänge zu machen.

Moderne Plastik am Campo del Sur

Rundgang Cádiz

A **Plaza de San Juan de Dios –** Der Platz liegt ganz in der Nähe der Touristeninformation am Hafen. Wo heute eine breite Promenade zum Flanieren einlädt, befand sich zu römischer Zeit ein Kanal. Gespeist mit dem Wasser aus den *Marismas*, den Feuchtgebieten um die Stadt, konnten die Fischerkähne mit ihrer Fracht bis vor die Tore der Fischfabriken fahren, die in diesem Bereich angesiedelt waren.

B **El Pópulo –** Dieses Stadttor ist das Nordtor der antiken Stadtmauer und stammt aus dem 13. Jh. Seinen Namen verdankt es der *Virgen del Pópulo Romano*, deren Figur in einer Mauernische steht. Es ist auch möglich, die Kapelle *Nuestra Señora del Pópulo* aus dem 16. Jh. zu besichtigen, die sich oberhalb des Stadttors befindet.

C Entlang der *Calle Fabio de Rufino* gelangen wir zur *Plaza de la Catedral*, einem der muntersten Plätze in Cádiz. Hier befindet sich auch das Stadttor **Arco de la Rosa**, ebenfalls aus dem 13. Jh..

D **Kathedrale von Cádiz** – Durch ihre vergoldete Kuppel ist sie weithin sichtbar. Sie wurde von 1722 bis 1836 erbaut und gehört zu den größten Andalusiens.

E Über die *Calle Piratas* geht es zur *Plaza Fray Felix* und weiter die *Calle Fray Felix* bis zum alten Bischofspalast **Casa del Obispo**. Der Besucher wandelt über 1500 Quadratmeter Glasböden in die Geschichte hinein. Die Ausstellung wird durch digitale Rekonstruktionen unterstützt, die die Entwicklung der Stadt vom 8. Jh. vor Christus bis zum 18. Jh. aufzeigt. Der Rundgang wird per Audiosystem in sechs Sprachen angeboten.

Innenansicht der Kathedrale von Cádiz

F Römisches Theater – Es ist das größte in ganz Spanien und stammt aus dem 1. Jh. vor Christi. Allerdings sind nur noch Teile der Anlage erhalten, da man im Mittelalter Steine abtrug und für den Bau von Wohnhäusern verwendete. Trotzdem lohnt sich der Besuch, das Theater ist frisch restauriert.

G Iglesia de Santa Cruz – Die Kirche stammt aus dem 18. Jh.

H Museo de la catedral – Das Museum der Kathedrale ist im *Casa de la Contaduría* untergebracht. Hier werden kirchliche Schätze, Bilder und Skulpturen ausgestellt. In der Krypta ist der Komponist Manuel de Falla bestattet, nach dem das *Gran Teatro Falla* benannt ist.

I Casa del Almirante – Der barocke Palast wurde im 17. Jh. erbaut.

J La posade del Mesón Das ehemalige Gasthaus, in das ein Teil des Römischen Theaters eingebaut wurde, stammt ebenfalls aus dem 17. Jh.

K Arco de los Blanco, die Überreste eines römischen Stadttors. Ursprünglich hieß der Bogen *Puerta de la Tierra* und befand sich direkt am Schloss.

L Casa Lasquetty – Das Bürgerhaus in der *Calle Santa María*, ein barockes Gebäude aus dem frühen 18. Jh., wurde aus Marmor errichtet.

M Convento de Santa Maria – Die Kirche des Klosters Santa María aus dem 17. Jh. gab dem Stadtviertel seinen Namen. Der Kirchturm trägt eine Haube aus den typischen blauen andalusischen Kacheln und auch im Altarraum sind Kacheln (Delfter Kacheln) angebracht.

N Wir gehen zurück zur *Plaza Merced* und besuchen das **Centro Municipal de Arte Flamenco La Merced.** Ziel des Flamencozentrums ist es, den Flamenco zu fördern und Künstler zu unterstützen. Es gibt Gesangs- und Tanzklassen sowie Ausstellungen, Konzerte und eine Bibliothek.

O Über die *Calle Público* gelangen wir zur *Calle de Concepción Arenal*, zum wichtigsten neoklassizistischen Bauwerk der Stadt, dem alten königlichen Gefängnis **Antigua Cárcel Real**. Heute dient es als Gerichtsgebäude.

P Puerta de Tierra – Mit dem alten Stadttor und Eingang zur Altstadt endet unser historischer Rundgang durch Cádiz, dem Silbertässchen am Atlantik, *tacita de plata*, wie es von den Einheimischen gerne genannt wird.

Büste im Park Alameda

Mitte: Das größte Fest des Jahres: die Feria del Caballos
Unten: Traubenernte in der Nähe von Jerez de la Frontera

41 Jerez de la Frontera
Zentrum der Pferde und des Sherry

Zahlreiche Kunstschätze zeugen von den verschiedenen Kulturen, die sich im Laufe der Geschichte hier niederließen. Die Altstadt zählt zum nationalen Kulturgut und ist voller Leben. Hier finden sich moderne Einkaufszentren und romantische Plätze, fügen sich Galerien, Tapas-Bars und Bodegas zu einer interessanten Mischung. Das alles trägt zum einzigartigen Ambiente der Stadt bei, die den Besucher einlädt, mit allen Sinnen zu genießen.

Jerez trägt wie viele Orte in den südlichen Provinzen den Zusatz *de la Frontera*, an der Grenze, der aus der Zeit der *Reconquista*, Wiedereroberung durch die Christen, stammt. Die Region um Jerez war ein stark umkämpftes Gebiet und mit dem Hinweis auf die Grenze wurde verdeutlicht, wie weit die Christen vorgedrungen waren. Mit rund 210 000 Einwohnern ist Jerez die größte und neben Cádiz die bedeutendste Stadt der Provinz, lockt mit einem beachtlichen Angebot an kulturellen Veranstaltungen in einer wunderschönen Altstadt. Hier pulsiert das Leben, hier lassen sich viele verträumte Ecken entdecken und unzählige Möglichkeiten zur Einkehr finden. Als sinnvolle Orientierungshilfe sind an jeder Kreuzung der Altstadt Wegweiser angebracht, die den Besucher sicher zu den angestrebten Orten geleiten. Der älteste Teil der Stadt, innerhalb der Stadtmauer, zwischen den Straßen Calle Ancha, Calle Muro, Calle Porvera und Calle Armas, wurde zum historischen Bauensemble erklärt: Einzigartig ist das Zusammenspiel der Adelspaläste mit den typisch andalusischen Bürgerhäusern. Straßen und Plätze

Der Kellermeister prüft den neuen Sherry.

sind häufig mit Orangenbäumen und Brunnen geschmückt, sodass auch der Weg zwischen den historischen Stätten zu einem Genuss wird (siehe Karte).

Stadt des Sherry

Jerez de la Frontera und seine Umgebung sind bekannt als Anbaugebiet für den spanischen Sherry, den »Jerez« oder »Vino de Jerez«. Das Wort Sherry geht auf die alte Aussprache von Jerez zurück, das früher »Xerez« hieß. Sherry ist einer der ältesten Weine der Welt. Die Phönizier brachten im 11. Jh. v. Chr. Rebstöcke mit und produzierten damit Wein für den gesamten Mittelmeerraum. Diese Weine enthielten allerdings so viel Alkohol, dass sie nur verdünnt getrunken wurden. Auch den Griechen und später den Römern gelang es nicht, den Wein genießbarer zu machen. Um 400 n. Chr. endlich konnten die Westgoten den Weinbau kultivieren, neue Rebsorten züchten und den Wein aus Jerez wieder bekannt machen. Mit den Mau-

AUTORENTIPP!

FLOHMARKT

Im Herzen der Stadt, gleich oberhalb der Kathedrale, findet auf der Alameda Vieja, der alten Allee, jeden Sonntagvormittag ein Flohmarkt statt. Auf dem großen, von alten Bäumen umstellten Platz tummeln sich dann Hunderte Besucher zwischen Dutzenden von Ständen. Angeboten werden Kunst und Krempel, Trödel und Antiquitäten. Hier und da findet sich ein Stand mit Neuwaren, doch das absolute Gros sind gebrauchte und oftmals alte Dinge. Kleidung, Briefmarken, Bilder und Plakate, Schmuck und Pflanzen – dieser Markt bietet alles, was einen richtigen Flohmarkt ausmacht. Es gibt in der gesamten Provinz nur drei regelmäßige Flohmärkte, wobei Jerez der größte und älteste ist. In den Sommermonaten, zwischen Juli und Oktober, findet der Markt nicht statt. Außer in Jerez gibt es einen Flohmarkt in Puerto Real, ebenfalls jeden Sonntagvormittag, und den *Rastro* in Vejer, an jedem ersten Sonntagvormittag im Monat. Zwischen Juli und Oktober ist der Flohmarkt Vejer auf den Samstagabend verlegt.

In der Altstadt von Jerez finden sich viele lauschige Plätzchen.

AUTORENTIPP!

NILKROKODILE

Zwischen El Puerto de Santa Maria und Jerez de la Frontera liegt Kariba, die einzige Krokodilfarm Europas. Die Farm kann das ganze Jahr über besucht werden, im Sommer, wenn die Nilkrokodile sich in der Außenanlage mit See, Erdlöchern und Schlamm befinden, lohnt es sich besonders. Die Tiere sind sehr empfindlich, sodass sie selbst in Andalusien nur während der Sommermonate draußen gehalten werden können. Einmal täglich und nach Absprache werden Führungen in Spanisch und Englisch angeboten. Die Farm ist zwischen Juli und Mitte September täglich 17.30–21.30 Uhr geöffnet. Führungen finden um 19.30 Uhr statt. Außerhalb der Ferienzeit liegt die Besuchszeit am Vormittag zwischen 10.30 und 15.00 Uhr, Führungen um 12.00 Uhr. Der Eintritt beträgt 6 Euro/Erw. und 4 Euro/Kind. Weitere Informationen unter www.cocodrilosjerez.com

Die Kathedrale von Jerez de la Frontera

ren kam ab 711 n. Chr. das Wissen nach Jerez, wie man aus den Trauben einen haltbaren Spitzenwein macht oder ihn destilliert. 1264 eroberte Alfons X. Jerez zurück, und unter den Christen wurde Sherry zum wichtigsten Exportgut der Region. Hauptabnehmer waren bereits damals die Engländer. Ende des 16. Jahrhunderts lockte der Sherry junge, abenteuerlustige Engländer nach Jerez, die an dem Geschäft teilhaben wollten. Aus dieser Zeit stammen auch die englischen Namen vieler Bodegas. Die Nähe zum Atlantischen Ozean in Verbindung mit den kalkhaltigen Böden, den *tierras albarizas*, ist Voraussetzung für die Herstellung des Sherry. In der Stadt gibt es 36 Bodegas, darunter auch die bekanntesten Namen der Sherry-Dynastien. Bei einer Bodega-Führung, die auch in deutscher Sprache stattfinden, werden alle Produktionsschritte anschaulich erklärt und der Wein natürlich auch probiert.

Stadt der Pferde

Nicht nur bei Reitern gilt Jerez als »Stadt der Pferde«. Die andalusische Pferdezucht ist auf der ganzen Welt bekannt und der Besuch der Königlich Andalusischen Reitschule, der *Real Escuela Andaluza del Arte Ecuestre*, ein Erlebnis der besonderen Art. Die Schule ist in einem Palast aus dem 19. Jahrhundert untergebracht. An jedem Donnerstag findet die beliebte Show *Cómo bailan los caballos andaluces*, wie die andalusischen Pferde tanzen, statt und an den anderen Wochentagen kann das Training besucht werden. Es findet zwischen 11.00 und 13.00 Uhr statt.

Die *Feria del Caballo*, Pferdemesse, in Jerez zählt zu den bekanntesten Festen in ganz Spanien. Jedes Jahr kommen Tausende von Besuchern, die den Mix aus Jahrmarkt, Reiterschau, Flamenco und Sherry lieben.

Rundgang Jerez de la Frontera

A La Colegiata – Die Kathedrale westlich der Plaza del Arenal wurde im 18. Jahrhundert auf den Grundmauern einer Moschee erbaut. Besonders auffallend sind die riesige Freitreppe am Westportal sowie die ausladenden Strebepfeiler, die den Bau bei Erdbeben schützen sollten.

B Alcázar – Hier befindet sich der maurische Herrscherpalast mit dem Arabischen Bad und der Mesquita sowie die heutige Kapelle *Santa María la Real*. Die ältesten Teile des Palastes datieren aus dem 11. Jahrhundert, wurden jedoch im Stil der Renaissance umgebaut.

Für Museumsliebhaber gibt es zahlreiche Ausstellungen, unter anderem zu Stierkampf, Pferdezucht, Flamenco oder Weinbau, den allgegenwärtigen Themen der Stadt.

INTERESSANTE MUSEEN SIND:

C Museo Arqueológico – archäologisches Museum.

D Centro Andaluz de Flamenco

BODEGAS

E Bodegas Pedro Domecq – San Illdefonso, 3. Zur Firma gehören verschiedene Labels für Sherry und Brandy. Führungen möglich.

F Bodegas Tío Pepe-González Byass – Manuel María González, 12, stündlich Besichtigungen möglich, es geht mit einem kleinen Zug durch die Anlage.

G Bodegas Emilio Lustau – Arcos, 53, Eine der kleineren Bodegas, im Winter durchgehend von 9.30–18.30 Uhr geöffnet.

Auf dem Festgelände laden mehr als 200 *Casetas,* Festzelte, zum gemeinsamen Feiern, Essen, Trinken und Tanzen ein. Die Casetas werden traditionell von Vereinen oder Firmen unterhalten und durften bis vor einigen Jahren nur von deren Mitgliedern oder auf Einladung betreten werden. Heute dagegen ist jeder Besucher, ob Einheimischer oder Tourist, willkommen. In der Nähe der Festzelte befindet sich ein Vergnügungspark mit Fahrgeschäften und Buden auf einer Fläche von etwa 33 000 Quadratmetern. Weitere Informationen und Programmpunkte finden Sie im Internet unter www.jerez.es

Im Kartäusergestüt *Yeguada Hierro del Bocado,* Gestüt mit dem Kandarenbrand, werden seit über 400 Jahren die *cartujos,* Kartäuserpferde, gezüchtet. Sie sind edel und sanftmütig, aber robust. Ihr Fell hat einen einzigartigen Glanz, ihre Mähnen sind dicht, sie sind wunderschön und sie sind ein spanisches Kulturgut. Wie der Name bereits vermuten lässt, geht die Züchtung auf die Kartäusermönche zurück. Das Gestüt lohnt einen Besuch, auch wenn man nicht in der Pferdewelt zu Hause ist. Jeden Samstagvormittag um 11 Uhr öffnen sich die Pforten für Gäste. Und die kommen aus der ganzen Welt. Es gibt Führungen in unterschiedlichen Sprachen, die einen guten Einblick in die Arbeit, die Geschichte und die Philosophie des Zuchtbetriebes bieten. Nach einem sehr interessanten Rundgang durch die Stallungen, die Kinderstube und über das Gelände, nehmen die Besucher ihre Plätze in der 650 Personen fassenden Arena ein. Hier findet eine atemberaubende Show statt, dargeboten von Mitarbeitern und Pferden des Gestüts. Schnell wird klar, warum die Kartäuser zu den teuersten Pferden der Welt zählen, denn wer einmal einen solchen Hengst im vollen Galopp erlebt hat, sieht den Unterschied zu anderen Rassen auch als Laie. Zum Abschluss gibt es

Oben: Weithin sichtbar ist das Label der Bodega »Fundador« Petro Domecq.
Mitte: Spaß auf der Feria, ein Muss für die Jerezanos
Unten: Am Abend wird es gemütlich in Jerez.

eine Sherry-Verköstigung, man kann eine Kutschfahrt machen, sich im Museum umsehen oder den Laden besuchen.

Nicht nur im Sommer

Ein Besuch in Jerez muss nicht auf den Sommer beschränkt bleiben, denn die Stadt bietet das ganze Jahr über ein vielseitiges Programm. Das berühmte *Festival Internacional de Flamenco de Jerez* findet im Februar und März im Rahmen der Kulturwochen des *Teatro Villamarta* statt und zeigt Aufführungen in Tanz, Gesang und Gitarre. Im Mai herrscht Trubel bei der bekannten *Fiesta de los Caballos*, dem Fest der Pferde, und im September wird mit der *Fiesta de la Vendimia de Jerez* der neue Wein gefeiert. Es folgt die *Fiesta de otoño*, das Herbstfest, und auch im Dezember finden unterschiedliche Veranstaltungen statt. Darunter ein Weihnachts- und Handwerksmarkt mit Kunsteisbahn.

Auf der weltweit bekannten Motorrennstrecke *Circuito de Jerez* werden das ganze Jahr über internationale Rennen ausgetragen. Schon seit vielen Jahren wird jede Saison die Motorradweltmeisterschaft mit dem »Großen Preis von Spanien« eröffnet. Das Event lockt jährlich nicht nur etwa 200 000 Zuschauer an, sondern zusätzlich noch viele tausend Motorradfahrer aus ganz Europa, die sich am ersten Maiwochenende hier treffen.

Jerez de la Frontera ist Teil des berühmten Sherry-Dreiecks, von hier aus kann man auf die *Ruta del Vino y Brandy* starten, die sich durch verschiedene Städte, unter anderem Rota, Chipiona und Jerez zieht. Ebenso die Route der weißen Dörfer, die Route des Stiers und die Atlantikroute, in denen die jeweiligen Sehenswürdigkeiten der Region thematisiert werden.

AUTORENTIPP!

BERITTENE POLIZEI

Wenn Sie auf den Straßen von Jerez de la Frontera unterwegs sind, achten Sie einmal auf die berittenen Polizisten von der *Policia Local*, Lokalpolizei. Zu erkennen sind sie an ihrer blauen und neongrünen Uniform. Sie reiten auf weißen Hengsten. Dabei handelt es sich bei diesen Polizeipferden um Kartäuserpferde, eine der edelsten und teuersten Pferderassen der Welt. Die Polizeistaffel besteht aus acht Polizisten, die ihre Pferde selbst ausbilden. Sie unterstehen der Stadtverwaltung, die ein Abkommen mit dem Kartäusergestüt getroffen hat, das regelmäßig Fohlen zur Ausbildung zum Polizeipferd zur Verfügung stellt. Die Polizisten sind sehr stolz auf ihre Pferde, geben gerne Auskunft und lassen sich fotografieren. Mit dieser Reiterstaffel will Jerez seine Besucher sowohl auf die Tradition als Stadt der Pferde wie auch auf die Schönheit dieser Rasse aufmerksam machen.

Berittene Polizei auf der Feria del Caballos

Infos und Adressen

INFORMATION

Oficina de Turismo. Calle Larga, 39, 11403 Jerez de la Frontera, Tel. 956 338 874, www.turismojerez.com

Honorarkonsulat der Bundesrepublik Deutschland. Termine nur nach telefonischer Vereinbarung. Avenida de Méjico, 10-portal 1–2° D, 11405 Jerez de la Frontera, Tel. 956 187 463, Fax 956 182 144, Öffnungszeiten: Mo–Do 10.00–13.00 Uhr

ESSEN UND TRINKEN

Bar Juanito. Eine der besten Tapas-Kneipen, liegt an der *Ruta Vino y Brandy*, Pescadería Vieja, 8–10, 11403 Jerez de la Frontera, Tel. 956 334 838, www.bar-juanito.com

In der »Kathedrale der Stille« reift der Sherry.

Restaurante El Gallo Azúl. Gute Tapas zu guten Preisen. Calle Larga, 2, 11402 Jerez de la Frontera, Tel. 956 326 148

Tapas Bar/Restaurente La Cruz Blanc. Im Zentrum gelegen, ist es eines der beliebtesten Restaurants, mit einer schönen Terrasse. Mittlere Preiskategorie. Besonders gut sind die Fisch-Tapas. Calle Consistorio, 16, 11402 Jerez de la Frontera, Tel. 956 324 535

Cafeteria La Vega. Nettes Café, um den Tag zu beginnen. Es gibt *tostadas* mit *jamón* oder *churros* am Kiosk nebenan. Plaza Esteve, 11402 Jerez de la Frontera, Tel. 956 337 748

Restaurante La Carboná. Das Restaurant ist untergebracht in einem alten Kellergewölbe. Vor allem die großen leckeren Steaks sind sehr beliebt, unbedingt probieren sollte man aber auch das Rindercarpaccio mit Foie. Das Menü kostet ca. 30 Euro, mit Sherry (Fisch- oder Fleischhauptgericht). Calle San Francisco de Paula, 2, 11401 Jerez de la Frontera, Tel. 956 347 475, www.lacrbona.com

Grillrestaurant Meson Del Asador. In der Altstadt. Gehört zu einer Restaurantkette. Tapas gibt es nur an der Bar. Beliebt sind die Fleischspieße und der hausgemachte Käsekuchen. Calle Remedios, 2, 11403 Jerez de la Frontera, Tel. 956 322 658, www.mesondelasador.com

Restaurante La Alternativa. Das einzige Restaurant mit vegetarischer Küche in Jerez. Calle San Pablo, 7, 11402 Jerez de la Frontera, Tel. 956 343 961

ÜBERNACHTEN

Hostal Fenix. Günstiges, aber sehr schönes Hostal; das Frühstück wird auf Wunsch sogar aufs Zimmer gebracht. Übernachtung mit Frühstück im Einzelzimmer 30 Euro. Calle Cazón, 7, 11402 Jerez de la Frontera, Tel. 956 345 291, www.hostalfenix.com

Casa Grande. Ein wunderschönes altes Haus mit gepflegten Zimmern und einer großen Dachterrasse. Man spricht auch deutsch. Parktickets gibt es kostenlos. Ein Doppelzimmer kostet ab 60 Euro. Plaza de Angustias, 3, 11402 Jerez de la Frontera, Tel. 956 345 070. www.casagrande.com

Hotel Los Jandalos Jerez. Ein 4-Sterne-Hotel, zentral gelegen mit Parkplätzen im Hof, der Weinkeller wurde zum Restaurant und Spa umgebaut.

Die Übernachtung im Doppelzimmer kann man, abhängig vom Wochentag, bereits ab 45 Euro buchen. Das Hotel ist barrierefrei.
Nuño de Cañas, 1, 11402 Jerez de la Frontera, Tel. 956 327 230, www.jandalos.com

La Fonda Barranco. Ein luxuriöses Hotel im Zentrum, sehr persönlicher Empfang. Im schönen Innenhof wird das Frühstück serviert. Übernachtung im Einzelzimmer ab 58 Euro. Barranco, 12, 11403 Jerez de la Frontera, Tel. 956 332 141, www.lafondabarranco.es

MUSEEN

Museo Arqueólogico (Archäologisches Museum). Plaza del Mercado, 11403 Jerez de la Frontera, Tel. 956 341 350

Museos de Atalaya (Uhren- und Sherry-Museum). Ein Uhrenmuseum und ein interaktives Sherrymuseum, untergebracht im Palast der Zeit. Fundación Andrés de Rivera, Calle Cervantes, 3 y Calle Pizarro, 19, 11403 Jerez de la Frontera, Tel. 902 182 100, www.elmisteriodejerez.org

SPORT UND FREIZEIT

Zoobotánico Jerez. Die Einrichtung genießt einen guten Ruf unter den spanischen Zoos. Er hat sich über die Landesgrenzen hinaus einen Namen gemacht. Der Zoo ist tägl. – außer Mo – geöffnet. Calle Madreselva, 11 408 Jerez de la Frontera, Tel. 956 149 785, www.zoobotanicojerez.com

Real Escuela Andaluza del Arte Ecuestre (Königliche Reitschule). Vorstellungen finden jeden Donnerstagvormittag statt. Unbedingt reservieren! An den Wochentagen kann das Training von 11–13 Uhr besucht werden.
Avenida Duque de Abrantes, 11407 Jerez de la Frontera, Tel. 956 318 008, www.realescuela.org

Yeguada la Cartuja, Kartäusergestüt. Besichtigung und Show finden jeden Samstag um 11 Uhr statt. Telefonisch reservieren!
Crta. Medina – El Portal, km 6,5, 11480 Jerez de la Frontera, Tel. 956 162 809, www.yeguadacartuja.com

STADTRUNDFAHRT

El Trenecito, das Bähnchen. Es ist interessanter, als man glaubt. Das Bähnchen fährt auf verschiedenen Themenpfaden durch die Stadt. Start ist an der Plaza de las Angustias. Calle Diego Fernández Herrera, 2, 11402 Jerez de la Frontera, Tel. 956 169 920, www.trenturistico.es

BODEGAS

Bodegas Álvaro Domecq. Besuchszeiten 10–14 Uhr, nach telefonischer Anmeldung. Alamos, 23, 11401 Jerez de la Frontera, Tel. 956 339 634

Bodegas Tío Pepe – González Byass. Manuel María González, 12, 11403 Jerez de la Frontera, Tel. 956 357 000, www.gonzalezbyass.com

Bodegas Emilio Lustau. Arcos, 53, 11401 Jerez de la Frontera, Tel. 956 341 597, www.emilio-lustau.com

Bodegas Williams & Humbert. Eine der größten Bodegas. Mi und Fr um 12 Uhr wird eine kostenlose Pferdeshow geboten (telefonische Anmeldung notwendig). Crta. N-IV, km 641 (außerhalb), 11407 Jerez de la Frontera, Tel. 956 353 402

Pferdegeschirre in der Königlichen Reitschule Real Escuela de Caballo

Mitte: Flamencotänzerin in Sevilla
Unten: Der Flamenco wird in ganz Andalusien mit sehr viel Power getanzt.

42 Flamenco

Mehr Lebensgefühl als Tanz

2010 wurde der Flamenco von der Unesco zum Kulturerbe erklärt und in die Liste der immateriellen Kulturgüter aufgenommen. Seine Wiege steht in Jerez de la Frontera. Die berühmtesten Sänger, Tänzer und Gitarristen des Flamenco stammen von hier. Heute noch ist der Flamenco allgegenwärtig. Trauen Sie sich in die Barrios, dorthin, wo man mit dem Flamenco lebt.

»Den Flamenco sucht man nicht, man lässt sich von ihm überraschen«, sagt man an der Costa de la Luz. Was liegt also näher, als sich dorthin zu begeben, wo er zu Hause ist, in den *barrios*, Stadtviertel, der *gitanos* (Zigeuner). Die Wurzeln gehen zurück ins 18. Jahrhundert. Damals wurden die Gesetze gegen die *gitanos* aus wirtschaftlichen Gründen gelockert, sodass sie einer geregelten Arbeit nachgehen konnten. Viele waren Handwerker und schlossen sich der Armee an oder arbeiteten in der Landwirtschaft. Ihre Gesänge, begleitet von Hammer und Amboss, findet man heute wieder in der *martinete*. Von dem fahrenden Volk gibt es keine Aufzeichnungen, doch die Einflüsse der spanischen Kolonien auf deren Kunst sind unverkennbar. Die Folklore Südamerikas ging in den Flamenco ein, und einige Rhythmen sind sogar indischer Herkunft, kommen aus dem Ursprungsland der *gitanos*. Dies alles erfahren Studenten, die das Fach »Flamenco« an der Universität von Jerez belegen. Hier gibt es einen Lehrstuhl, die *Cátedra de Flamencologia*, und eine umfangreiche Sammlung an Büchern und Videos zum Thema. Flamenco-Fans finden im Andalusischen Zentrum für Flamenco (*Centro Andaluz de Flamenco*) alles Wissenswerte und viele Insider-Infos. Das Zentrum befindet sich im Santiago-Viertel, wo es im *Palacio de Permartín* untergebracht ist.

Flamenco-Gesänge werden mit großer Inbrunst vorgetragen.

Festivals

Jedes Jahr Ende Februar bis Anfang März findet das internationale Festival de Jerez statt, an dem berühmte Flamenco-Künstler Spaniens teilnehmen. Tänzer und Studenten aus aller Welt nutzen die Kurse, die von einigen der besten Lehrer angeboten werden. Und für Besucher gibt es Shows. Im September wird traditionell die *Fiesta de la Bulería* gefeiert. Die *Bulería* ist ein typischer Flamenco-Stil, der sich in Jerez entwickelt hat. In den Barrios finden in dieser Zeit die *festivaels pequeños* statt, die »Kleinen Festivals«, bei denen die *gitanos* unter sich sind. Im übrigen Jahr kann man den Flamenco in den *Tablaos Flamencos* und den *Peñas Flamencas* genießen.

Das Santiago-Viertel

Der Flamenco hat in Jerez eine Adresse. Im Santiago-Viertel, gleich bei der Kathedrale, finden sich die einschlägigen Bars. Im Sommer kann es schon eng werden mit Karten, darum empfiehlt es sich, Tickets per Internet zu bestellen. Unter www.flamencotickets.com kann man Karten für Shows in ganz Spanien vorbestellen. Preise ab circa 15 Euro. Getränke und Tapas können mit gebucht werden.

Infos und Adressen

INFORMATION

Centro Andaluz de Flamenco. Öffnungszeiten: Mo–Fr, 9–14 Uhr, Palacio Pemartín, Plaza San Juan, 1, 11403 Jerez de la Frontera, Tel. 856 814 132, Fax 856 814 146, E-Mail flamenco.ccul@juntadeandalucia.es, www.centroandaluzdeflamenco.es

TABLAOS

El Lagá de Tío Parrilla. Dieser Ort hat eine lange Tradition, die bis heute fortgeführt wird, sodass sich hier einige der besten lokalen Talente präsentieren. Öffnungszeiten: Mo–Sa ab 22.30 Uhr, sonntags geschlossen. Plaza del Mercado, s/n, 11403 Jerez de la Frontera, Tel. 956 338 334, mobil 650 566 125, Fax 956 338 334, E-Mail lagatioparrilla@hotmail.com

Tablao del Bereber. Die Shows präsentieren bekannte Gitarristen, Sänger und Tänzer. Täglich geöffnet, bitte Voranmeldung. Calle Cabezas, 8,11403 Jerez de la Frontera, Tel. 956 341 720, E-Mail administracion@berebercopas.com, www.berebercopas.com

La Taberna Flamenca. Die Shows umfassen zwischen 5 und 8 Künstler, von denen viele aus Jerez kommen. Öffnungszeiten: Di–Sa (auch 14.30 Uhr während der Sommermonate), Angostillo de Santiago, 3 (bei der Kirche de Santiago), 11403 Jerez de la Frontera, Tel. 956 323 693, mobil 649 383 978, E-Mail info@latabernaflamenca.com, www.latabernaflamenca.com

Mitte: Die Kirche Iglesia Mayor Prioral in El Puerto de Santa María
Unten: Altar einer Kirche in der Calle Palacios in El Puerto de Santa María

43 El Puerto de Santa María

Stiere, Sherry und der Hafen

El Puerto liegt an der Mündung des Rio Guadalete, genau gegenüber von Cádiz. Es gibt nicht nur Sherry und fangfrischen Fisch, sondern hier ist auch die Heimat der berühmten eisernen Stiere, die in ganz Spanien an den Straßen aufgestellt sind. Kolumbus lebte einige Zeit in El Puerto und startete von hier aus seine zweite Reise in die Neue Welt. Mit einem Nachbau seiner »La Niña« kann man heute Ausflüge machen.

Der Herzog von Medinacelis, Herr von El Puerto, finanzierte die erste Amerikafahrt von Kolumbus. Nach seiner Rückkehr lebte der genuesische Seefahrer einige Zeit im *Castillo de San Marcos*, der riesigen Burg im Zentrum der Stadt, und bereitete von hier aus seine zweite Fahrt vor. Am 25. September 1493 startete er von El Puerto aus erneut in die Neue Welt – diesmal nicht mit drei, sondern gleich mit 17 Schiffen –, um das Land zu besiedeln und Gold und Sklaven nach Spanien zu bringen. Im Jahr 1500 wurde die erste Weltkarte in El Puerto gezeichnet. Der Kartograph war Juan de la Cosa, der in der Hafenstadt lebte und Steuermann der Santa María bei der ersten Amerikafahrt gewesen war. Eine Kopie der Karte findet sich an der Außenwand der Burg. Seit der Entdeckung Amerikas siedelten sich immer mehr Kaufmannsfamilien an, die durch den Handelsverkehr mit Westindien gut verdienten und Wohlstand in die Stadt brachten. Ein wichtiges Handelsgut war immer schon der Wein und so dauerte es nicht lange, bis die ersten Sherry-Barone nach El Puerto kamen.

Die Stierkampfarena auf der Plaza de Toros in El Puerto de Santa María

Sherry

El Puerto de Santa María ist das südliche Ende des Sherry-Dreiecks, zu dem auch Sanlúcar de Barrameda und Jerez de la Frontera gehören. Die Stadt beherbergt praktisch alle bekannten Sherry-Bodegas. Unter Spaniern ist der Ort als Urlaubsziel schon lange beliebt und vor allem aus Madrid und Sevilla zieht es die Touristen im Sommer an die 20 Kilometer langen Sandstrände. In der Altstadt reihen sich Bars, Cafés und Discotheken aneinander, Hotels bieten Flamenco-Abende und Livemusik an; wer sein Glück herausfordern möchte, findet hier auch ein Casino. In El Puerto endet die Nacht um fünf Uhr morgens, denn die Stadt ist noch immer hauptsächlich auf spanische Urlauber eingestellt. Zur Mittagszeit empfiehlt sich der Besuch einer Bodega, wo vor allem Einheimische ihre Pause verbringen. Bei Sherry, leckeren Tapas und anderen kleinen Gerichten.

Stadt der Stiere

Obwohl El Puerto de Santa María nur 74 000 Einwohner hat, findet man hier die drittgrößte Stierkampfarena Spaniens. Der dreistöckige Bau aus dem Jahr 1880 hat einen Durchmesser von fast

AUTORENTIPP!

EINE FAHRT MIT DEM RADDAMPFER

»El Vaporcito« ist ein Boot mit Vergangenheit. Schon seit über 80 Jahren erfüllt der Raddampfer seine Pflicht im Fährverkehr über die Bucht von Cádiz. Bereits mehrmals sollte das alte Schiff in Rente gehen, doch jedes Mal entbrannte ein Sturm der Entrüstung, denn die Menschen lieben ihren Dampfer und nennen ihn liebevoll Dampferchen. Die Fähre ist ein beliebtes Verkehrsmittel, um die Staus der Rushhour nach Cádiz zu umgehen. Aber auch für Urlauber ist es ein tolles Erlebnis, mit dem alten Gefährt über die Bucht zu schippern, sich völlig unbehelligt überall an Bord aufzuhalten und schließlich in den imposanten Hafen der Provinzhauptstadt einzulaufen. Da der Hafen direkt an der Altstadt liegt, ist es von dort aus nicht mehr nötig, auf andere Verkehrsmittel umzusteigen. Der Dampfer verkehrt mehrmals täglich zwischen Cádiz und El Puerto de Santa María, wo er direkt in der Stadt anlegt. Die Überfahrt kostet nur wenige Euro. Die Fahrpläne sind angeschlagen.

Um El Puerto herum liegen mehrere Stierzuchten; hier die Ganaderia del Toro.

100 Metern und bietet mehr als 12 000 Besuchern Platz. Die Anlage zählt zu den schönsten Arenen des Landes. Eines der sehenswertesten Gebäude in El Puerto ist es in jedem Fall, auch wenn man dem Stierkampf selbst keine Sympathie entgegenbringt. Stierkämpfe finden von Frühjahr bis etwa Mitte September statt.

Auch die berühmten Osborne-Stiere, die entlang der Nationalstraßen im ganzen Land aufgestellt sind, kommen aus El Puerto de Santa María. Hier erblickte der erste Stier in einer kleinen Schlosserei vor über 50 Jahren das Licht der Welt. Inzwischen zählen die Osborne-Stiere längst zum spanischen Kulturgut.

El Puerto – Der Hafen

Riesige Kreuzfahrtschiffe und moderne Katamarane tummeln sich in der Bucht. Mehrmals täglich verkehren Fähren nach Cádiz und Rota, sodass sich Ausflüge ohne Auto von oder nach El Puerto anbieten. Vom Sporthafen *Puerto Sherry* legen immer wieder Freizeitskipper Richtung Amerika ab, denn er ist einer der letzten Häfen vor der Überquerung des Atlantiks. In Seglerkreisen ist die Bucht von Cádiz außerdem bekannt wegen ihrer Wettbewerbe in den verschiedenen Bootsklassen, die hier häufig ausgetragen werden.

Bewegung in der Natur

Der Park *Los Toruños y Pinar de la Algaida* lädt zu unterschiedlichen Aktivitäten ein. Er hat eine Fläche von 1000 Hektar und liegt im Herzen der Bucht von Cádiz. Der Naturpark ist in drei Sektionen aufgeteilt, den Pinienwald, die Sumpfgebiete und die Salinen. Wanderwege, Touren mit dem Kanu oder dem Fahrrad und weitere Aktivitäten werden von El Puerto de Santa María aus organisiert.

Oben: Das Kloster Convento del Espiritu Santo
Unten: Sevillana-Tänzer – ein Flamenco-Stil, der an der Costa de la Luz getanzt wird.

Infos und Adressen

INFORMATION

Oficina de Turismo. Palacio de Aranibar, Plaza del Castillo, 11500 El Puerto de Santa María, Tel. 956 483 715 und 956 483 714, Fax 956 483 727, E-Mail turismo@elpuertodesanta María.es, www.turismoelpuerto.com

VERKEHRSANBINDUNG

El Puerto ist mit sämtlichen Verkehrsmitteln gut zu erreichen. Der Flughafen Jerez liegt nur 12 Kilometer entfernt; nach Sevilla sind es 100 Kilometer. Per Auto erreicht man den Ort sowohl aus Sevilla als auch aus Málaga kommend sehr gut über die Autobahn. Überlandbusse verschiedener Gesellschaften fahren El Puerto an; es gibt direkte Zugverbindungen nach Madrid, Sevilla, Córdoba, Zaragoza und Barcelona.

Oben: Interessante Museumsbesuche
Unten: Sherry-Fässer in einer Bodega

Kuppel der Kapelle in der Iglesia Mayor Prioral

ESSEN UND TRINKEN

Restaurante Romerijo. Erste Adresse am Ort für Meeresfrüche, *mariscos*, und Fisch, pescados. Seit fast 60 Jahren werden Meeresfrüchte verarbeitet und im eigenen Laden verkauft. Hier gibt es, was das Herz begehrt. Zur spanischen Mittagszeit, zwischen 13 und 15 Uhr wird es auch während der Woche sehr voll. C/ Jose Antonio Romero Zarazaga, 1, 11500 El Puerto de Santa María, Tel. 956 542 290, Fax 956 541 006, www.romerijo.com

FESTE

In El Puerto de Santa María beginnt die Saison mit dem Karneval. Es folgt die Karwoche und gleich im Anschluss das große Frühlingsfest und das Weinfest *Vino Fino*. Das Seemannsfest mit Bootsprozession schließt sich an, und ihm folgt die *Fiesta Virgen de los Milagros*, das Fest der Schutzheiligen.

Mitte: Steile Gasse in Atajate, dem weißen Dorf Pueblo Blanco
Unten: Die engen Gassen in Benadalid schützen vor der Sonne.

44 Weiße Dörfer

Die Route der *Pueblos Blancos* in Cádiz

Meist auf einer Anhöhe gelegen oder an einen Felsen geduckt, verschachteln sich die Häuser zu einem dörflichen Ensemble. Oft ergänzt eine Burg das Gesamtbild. Seit Jahrhunderten werden die Häuser in den Pueblos Blancos weiß gekalkt oder gestrichen, sodass aus dieser Tradition in den meisten Orten bereits ein Gesetz geworden ist. Darum greifen die Hausfrauen jedes Jahr zu Ostern nach Pinsel und Eimer und sogen für den rechten Glanz.

Die Route der weißen Dörfer hält sich nicht an die Grenzen der Provinzen und so findet man recht viele *Pueblos Blancos* in der Sierra de Grazalema und im Südosten der Provinz Cádiz. (Weiße Dörfer in der Provinz Málaga finden sich auch in den Kapiteln 18 und 19.) Tatsächlich gibt es die Route der weißen Dörfer als solche gar nicht. Vielmehr ist es möglich, etappenweise einen oder mehrere dieser Orte zu besuchen, auch sie zu erwandern. Eine Besichtigung per Auto ist nicht zu empfehlen, meist ist es sogar unmöglich. Die Gassen sind eng und zugeparkt; da bedarf es schon einiger Übung, ohne Kratzer davonzukommen. Eine Route der Weißen Dörfer ist immer nur ein Vorschlag und kann natürlich beliebig ausgedehnt oder in umgekehrter Richtung erkundet werden.

Wir starten in Algondales, im Nordosten der Provinz Cádiz. Es liegt zwischen Olvera, Ronda und Villamartin und hat etwa 5700 Einwohner. Die Stadt lebt vor allem vom Tourismus und der Landwirtschaft, wobei das Olivenöl der *Sierra de Algodonales* unter Kennern einen hervorragenden Ruf

Casares liegt wie viele weiße Dörfer auf einer Anhöhe.

genießt. Ein besonderes Spektakel findet jedes Jahr am ersten Maiwochenende statt, dann wird die Altstadt zum historischen Schlachtfeld, und die Bürger stellen den siegreichen Kampf ihrer Vorfahren gegen die französische Besatzung nach. Ereignet hat sich das Gefecht am 2. Mai 1810. Damals war Spanien zunächst mit Frankreich verbündet, doch als im Jahr 1808 Napoleons Bruder Joseph Bonaparte als König in Spanien eingesetzt wurde, kam es zu einem Volksaufstand, der sich zum spanischen Befreiungskrieg entwickelte. In diesem Zusammenhang wird bisweilen auch vom ersten Guerillakrieg der Geschichte gesprochen. Das Fest nennt sich *Recreación Historica*, historische Erholung, und wird seit 2004 veranstaltet. Umrahmt von einem Handwerkermarkt, Musik, Tanz und Theater sowie einer Tapas-Route, einer *Ruta de la Tapa*, wird an drei Tagen die Schlacht gegen die Französische Armee nachgestellt. Infos und Videos gibt es unter www.Algodonales.es im Internet.

Weiter geht es nach Zahara de la Sierra, einem von 13 Ortschaften im Naturpark von Grazalema. Das weiße Dorf ist eine maurische Gründung aus

AUTORENTIPP!

GYROKOPTER

Ein besonderes Erlebnis ist ein Flug mit dem Gyrocopter, kleinen Hubschraubern, die offen sind und zwei Personen Platz bieten. An der Costa de la Luz gibt es einige Angebote für derartige Flüge. Eine sehr gute Basis bietet Medina Sidonia, das durch seine Lage etwa 25 Kilometer von Jerez de la Frontera sowohl die Möglichkeit bietet, in die Bergregionen der Sierra de Cádiz zu fliegen als auch zur atlantischen Küste. Die Flugschule ist unter österreichischer Leitung und bietet neben Rund- und Fotoflügen auch die Möglichkeit des Gyrokopter-Verleihs und einen eintägigen Schnupperkurs für Einsteiger, bei dem der Flugschüler bereits selbstständig fliegen darf.

Club Wings zur Förderung des Flugsports. Centro Vuelo Aerosidonia, Carretera Naveros, 11170 Medina-Sidonia, mobil 600 845 142, E-Mail office@wings.at, www.wings.at

Straßenlaterne in Gaucín bei Estepona

Weißer Fleck in grüner Landschaft: Gaucín im Frühling

AUTORENTIPP!

FAHRRAD FAHREN

ÖKO

Als Ausgangspunkt für Radtouren eignet sich besonders Conil. Viele beliebte Ziele sind von hier aus leicht zu erreichen, das Straßennetz ist gut ausgebaut. Wer eine Tour per Fahrrad unternehmen möchte, muss in sehr gutem körperlichem Zustand sein, denn die Ortschaften liegen teilweise recht weit auseinander und oft auf Bergen. Ein Fahrradverleih unter deutscher Führung ist

Andalucian Adventure Sports S.L.U. Alcalde de Zalamea, 8, 11130 Chiclana de la Frontera, mobil 600 412 225, E-Mail heikemuders@yahoo.es

Wem das Fahrradfahren zu anstrengend ist oder wer gehandicapt ist, findet hier auch ein Angebot für Segway-Touren inklusive Einführung. Zusätzlich werden auch Quadtouren auf dem Gelände von Montenmedio bei Vejer de la Frontera organisiert.

dem 8. Jahrhundert. Heute ist es ein nationales Kunstdenkmal. Ein Besuch auf der Burg lohnt sich schon wegen der Aussicht. Von hier hat man einen grandiosen Blick über den Naturpark.

Auf dem Weg nach Grazalema führt ein Wanderweg zu Schlucht *La Garganta Verde*, die grüne Schlucht, mit seiner Höhle *Ermita de la Garganta*. Die Schlucht La *Garganta Verde* ist bis zu 400 Meter tief. In den Felswänden findet sich eine große Brutkolonie des Gänsegeiers.

Danach passieren wir die Passhöhe *Puerto de las Palomas*, von wo aus ein Wanderweg mit atemberaubenden Panoramablicken startet. Er führt von Puerto de las Palomas um den *Monte Prieto* herum, dessen Gipfel, der Cerro Coros, 1131 Meter erreicht. Die Tour ist weniger als drei Kilometer lang und dauert etwa 1,5 Stunden.

Wir kommen nach Grazalema, das am Fuß des höchsten Gebirges, der *Sierra del Pinar*, gelegen ist, die mit dem *Torreón* 1654 Meter erreicht. Schon zur Zeit der Römer war Grazalema besiedelt. Vor allem die Kirchen *Encarnacion* und *Aurora* lohnen eine Besichtigung.

Weiter geht es durch die *Sierra Caillo* mit dem höchsten Ort der Umgebung, Villaluenga del Rosario, nach Ubrique. Mit rund 17 400 Einwohnern ist es die größte Gemeinde der Sierra de Cádiz. Wir befinden uns im Zentrum der Lederverarbeitung und damit in einem der wichtigsten Industrie- und Handwerkszentren Andalusiens. Lederprodukte aus Ubrique sind im In- und Ausland beliebt. Wenn man schon einmal hier ist, sollte man sich ruhig im ein oder anderen Fabrikverkauf umsehen. Landschaftlich besticht der Ort durch seine Lage am Fuße einer riesigen Steilwand und weiterer imposanter Felsen, die sich um ihn herum gruppieren. Sehenswert sind die Kirchen *San Antonio, San Pedro, Nuestra Señora de la O* sowie das Kapuzinerkloster.

In der Umgebung von Ubrique hat man verschiedene archäologischen Relikte gefunden. Wichtigste Ausgrabungen ist *Ocurris*, eine römische Siedlung, die auf der Bergkuppe *Salto de la Mora* liegt. Die strategische Lage des Ortes lässt darauf schließen, dass es sich in vorrömischer Zeit um eine wichtige Ansiedlung gehandelt hat. Ein weiterer Hinweis darauf ist die Stadtmauer, von der Reste gefunden wurden. Darüber hinaus wurde ein römisches *Columbarium*, ein Urnenfriedhof, ausgegraben, der beispielhaft für die Epoche ist. Weitere Funde sind die Höhle von Rano, mit Resten aus dem neolithischen Zeitalter, und die Höhle von Caldereto.

Der Weg führt uns weiter nach El Bosque, einer relativ jungen Ansiedlung aus dem 16. Jahrhundert. Damals ließ der Herzog von Arcos hier Häuser für seine Angestellten und Diener bauen, die ganz in der Nähe des Palasts von Marchenilla, des damaligen Jagdschlosses des Herzogs, lagen. El

Oben: Geschützt durch eine Bergwand liegt Gaucín in der Serranía de Ronda.
Mitte: Schachtelbauweise in Casares
Unten: Balkönchen vor den Fenstern sind typisch für die weißen Dörfer.

Oben: Benadalid in der Serranía de Ronda
Unten: Einmal im Jahr, gewöhnlich vor Ostern, werden die Fassaden geweißelt.

Bosque wird als Tor zur Sierra de Grazalema bezeichnet. Heute lebt der Ort vom Tourismus, hier werden Würste und Käse hergestellt und neben Lederwaren gibt es auch handgemachte Möbel. Eine Spezialität sind Forellen, die in El Bosque gefangen werden können und gerne verspeist werden. Für Schwindelfreie gibt es die Möglichkeit zu einem Segelflug, bei dem grandiose Aussichten garantiert sind.

Die nächste Station ist Villamartin, mit rund 12 600 Einwohnern einer der größeren Orte auf der Route. Es liegt an der A-384, die von Arcos de la Frontera nach Antequera führt. Das Gemeindegebiet war bereits in prähistorischer Zeit bewohnt, das beweist der *Dolmen von Alberite*, ein Hünengrab, das auf der namensgleichen Finca gefunden wurde. Auf vielen Landgütern im Gebiet um Villamartin wurden römische Funde gemacht, sodass man davon ausgehen kann, dass die Römer hier Landwirtschaft betrieben haben. Aus dem Mittelalter sind die Ruinen der Burg von Matrera (*Fortaleza de Matrera*) erhalten, die die südliche Grenze des Königreichs Sevilla bildete und zum Schutz vor maurischen Angriffen aus Granada diente.

Wir nehmen nicht den direkten Weg nach Arcos de la Frontera, sondern machen einen Umweg zur letzten Station unserer Route, Espera. Es handelt sich um eine sehr alte Ansiedlung, die wohl schon in der Altsteinzeit bewohnt war. Funde von behauenen Steinen weisen darauf hin. Dort, wo heute das gut erhaltene *Castillo Fatetar* aus maurischer Zeit steht, hatten einst die Westgoten auf den Ruinen einer römischen Burg eine Wehranlage erbaut. Ebenfalls einen Besuch lohnt die Kirche *Santa María de Gracia* sowie das Archäologische Museum von Espera. Der Ort selbst ist gemütlich, und im alten Teil finden sich noch Häuser aus dem 16. und 17. Jahrhundert.

Infos und Adressen

INFORMATION

Centro de Visitantes de El Bosque, das Besucherzentrum für den Naturpark Sierra de Grazalema. Hier befinden sich auch die Verwaltungs- und Direktionsbüros des Parks. Im Zentrum gibt es eine Ausstellung über die naturwissenschaftlichen Gegebenheiten der Sierra de Grazalema, die auch als Model dargestellt ist. Calle Federico García Lorca, 1 (*Plaza de Toros*), 11670 El Bosque/Cádiz, Tel. 956 727 019, elbosqueturismo@andaluciajunta.es

Steile Gasse mit Blick auf die Sierra in Benadalid

ÜBERNACHTEN

Hostal Marqués de Zahara. Eine Herberge im ländlichen Stil (*Hostal Rural*). In einem renovierten Altbau gibt es 11 Zimmer. Hier kann man Übernachtung mit Frühstück bereits ab 30 Euro p. P. buchen. Unter www.marquesdezahara.com gibt es Informationen und die Möglichkeit zur Buchung auch in deutscher Sprache. Calle San Juan 3, 11688 Zahara de la Sierra, Tel. 956 123 061

EINKAUFEN

Artesanía Textil de Grazalema, S.A. Eine Spinnerei, die sich auf die Herstellung von Decken und Wollstoffen spezialisiert hat. Carretera De Ronda, s/n, 11610 Grazalema, Tel. 956 132 008, www.mantasdegrazalema.com

SPORT UND FREIZEIT

Gleitschirmfliegen. Algondales hat sich zum beliebten Treffpunkt für diesen Sport entwickelt. Es gibt verschiedene Veranstalter und Schulen, die auch 7-tägige Kurs mit Unterbringung und Rahmenprogramm anbieten. Die Flugschule von Gerhard Ganter finden Sie unter: www.ganterfly.de. Ganter ist fünffacher Vizemeister von Andalusien und seit 1999 Mitglied der spanischen Nationalmannschaft im Drachenfliegen. Er lebt seit 20 Jahren in Algondales. Außer dem Gleitschirmfliegen werden auch Reiten, Trekking, Mountainbiking, Wandern und Klettern angeboten.

Mitte: Arcos de la Frontera ist eines der bekanntesten weißen Dörfer in der Provinz Cádiz.
Unten: Fußballspiel vor der Kirche in Arcos de la Frontera

45 Grenzorte

Arcos, Medina, Conil und Vejer

Arcos de la Frontera gilt als wichtigstes der weißen Dörfer und seine Altstadt ist ein Touristenmagnet. Medina Sidonia hingegen zählt noch zu den Geheimtipps und das, obwohl sein Stadtkern zum spanischen nationalen Kulturerbe erklärt wurde. In Conil de la Frontera ist der arabische Einfluss nach wie vor spürbar, und Vejer de la Frontera halten viele für das schönste Dorf der Atlantikküste.

Wie eine Eidechse streckt sich Arcos de la Frontera auf einem Felsen aus. In der Altstadt des 31 500 Einwohner zählenden weißen Dorfs finden sich die typischen engen Gassen mit ihren weißen Häusern. Bereits im Jahr 1962 wurde die Altstadt zum nationalen Kunsthistorischen Erbe erklärt.

Besiedelt wurde Arcos von den Römern, den Westgoten und den Arabern und 1264 von Alfonso X. zurückerobert. Seitdem trägt es den Zusatz »*de la Frontera*«, an der Grenze, denn es befand sich bis zum Fall Granadas 1492 zwischen christlichem und maurischem Territorium. Der zentrale Platz der Altstadt ist die Plaza del Cabildo. Er wird flankiert

MAL EHRLICH

BESSER PER PEDES

Mit dem Auto durch die Altstadt, das muss doch nicht sein. Leider sieht man aber immer wieder, wie Touristen unbedingt die weißen Dörfer mit dem Leihwagen erkunden wollen und dabei sämtliche Absperrungen ignorieren. Sogar in Fußgängerzonen wagen sie sich vor. Dabei gibt es überall gut ausgewiesene Parkplätze, die meist nicht weit vom Stadtzentrum entfernt sind. Bitte nutzen!

vom Parador – einem der ältesten des Landes – und der Kirche *Santa Maria de la Asuncíon.* Diesen Platz findet man auch ohne Stadtplan, denn er ist die am höchsten gelegene Stelle der Stadt. Von hier aus hat man einen atemberaubenden Blick über Seen, Hügel und den Guadalete. Direkt an die Mauern des Rathauses grenzt der Alcázar, das maurische Schloss aus dem 11. Jahrhundert. Es wurde im Lauf der Zeit viele Male restauriert und umgebaut. Die einzelnen Bauphasen sind heute noch an den unterschiedlichen Baumaterialien zu erkennen. Die Hauptstraße führt weiter zur Kirche San Pedro aus dem 16. Jahrhundert, im Stil der Gotik erbaut. Die Gassen von Arcos muss man auf sich wirken lassen. Auffallend sind die zahlreichen Strebebögen, die man sonst nur von Kirchen der Gotik kennt. Angeblich verdankt die Stadt diesen Bögen, *Arcos*, ihren Namen. Weitere sehenswerte Gebäude sind die herrschaftlichen Paläste, die aus verschiedenen Jahrhunderten stammen.

Medina Sidonia

Der Ort ist geprägt von den verschiedenen Zivilisationen, die ihn bevölkerten. Nach der Eroberung durch die Mauren erlebte die Stadt ihre Blütezeit, bis sie 1264 zurückerobert wurde. Die Herzöge von Medina Sidonia halten den ältesten Herzogtitel Spaniens.

Heute leben etwa 11 500 Einwohner in der Stadt, die ihren Unterhalt vor allem mit Landwirtschaft und Viehzucht sowie in jüngster Zeit mit dem Tourismus und einer kleinen Süßwarenindustrie bestreiten. (Weitere Infos über Medina Sedonia s. Rundgang S. 247)

Conil

Obwohl in den vergangenen Jahren in dem 21 300 Einwohner zählenden Conil viel gebaut wurde, ist

AUTORENTIPP!

LEBENDE KRIPPEN

Fast überall an der Costa de la Luz wird in der Vorweihnachtszeit das Leben Christi dargestellt. »Belen« (Bethlehem) nennt man die lebenden Krippen, an denen mancherorts fast das ganze Dorf teilnimmt. Besonders schön und mit sagenhaftem Aufwand aber wird Belen in Arcos de la Frontera und in Medina Sidonia gefeiert. Inzwischen gibt es einen Rundkurs, den man per Auto nehmen muss, weil die Städte der Massen an Zuschauern nicht mehr Herr werden. Es gibt in jeder Gemeinde einen vorher veröffentlichen Termin für die Veranstaltung, aber da es im Dezember öfter regnet, wird sie hin und wieder verschoben. Die jeweiligen Ausweichtermine kann man bei den Touristenbüros erfragen.

Kachelbild der Schutzheiligen »Nuestra Señora de las Olivas« (oben) und die Judería mit Blick auf die Neustadt von Vejer de la Frontera (unten)

AUTORENTIPP!

PUERTAS ABIERTAS IN MEDINA SIDONIA

Während der »Tage der offenen Türen« (*Puertas Abiertas*) Anfang Dezember laden private Häuser und öffentliche Gebäude in ihre Innenhöfe ein und stellen ihre Kostbarkeiten aus. Seit 2004 findet diese Veranstaltung statt, die immer mehr Liebhaber findet. Besucher sollten unbedingt die Öffnungszeiten beachten und nicht zu spät losgehen. Kataloge sind kostenlos im Rathaus erhältlich. Der Katalog liefert neben Informationen zu Route und Gebäuden auch einen Plan mit den Standorten und weiteren Rahmenveranstaltungen wie Ausstellungen und Kunstmärkte. Ausgestattet mit dem Lageplan kann es nun auf Entdeckungsreise gehen. Alle Gebäude sind mit großen blauroten Fahnen geschmückt, sodass man, hat man erst einmal die Straße entdeckt, keine Mühe mehr hat, es zu finden.

Patio im Hotel La Casa Grande in Arcos de la Frontera

der arabische Einfluss noch immer vorhanden. Enge Gassen, die weißen niedrigen Häuser mit den liebevoll gestalteten Innenhöfen und jede Menge kleine Plätze prägen das Bild der Altstadt und geben dem Ort das Flair eines der typischen andalusischen Städtchen entlang der Route der weißen Dörfer.

Conil wurde von den Phöniziern um 1200 v. Chr. gegründet. Damals lebten seine Bewohner vor allem von Fischfang und Landwirtschaft. Im 20. Jahrhundert war Conil de la Frontera eine unabhängige Stadt, deren Wirtschaft noch immer auf Fischerei, Landwirtschaft und Viehzucht basierte. Erst in den 1960er-Jahren begann der Tourismus. Zunächst nur wenige, später immer mehr spanische Familien aus dem Großraum Sevilla verbrachten hier ihren Urlaub. Daran hat sich bis heute nichts geändert. Noch immer rollt an jedem Sommerwochenende die Blechlawine aus der Nachbarprovinz an.

Allerdings sind die Spanier längst nicht mehr unter sich. Conil hat sich zu einem der bekanntesten Urlaubsorte an der Costa de la Luz entwickelt, mit rund 80 000 Besuchern in der Saison. Besonders beliebt ist der Stadtstrand *Playa Los Bateles*, der sich an der Strandpromenade entlangzieht. Er bietet eine perfekte Infrastruktur mit Duschen und Toiletten und wird während der Saison von Rettungsschwimmern überwacht. Wie an der gesamten Costa de la Luz ist das Wasser auch hier sehr sauber. In nördlicher Richtung schließt sich die *Playa Fontanilla* an und dahinter die *Playa Fuente de Gallo*. Sie gehören zu den schönsten Stränden an der Costa de la Luz. Insgesamt erstreckt sich das Küstengebiet über 16 Kilometer mit Sand-, Fels- und Steinstränden. Conil bietet sämtliche Wassersportarten. Golf, Mountainbiking, Quadfahren, Wandern und Reiten ergänzen das Angebot.

Rundgang Medina Sidonia

Ⓐ **Plaza España** – ist Start und Ziel der Tour.

Ⓑ **Rathaus** – Es steht an der Stirnseite des Platzes. Das barocke Erdgeschoss hat neoklassizistische Obergeschosse.

Ⓒ **Convento San Cristóbal** – ist ein Nonnenkloster, in dem es süße Spezialitäten gibt.

Ⓓ **Iglesia de la Victoria** – eine barocke Kirche aus dem späten 17. Jahrhundert.

Ⓔ **Iglesia Mayor Santa María de la Coronada** – In der Kirche aus dem 16. Jahrhundert befindet sich einer der bedeutendsten Hochaltäre der Provinz Cádiz. Bis 14 Uhr sind Kirche und Glockenturm geöffnet.

Ⓕ **Puerta Del Sol** – eines der Stadttore von Medina Sidonia.

Ⓖ **Asido Cesarina** – Hinter der Kirche befinden sich Teile der über 2000 Jahre alten römischen Stadt. Auch hier, vom höchsten Punkt des Stadtgebiets, lohnt die Sicht. Sie reicht bis zur Sierra de Grazalema und bei gutem Wetter sogar bis hinüber nach Afrika.

Ⓗ **Arco de Belén** – Eines der Stadttore in den Resten der arabischen Stadtmauer.

Ⓘ **Arco de la Pastora** – Der klassisch arabische Torbogen aus dem 10. Jahrhundert ist der bekannteste und sicher auch der schönste.

Ⓙ **Cloaces** – Hier kann man die römische Kanalisation besichtigen.

Ⓚ **Römische Straße** – Im Keller eines Privathauses wurde eine fünf Meter breite römische Straße freigelegt. Sie bot Platz für zwei Fahrzeuge nebeneinander und hatte Bürgersteige, in deren Pflastersteinen noch heute eingeritzte Spielbretter zu sehen sind. Mit dem Ticket der Cloaces hat man hier ebenfalls Eintritt.

Ⓛ **Iglesia de Santiago** – Diese Kirche ist eine der ältesten. Sie stammt aus dem 14. Jahrhundert. Über die »Calle La Loba«, eine der meist fotografierten Straßen, geht es zurück zur Plaza España. Für Medina Sidonia gilt eindeutig der bekannte Spruch »der Weg ist das Ziel«, denn auch ohne Stadtplan ist diese Stadt immer einen Spaziergang wert.

Weiße Ärker in Medina Sidonia

Vejer de la Frontera

In der Sonne glänzend thront Vejer de la Frontera auf seinem Hochplateau und wirkt schon von Weitem geheimnisvoll und fremdländisch. Auch vor Ort wird der Reisende nicht enttäuscht, denn die engen Gassen, verschachtelten Häuser und steilen Stufen verströmen noch immer den Hauch des Orients.

Schon die Phönizier, Karthager und Römer hatten sich in Vejer niedergelassen, denn aufgrund seiner Lage eignet es sich hervorragend zur Sicherung und Verteidigung der gesamten Region. Nach der Besetzung durch die Mauren (711) blieb die Stadt bis ins Jahr 1250 in arabischem Besitz und wurde in den folgenden vier Jahrzehnten abwechselnd von Christen und Arabern erobert. 1976 erhielt Vejer die Auszeichnung »Gemeinde von historischem und künstlerischem Wert« und 1978 wurde ihm durch eine landesweite Wahl bestätigt, einer der schönsten Orte Spaniens zu sein.

Oben: Weißes Dorf in schwindelerregender Höhe: Arcos de la Frontera
Mitte: Alte Tür mit antiken Beschlägen
Unten: Auf dem Weg zur Kommunion in Vejer de la Frontera

Blick in die Sierra de Cádiz von Arcos de la Frontera aus

Direkt am Ortseingang befindet sich der Touristenparkplatz. Hier sollte man das Auto stehen lassen und durch eine kleine Parkanlage zur Altstadt hinaufgehen. Dabei kann man sich in der Touristeninformation gleich einen Stadtplan besorgen. In der Altstadt angekommen, bietet sich ein sagenhafter Blick von der Promenade, der Calle Corredera, weit über das Land. Von hier geht es zur benachbarten Plazuela mit dem imposanten *Convento de San Francisco*, einem ehemaligen Franziskanerkloster, in dem sich heute ein Hotel befindet. Die Plazuela ist beliebter Treffpunkt unter Einheimischen. Die steil ansteigende Calle Nuestra Señora de la Oliva führt an der Gabelung links durch eines der vier Stadttore, die *Puerta de la Segur*, und weiter zur Stadtmauer. Die ist zum Teil begehbar und eröffnet einen weiteren atemberaubenden Ausblick. Gegenüber steht die *Iglesia del Convento de la Concepción*, eine der ältesten Kirchen der Stadt. Ihre Fundamente sind über 1500 Jahre alt. An der Plaza de Padre Angel beginnt das Straßengewirr der Altstadt, deren Gassen meist so eng sind, dass Autos nicht passieren können.

Die rechte Straße führt vorbei am Convento mit seinem bekannten Rundbogengang und dem Blick auf die Neustadt. Weiter zum Castillo, der arabischen Burganlage, und zum Stadttor *Puerta Cerrada*, das früher der Zugang zum Judenviertel war. Durch das Tor hindurch gelangt man zur Calle Trafalgar. Wer immer weiterläuft, stößt auf den Paseo de las Cobijadas mit seiner wunderschönen Sicht in Richtung Barbate und bis nach Afrika. Die schmalen Gassen verlaufen sternförmig zur Plaza España und ihrem berühmten bunten Brunnen. Durch das Stadttor *Arco de la Villa* gelangt man wieder in die Gassen der Altstadt. Ein anderer Weg führt über die Calle Corredera außerhalb der Stadtmauer zurück zum Ausgangspunkt.

AUTORENTIPP!

STRANDABSCHNITTE

Besonders beeindruckend sind die Buchten, *calas*, von Roche, auch *Calas de Conil*, die sich hinter dem kleinen Hafen von Conil aufreihen. Der Weg führt über eine Heidelandschaft bis hin zur Steilküste, an der es nur einige schmale steile Steintreppen gibt, um nach unten zum feinen Sandstrand zu gelangen. Für Kinder sind die *calas* nicht geeignet. Wer körperlich fit ist und nicht unter Höhenangst leidet, findet hier aber einen einzigartigen Platz mit Ruhe und fernab des Getümmels. Infrastruktur gibt es keine.

Ebenfalls ruhig ist ein Strandabschnitt von El Palmar, dem Strand von Vejer de la Frontera, der auch zum Nacktbaden genutzt wird. Hinter der letzten Linkskurve, ganz am Ende der Strandstraße in Richtung Trafalgar, steht die Bar *Surfer Paradise*. Hier nimmt man den letzten Holzsteg zum Strand und läuft noch gut 200 Meter zu Fuß. Selbst in der Hochsaison ist es ruhig und manchmal sogar menschenleer.

Infos und Adressen

INFORMATION

Oficina de Turismo, Arcos. Wer nicht allein auf Entdeckungsreise gehen will, kann an einer geführten Tour (in spanischer und englischer Sprache), teilnehmen. Nach Anmeldung gibt es die Rundgänge auch in Deutsch. Stadtrundgänge Mo–Fr, 11 Uhr (außer an Feiertagen), Information und Reservierungen Tel. 956 702 264, Plaza del Cabldo, 11630 Arcos de la Frontera

Ayuntamiento (Centralita) Medina Sidonia. Plaza España, 1, 11170 Medina Sidonia, Tel. 956 410 005

Touristeninformation, Medina Sidonia. Tägl. 10.30–14 und 17.30–19.30 Uhr. Calle Ortega, im Museum für Archäologie, 11170 Medina Sidonia, Tel. 956 412 404, turismo@medinasidonia.com

Oficina Municipal de Turismo, Conil. Öffnungszeiten im Sommer Mo–So 9–14 und 18–21 Uhr, C/ Carretera, 1, 11140 Conil de la Frontera, Tel. 956 440 500 und 956 440 501, Fax 956 440 500, E-Mail turismo@conil.org

Oficina de Turismo de Vejer. Ein ganz neuer Service sind Touren mit einem deutsch sprechenden Guide in Vejer und im Umland. Avenida de Los Remedios, 2, 11150 Vejer de la Frontera, Tel. 956 451 736, E-Mail info@turismovejer.es, oficinaturismovejer@hotmail.com, www.turismovejer.es

Zimmer im Hotel La Casa Grande in Arcos de la Frontera

Windmühlen sind das Wahrzeichen von Vejer. Im Parque del Viento wurden sie liebevoll restauriert und können besichtigt werden.

ESSEN UND TRINKEN

Convento de San Cristóbal. Im Kloster werden die *Dulces de Medina* noch heute in Handarbeit hergestellt. Sehr beliebt sind *Alfajores*, eine arabische Leckerei nach überlieferten Rezepten. Ein Einkauf hier ist immer ein Erlebnis, und die Nonnen sollen die besten Zuckerbäckerinnen der Stadt sein. Viele weitere Spezialitäten findet man in den Konditoreien rund um die Plaza España. Convento de San Cristóbal. Virgen de la Paz, 11170 Medina Sidonia, Tel. 956 412 404

Venta 4 Caminos am Fuße von Medina Sidonia (Im ersten Kreisel an der Straße nach Vejer de la Frontera) besticht durch ihre gute regionale Küche zu moderaten Preisen. Ctra Medina-Vejer, km 2, 11170 Medina Sidonia, Tel. 956 410 239

La Posada. Das Restaurant ist ganzjährig geöffnet und sehr beliebt bei den Einheimischen. Hier gibt es Tapas und Steaks gut und günstig. Avda. de Los Remedios, 19, 11150 Vejer de la Frontera, Tel. 956 450 111

Blick von der Dachterrasse des Hotels La Casa Grande

ÜBERNACHTEN

Parador Arcos de la Frontera. Wer sich etwas Besonderes gönnen möchte, sollte im Parador einchecken. Der im ehemaligen Palais des Landvogts untergebrachte Parador bietet einen grandiosen Blick über das Land und die Altstadt von Arcos. In und um Arcos gibt es zudem eine große Anzahl von Pensionen und Hotels in sämtlichen Preiskategorien. Plaza del Cabildo, s/n, 11630 Arcos de la Frontera/Cádiz, Tel. 956 700 500, Fax 956 700 1116, E-Mail arcos@parador.es

Hotel Medina Sidonia. Untergebracht in einem Haus aus dem 18. Jahrhundert, im typischen herrschaftlichen Stil von Medina Sidonia. Die Übernachtung kostet ab ca. 70 Euro. Zimmer mit Heizung. Plaza del Llanete de Herederos, s/n, 11170 Medina Sidonia, Tel. 956 412 317, Fax 956 412 256, www.hotelmedinasidonia.com

Paraiso Perdido. »Verlorenes Paradies« heißt eine private Ferienanlage, die verborgen in einem Pinienwald liegt. Die Zimmer und Cottages sind individuell und liebevoll eingerichtet, Frühstück wird im Zimmer serviert, und im Garten kann man in einem riesigen, gemütlich eingerichteten Berberzelt einen Drink an der Bar nehmen oder das gute Essen genießen. Serge & Minouche, Carretera del Pradillo, 21, 11140 Conil de la Frontera/Cádiz, mobil 628 238 936, E-Mail info@paraisoperdidocasarural.com, www.paraisoperdidocasarural.com

La Casa del Califa. Das erste Haus am Platz. Ein großes Hotel, über mehrere Stockwerke am Hang erbaut, bietet gepflegte Atmosphäre in zentraler Lage und ein Grillrestaurant. Außerhalb der Hochsaison kann man hier schon ab 70 Euro pro Doppelzimmer übernachten.Plaza España, 16, 11150 Vejer de la Frontera, Tel. 956 447 730, Fax 956 451 625, www.lacasadelcalifa.com

SPORT UND FREIZEIT

Golf. Arcos besitzt einen exquisiten Golfclub, Arcosgardens. Im Internet unter www.arcosgardens.com zu finden.

Reiten. Der Reitstall von Monika Ostermann bietet seit 10 Jahren Reitstunden und Ausritte auf hochwertigen Pferden. Die Tiere leben in artgerechter Offenstall-Haltung und befinden sich in verschiedenen Ausbildungsphasen. So sind auch gute bis hervorragende Reiter/innen mit Sicherheit gefordert. Informationen auf der sehr schön gestalteten Website: www.reiterferien-mit-moni.com

Windmühlen. Das Wahrzeichen von Vejer sind seine Windmühlen. Sie stehen im *Parque de Viento*, wo man eine voll ausgestattete Mühle besichtigen kann. Außer den Windmühlen sind hier auch die Esel von Vejer untergebracht, mit denen man Touren unternehmen kann. Der Park liegt im Stadtteil San Miguel, direkt an der Hauptstraße (CA-5203 nach Barbate). Eine Eseltour können Sie mobil 660 841 720 (Spanisch oder Englisch) oder unter www.acalusodelburro.com buchen.

Mitte: Parque natural de la Breña: Pinienwälder, Steilküsten und unberührte Strände
Unten: Fischer in Barbate, das durch den Thunfischfang bekannt ist.

46 Naturpark Breña

Paradies aus Menschenhand

Die Breña ist ein von Menschen angelegter Pinienwald, der noch immer landwirtschaftlich genutzt wird und inzwischen verschiedene Ökosysteme beherbergt, darunter eine Klippe, die 100 Meter über dem Meeresspiegel liegt und sich über mehrere Kilometer vom Strand Hierbabuena, Pfefferminzstrand, bis nach Caños de Meca erstreckt. Hier blühen das ganze Jahr über die unterschiedlichsten Pflanzen und ein unvergleichlicher Duft liegt in der Luft.

Das Städtchen Barbate liegt mitten im Naturpark Breña, an der Straße von Gibraltar, und hat knapp 23 000 Einwohner. Der Ort ist nicht wirklich sehenswert, doch er verfügt über zwei schöne Strände und auf dem Gemeindegebiet, zu dem auch Caños de Meca gehört, liegen einige bekannte Küstenabschnitte, darunter der Cabo de Trafalgar. Die Geschichte von Barbate ist bis in die heutige Zeit hinein mit dem Roten Thunfisch und den traditionellen Fangmethoden, den *almadrabas*, eng verknüpft. Bereits die Phönizier fingen Thunfische vor der Küste von Barbate, und die Römer siedelten eine Industrie zur Verarbeitung an, wie die Ausgrabungen im nahe gelegenen Baleo Claudia beweisen. Auch sie benutzten, wie bis heute üblich, die Fangtechnik der *almadraba*, die bereits in Höhlenmalereien auf dem Gemeindegebiet von Barbate thematisiert wurde. Bei dieser Technik, die »Thunfischfalle« heißt, werden die Schwärme im Frühjahr auf ihrer Wanderung ins Mittelmeer in der Straße von Gibraltar, dem *estrecho*, mit Netzen eingekesselt. Die Fischer ziehen immer kleinere Kreise mit ihren Booten, und die Netze werden enger und enger, bis es für die mächtigen Fische kein Entrinnen mehr gibt. Dieser Fangtechnik hat man in Barbate sogar ein Museum gewidmet und auch die Feste der Stadt stehen in Zusammenhang mit dem Fischfang. Ende Mai wird auf dem großen Messegelände die *Feria de Atun* gefeiert, bei der die unterschiedlichsten Thunfischgerichte angeboten werden. Mitte August findet im Bereich des Fischereihafens die *Gran Sardinada* statt, bei der es gegrillte Sardinen und Bier in Hülle und Fülle gibt.

Altes Strandbad

Am Stadtstrand von Barbate, der *Playa del Carmen*, geht es in den Sommermonaten zu wie in jedem anderen Strandbad. Trotzdem sind die Spanier bis heute praktisch unter sich geblieben. Ausländische Touristen finden nur selten den Weg in das vom Fischfang geprägte Städtchen. Dabei ist Barbate besser als sein Ruf. Bereits vor Jahren wurde der Strand saniert und mit feinem Sand aufgefüllt. Er ist besonders geeignet für Familien mit Kindern, denn der sonst meist raue und hohe Wellen schlagende Atlantik ist hier seicht und flach. Das Wasser hat, wie an der gesamten Costa de la Luz, sehr gute Qualität, und die Kilometer lange Strandpromenade bietet Restaurants, Bars und Ferienappartements in reicher Auswahl.

Alte und einfache Fischerboote an der Playa del Carmen

AUTORENTIPP!

RUNDFAHRT AUF DEM MEER

Im Hafen, direkt an der Mole, befindet sich das *Centro de interpretación del atun de Almadraba*, das täglich geöffnet ist. Hier gibt es Informationen, Fotos und Videos zum Thema Thunfisch. Allerdings sind die Filme und Fotos über den Thunfischfang nicht jedermanns Sache. Wem der Wellengang nichts ausmacht, kann an einer Bootsfahrten auf den Spuren des Fisches teilnehmen. Eine Tour geht über eine Stunde und kostet 15 Euro für Erwachsene. Sie führt rund um Barbate herum. Spektakuläre Aussichten bieten die Klippen an der Breña. Die zweite Tour dauert zwei Stunden und kostet 20 Euro pro Person. Sie geht bis zum Leuchtturm von Trafalgar, an Caños de Meca vorbei und in einem Bogen zurück zum Hafen von Barbate. Die Bootsausflüge werden ab 15. August angeboten und können beim Centro de interpretación del atun de Almadraba direkt gebucht werden. Es ist Mo–Sa, 9.00–14.00 Uhr geöffnet. Weitere Informationen gibt es im Internet unter www.atunalmadraba.com.

Oben: Pinienwald in der Breña
Unten: Bäume biegen sich im heftigen atlantischen Westwind.

Natur pur

Rund um Barbate erstreckt sich das Naturschutzgebiet *Parque Natural de la Breña y Marismas de Barbate*, wobei die *Marismas*, Marschgebiete, östlich und die *Breña*, Pinienwald, westlich der Stadt liegen. Das gesamte Gebiet hat eine Größe von gut 50 Quadratkilometern, 11,5 Quadratkilometer davon sind Küstengebiet. Die Marismas sind wichtige Feuchtgebiete, die von Garnelen, Fischen und Krebstieren bevölkert werden und Winterquartier für viele Zugvögel bieten. Das Waldgebiet Breña nimmt eine Fläche von 38,5 Quadratkilometern ein. Hier gibt es einen der schönsten Strände an der Costa de la Luz, die *Playa Hierbabuena*, die noch immer ein echter Geheimtipp ist. Allerdings können die Untiefen und Strudel gefährlich werden, sodass man beim Baden vorsichtig sein muss. Einige Jahre lang hatte man versucht, mit einem *chiringuito*, Strandbar, Besucher anzulocken, doch dieses Vorhaben wurde wieder eingestellt. Der Strand bietet auch im Hochsommer jede Menge Platz. Von hier aus führt ein sehr schöner Wanderweg durch die Breña Richtung Caños de Meca. Auf Kuhherden zu stoßen ist in der Breña keine Seltenheit. Außer Kühen leben hier Kaninchen, Eidechsen und Chamäleons, die dem aufmerksamen Beobachter durchaus auch einmal vor die Linse laufen. Auf den windgeschützten Pfaden zwischen Schatten spendenden Bäumen kann man selbst im Sommer angenehm spazieren gehen, wandern oder Mountainbike fahren. Eine wunderschöne Strecke per Auto oder mit dem Rad ist die Straße durch den Nationalpark Richtung Caños de Mecca. Links und rechts der Route führen von mehreren Parkplätzen aus Wanderwege durch die Wälder, und Grillplätze laden zum Rasten ein. Am Ende der Straße dann wartet die Strecke mit einer atemberaubenden Aussicht auf, dem *Cabo de Trafalgar*.

Infos und Adressen

INFORMATION

Oficina de Turismo. Das Touristenbüro ist zuständig für Barbate, Caños de Meca und Zahara de los Atunes. Die informative Internetseite gibt es auch in deutscher Sprache. Avenida del Rio, 23, 11160 Barbate, Tel. 956 929 056, www.turismobarbate.es

Centro de Interpretación del Atún de Almadraba. Informationen rund um den Thunfischfang in Barbate. Ausgangspunkt für Bootsrundfahrten. Puerto Deportivo de Barbate, 11160 Barbate, Tel. 956 459 804, mobil 670 946 879, E-Mail info@atunalmadraba.com, www.atunalmadraba.com

ESSEN UND TRINKEN

Restaurant El Campero. Viel gelobtes Restaurant, das sich auf die Zubereitung des Roten Thunfisch spezialisiert hat. Avd. Constitución, Local 5 C, 11160 Barbate, Tel. 956 432 300, E-Mail info@restauranteelcampero.es, www.restauranteelcampero.es

Café-Restaurant K2 – Las Dunas. Einfaches, maritim eingerichtetes Gasthaus am Strand, Richtung Zahara de los Atúnes. Carretera Barbate – Zahara, km 2, Nr. 4, 11160 Barbate, Tel. 956 434 656

ÜBERNACHTEN

Hotel ADIAFA. Sehr schönes Strandhotel mit Tiefgarage und moderaten Preisen. Avda Ruiz de Alda, 1, 11160 Barbate, Tel. 956 454 060, www.adiafa-hoteles.com

EINKAUFEN

Museo del Atún – Tienda (Geschäft). Thunfischkonserven nach uralter Tradition, Verkauf ab Fabrik. Es gibt die Möglichkeit, die Waren zu kosten. Bewirtung von Gruppen bis 100 Personen. Gruppen bitte anmelden. Avenida del Mar 142, 11160 Barbate, Tel. 956 434 323 und 956 433 913, E-Mail info@conservasdecadiz.com, www.conservasdecadiz.com

47 Von El Palmar bis Caños

Strandvergnügen pur

An der Costa de la Luz heißt es Badespaß ohne Reue. Die EU-Kommission bescheinigt in ihren Badewassertests jedes Jahr aufs Neue nahezu allen Stränden von Huelva bis Gibraltar sehr gute Wasserqualität. Doch das ist vielen Städten nicht mehr genug. Sie bemühen sich um den Erhalt der Ökosysteme an der Küste. Dazu gehören der Schutz von Fauna und Flora, die Pflege und Instandhaltung der Strände genauso wie die Zufriedenheit der Badegäste.

El Palmar

Vejer de la Frontera liegt im Landesinnern, doch es hat einen kilometerlangen Naturstrand: El Palmar. Der kleine Ort war bis vor wenigen Jahren ein echter Geheimtipp. Während sich in Conil die Urlauber am Strand auf den Zehen standen, konnte man in El Palmer die Badegäste zählen. Das lag

Mitte: Unberührter Strand am Kap Trafalgar
Unten: Die Naturstrände an der Costa de la Luz sind auch im Sommer nicht überlaufen.

MAL EHRLICH

MÜLLENTSORGUNG

Um Caños de Meca herum geht es recht unkonventionell zu. Wildes Campen oder im Camper auf einem Parkplatz zu übernachten ist grundsätzlich verboten. Dennoch wird es gerne praktiziert. Leider entledigt man sich seiner Abfälle oftmals auch sehr unkonventionell, nämlich einfach in der Natur. Natürlich könnten die Müllcontainer gerade während der Hauptsaison öfter geleert werden, aber auch das ist kein Grund, seinen Unrat einfach in den Sand zu kippen.

vor allem daran, dass der Strand als Surfer-Refugium bekannt war. Dass er sich auch hervorragend zum Baden und allen anderen Wassersportarten eignet, fanden viele erst kürzlich heraus. Seitdem ist es in El Palmar in der Hochsaison und an den Sommerwochenenden auch recht voll geworden. Wer sich Richtung Cabo de Trafalgar, einige Hundert Meter die Küste entlang begibt, findet aber auch hier noch Ruhe und Privatsphäre. Der Strandabschnitt hinter dem letzten Holzsteg gilt als Nudistenrevier, das bedeutet in diesem Fall, dass man einige nackte Menschen zu Gesicht bekommt, aber die meisten Strandbesucher tragen Badekleidung. Während die Küstenstreifen der bekannten Urlaubsorte oft künstlich angelegt oder mit Sand aufgefüllt werden, zählt El Palmar zu den natürlichen, den sogenannten ländlichen Stränden, *playa rural*. Das bedeutet, dass er aus Sedimentmaterial besteht, Sand und Muschelteile aus dem Meer. 2009 wurde der gesamte Strand mit diesem Material aufgefüllt, sodass er stellenweise noch ein wenig grob ist. Doch das erledigt sich im Laufe der Zeit von allein.

Cabo de Trafalgar

Von El Palmar aus kommt man zunächst an den Strand von Zahora (nicht zu verwechseln mit *Zahara de los Atúnes*), einem kleinen Ort, der ebenfalls zu Vejer gehört. Hier haben sich viele *guiris*, Fremde, vor allem Deutsche und Engländer, Sommerhäuser gebaut, die zum Teil auch vermietet werden. In Zahora hat man seine Ruhe und ist am Strand weitgehend unter sich. Das liegt daran, dass die Grundstücke oft bis zum Strand reichen, sodass man fast von einem »Privatstrand« reden kann.

Weiter geht es zum Cabo de Trafalgar, auf dem, zumindest dem Namen nach, einer der berühmtesten Leuchttürme der Welt steht. Hier fand im

AUTORENTIPP!

SPORTANGEBOTE ZU WASSER ZU LAND UND IN DER LUFT

Eine Alternative zu dem bekannten Wassersportgebiet um Tarifa werden zusehends die Strände El Palmar und Kap Trafalgar. Vor allem von September bis Mai sind die Surfer und Kitesurfer hier fast unter sich. Es gibt interessante Angebote, zum Beispiel Surfkurse für die gesamte Familie, inklusive Kindern ab acht Jahren. Einige Surfschulen bieten auch Unterkunft und Vollpension an, sodass man sich ganz auf den Wassersport konzentrieren kann. Yogakurse, Wellness-Angebote und etliche Entspannungstechniken bereichern oft das Programm. Sehr beliebt ist das Quadfahren, wofür es fast überall Möglichkeiten gibt. Fahrradfahren und Mountainbiking liegen ebenfalls seit einigen Jahren im Trend, ebenso das Golfspielen. Natürlich gibt es auch an der gesamten Küste Reitangebote, die durch die Breña und entlang der Küste ein besonderes Erlebnis darstellen.

Oben: Der berühmte Leuchtturm Cabo de Trafalgar
Unten: Der Strand Playa El Palmar gehört zu Vejer de la Frontera.

Jahr 1805 die sagenumwobene Seeschlacht statt zwischen der spanisch-französischen Armada und der englischen Flotte. Die Briten bereiteten den Spaniern und Franzosen eine verheerende Niederlage, ohne selbst ein einziges Schiff zu verlieren. An den historischen Sieg erinnert noch heute der Trafalgar Square in London. Es gibt eine Legende nach der man bei Vollmond am Cabo de Trafalgar die untergegangenen Schiffe auf dem Meeresgrund sehen kann. Ob dies tatsächlich so ist, kann jeder problemlos selbst herausfinden.

Rund um den Leuchtturm, der auf einer kleinen Landzunge steht, gibt es Strand im Überfluss. Doch es ist kein Ort zum Baden. Inzwischen ist das Kap Trafalgar zu einem der beliebtesten Treffpunkte für Kite-Surfer geworden, die hier das ganze Jahr über ihren Sport ausüben. Besonders im Sommer ist sehr viel los.

Los Caños de Meca

Dieser Ort hat einen der schönsten Strände an der gesamten Costa de la Luz und liegt zudem in der Breña, dem Pinienwald am Meer. Bekannt geworden ist Caños aber eher als Mekka für Hippies, die hier schon seit vielen Jahren Urlaub machen oder leben, wenngleich ihre Zahl inzwischen deutlich zurückgegangen ist. Caños de Meca ist ein Ferienort mit vielen Appartementhäusern und recht vielseitigem Nachtleben. Er liegt einige Meter oberhalb der Küste, die man nur über lange Treppen mit vielen Stufen erreichen kann. Doch das lohnt sich allemal. Auf dem weißen Sandstrand, der durch die Klippen zum Festland hin hervorragend geschützt ist, kann man auch dann noch liegen, wenn die übrige Costa de la Luz unter dem Levante, einem starken Wind, leidet. Für Familien mit Kindern bietet sich der Strand an, denn die Kleinen haben mit dem Sand und den kleinen Wasserrinnsalen, *caños*, in den Klippen viel Spaß.

Infos und Adressen

SURFEN UND KITE-SURFEN

a-frame surfcamp El Palmar. Surf- und Yogaschule mit Gästezimmern und Verpflegung direkt am Strand. Arne Michaelsen und Katrin Rose, Apartado de Correos No.72, 11150 Vejer de la Frontera, Tel. in Spanien, mobil 626 935 771, Deutschland 01 78/206 53 39, E-Mail info@aframe.de, www.aframe.de

Totalkitesurf Conil. Die Kitesurf-Schule hat ihre Basis in Conil de la Frontera, doch es werden alle interessanten Spots wie Cabo de Trafalgar, Caños de Meca und El Palmar angefahren. Avenida del Río, 10, 11140 Conil de la Frontera, mobil 666 527 904, E-Mail info@totalkitesurf.com, www.totalkitesurf.com

Kitesurfing an der Playa de Vaquero zwischen Boloña und Tarifa

Strand bei Caños de Meca; im Hintergrund der Cabo de Trafalgar

GOLF

La Dehesa de Montenmedio. In Montenmedio gibt es nicht nur eine sehr gute Golfanlage, sondern zudem eine Golfschule, die Kurse sowohl für Anfänger (auch Kinder) als auch für Fortgeschrittene im Programm hat. Außerdem werden Routen per Quad (4 x 4) und Mountainbike angeboten. Auf dem Gelände gibt es eine Kunstausstellung für zeitgenössische Kunst (Stiftung NMAG), die auch Vorträge und Workshops veranstaltet. Doch neben dem Golf steht Montenmedio vor allem für den Pferdesport. Dressur- und Springturniere werden hier ausgetragen und Kutschrennen finden neben dem Golfplatz statt, was immer wieder ein Erlebnis ist. Alle Veranstaltungen kann man kostenlos besuchen, und auch für Spaziergänge lohnt es sich, einen Abstecher nach Montenmedio zu machen. Golf Country Club, Carretera de Cadiz – Malaga, km 42,5, 11150 Vejer de la Frontera, Tel. 956 451 216, E-Mail info@montenmedio.es, www.montenmedio.es

Mitte: Windsurfer vor der Düne von Boloña. Hier kann man auch Unterricht im Surfen nehmen.
Unten: Internationaler Kitesurf-Wettbewerb in Tarifa

48 Costa de la Luz

Mekka der Wassersportler

Costa de la Luz bedeutet »Küste des Lichts« und das hat verschiedene Ursachen. Es ist das Zusammenspiel der blendenden Farben des Sandes, das Glitzern des Meeres und das Flimmern der Hitze. Es geht um Sonne, Strand und Wasser. Wer zum ersten Mal an die Costa de la Luz kommt, wird sich fragen, wo die Touristen sind, denn auch im Hochsommer sind die Strände zwischen den Städten praktisch menschenleer.

Hinter Barbate, in Richtung des Ferienorts Zahara de los Atunes, führt die Straße durch Marschland, das zunächst wenig einladend erscheint. Doch je weiter entfernt die Stadt liegt, desto schöner wird die Umgebung. Plötzlich befinden man sich inmitten von Feldern und Weiden zur Linken und unberührten Stränden auf der Küstenseite. Nur hin und wieder stehen einige Autos im Sand und ein paar hundert Meter weiter steckt ein Sonnenschirm im Boden oder schwebt ein Kite-Schirm

MAL EHRLICH

HUNDE AM STRAND

Es scheint unter gewissen Leuten cool zu sein, seine Hunde mit an den Strand zu nehmen und sie dann in der prallen Sonne sitzen zu lassen. Leider sieht man auch immer wieder, dass die Exkremente lediglich im Sand verbuddelt oder von Herrchen und Frauchen »nicht bemerkt« werden. Dass Hunde am Strand in ganz Spanien verboten sind, spielt dabei nicht einmal die entscheidende Rolle. Entscheidend ist, das ein solches Verhalten eben nicht cool, sondern einfach nur abstoßend ist.

über dem Wasser. Warum ist hier niemand, fragt man sich, denn am Strand kann es nicht liegen. Der wirkt unendlich weit und glitzert in der Sonne. Der Grund ist, dass praktisch das gesamte Gebiet militärisch genutzt wird. Zwar sieht man niemals Soldaten, Kraftfahrzeuge oder gar Panzer, doch offiziell handelt es sich um eine militärische Zone, deren Betreten verboten ist. Während man sich bis vor Kurzem strickt daran hielt und höchstens ein paar Kühe an der Küste entlangschlenderten, besuchen trotz des Verbots in den letzten Jahren immer häufiger Wagemutige die Strände und parken vor allem an den Wochenenden ihre Autos inmitten von Sand und Salzwasser. Für Badeurlauber ist an diesem Küstenabschnitt keine Infrastruktur vorhanden. Die militärische Nutzung in Zusammenklang mit dem Naturschutz hat bewirkt, dass die Strände an der Costa de la Luz nur stellenweise bebaut wurden. Große Hotelanlagen gibt es dort nur an sehr wenigen Stellen.

Zahara de los Atunes

Zahara de los Atunes ist eine Kleinstadt, die zu Barbate gehört. Neben dem Tourismus ist vor allem der Thunfischfang Erwerbsquelle Nummer eins. Den Thunfisch aus der Umgebung findet man auf den meisten Speisekarten und als Tapas in Bars und *chiringuitos*. Im Sommer wird Zahara von den Touristen aus der nahe gelegenen Urbanisation Atlanterra überschwemmt, sodass hier ein reichhaltiges Nachtleben bis in die Morgenstunden hinein zu finden ist. Vor allem die Sportmöglichkeiten sind schier unbegrenzt. Reiten, Golf, Tennis, Biken und sämtliche Wassersportarten, inklusive Tauchen, werden geboten. Die Strände von Zahara de los Atunes sind weiß, sandig und enden, wie überall an der Costa de la Luz, in kristallklarem Wasser. Dem Badespaß sind keine Grenzen gesetzt, denn es gibt weder starke Strömungen noch

AUTORENTIPP!

WANDERN IN BOLONIA

Bolonia hat die höchste Düne, römische Ausgrabungen und einen tollen Strand. Seine Lage zwischen zwei Bergketten macht es aber auch zu einem interessanten Ausgangspunkt für Kletter- und Wandertouren. Es gibt Wanderwege in beide Richtungen. Nach Osten in Richtung Atlanterra und Zahara de los Atunes und nach Westen in Richtung Tarifa. Beide Wege ziehen sich an der Küste entlang, über Dünen und durch Pinienwälder. Der Weg nach Tarifa führt wegen des Militärsperrgebiets *Punta Paloma* ein Stück am Strand entlang, weshalb Sie die Gezeiten beachten müssen. Die Wanderung ist einfach und dauert etwa 2,5 Stunden. In Richtung Atlanterra verläuft der Weg hinauf auf die Düne und weiter durch den Pinienwald. Die Wanderroute ist beschildert. Nach dem Wald geht es eine Weile an einem Flusslauf entlang und schließlich gelangen Sie über den Strand zum Leuchtturm *Punta Caminal*. Diese Wanderung ist ebenfalls einfach und dauert etwa 90 Minuten. Klettertouren sollten Sie nicht allein unternehmen, es gibt einige Anbieter, die Sie dabei unterstützen.

AUTORENTIPP!

PLAYA DE VALDEVAQUEROS

Die Playa de Valdevaqueros ist ein internationaler Treffpunkt der Surfer. Hier werden auch internationale Surf- und Kitesurf-Wettbewerbe ausgetragen. Der Strand erstreckt sich über vier Kilometer und ist 50 Meter breit. Der Wind kommt aus seitlicher Richtung und wird durch die Berge verstärkt, sodass fast immer perfekte Bedingungen herrschen. Die Wellen sind flach und eignen sich auch für Anfänger. Darum gibt es am Strand sehr viele Kite- und Windsurfschulen, unter ihnen die drei größten von Tarifa, *Club Mistral*, *Spin Out* und *Tarifa Smile*. Schon von Weitem sind Hunderte bunter Drachen am Himmel auszumachen. Die Spin-Out-Windsurfschule existiert bereits seit 1988 und wurde von zwei Schweizern gegründet.

Quallen. Eine Sehenswürdigkeit hat Zahara zu bieten. Direkt am Strand liegt die Burgruine der Herzöge von Medina Sidonia aus dem 16. Jahrhundert. Hier wurde einst der kostbare Thunfisch gelagert und verarbeitet. Trotz Tourismus hat sich im Ort eine Infrastruktur erhalten, die auch in den Wintermonaten funktioniert. Knapp zwei Kilometer weiter liegen die Apartmentkomplexe der Urbanisation Atlanterra, die nur im Sommer belebt sind. Im Winter gleicht die Anlage einer riesigen Geisterstadt. Hier beginnt das Naturschutzgebiet *El Estrecho*, das sich bis zur Straße von Gibraltar ausdehnt.

Naturpark El Estrecho

Andalusiens jüngster Naturpark (2003) hat eine Fläche von rund 189 Quadratkilometern und ist der südlichste Park Europas. Er vereinigt ökologische, landschaftliche, kulturelle und historische Komponenten und ist Teil des Transkontinentalen Biosphärenreservats Mittelmeer, das seit 2006 zwischen Marokko und Spanien besteht. Das östliche Ende des Parks befindet sich im Mittelmeer und das westliche im Atlantischen Ozean.

Bolonia

Ein Besuch in Bolonia, etwa 17 Kilometer vor Tarifa, lohnt sich immer. Der kleine Ort liegt eingebettet in die Bergketten *Sierra de la Plata* und *Sierra San Bartolomé*, mitten in einem großen Naturschutzgebiet. Bolonia selbst hat nicht viel zu bieten, doch seine riesige Wanderdüne und sein feiner Sandstrand machen es zu einem Highlight für Badefreunde. In der Bucht sind die Winde meist nicht so stark wie an den anderen Stränden um Tarifa herum, und das Kitesurfen ist verboten, sodass sich Bolonia als Badestrand hervorragend eignet. Allerdings teilen sich die Badenden den Küstenstreifen mit diversen Rinderherden. Die plötzliche Begegnung mit einem dieser Wiederkäuer ist also programmiert. Bei Bolonia finden sie auch die römische Stadt *Baelo Claudia* aus dem ersten Jahrhundert. Sie liegt ganz in der Nähe des Strandes und gilt als die besterhaltene römische Stadtanlage der Iberischen Halbinsel. Besonders das Amphitheater und die antike Fischfabrik, in der Thunfisch verarbeitet wurde, lohnen den Besuch.

Wind- und Kitesurfing

Zwischen Bonlonia und Tarifa liegen die Highspots der Wassersportler. Auf diesem Abschnitt gibt es jede Menge Hotels, Campingplätze und Appartements. Eine Unterkunft kann also direkt am Lieblingsstrand gebucht werden. Tarifa liegt auf halber Strecke zwischen den Flughäfen Jerez de la Frontera und Málaga, was die Auswahl an günstigen Flügen relativ hoch macht. Vor Ort ist es aber ratsam, einen Leihwagen anzumieten, denn der Transfer zum Urlaubsort ist eine Katastrophe und die Strände um Tarifa sind sehr schlecht mit dem Omnibus zu erreichen. Die beliebtesten Strände zwischen Bolonia und Tarifa sind *Playa de Punta*

Oben: Tarifa ist unter Windsurfern beliebt, doch es eignet sich nicht für Anfänger.
Mitte: Beim internationalen Kitesurf-Wettbewerb in Tarifa ist die Hölle los.
Unten: Kein Ort für kleine Kinder – die Surfer-Strände um Tarifa
Linke Seite: Die Playa de Vaquero ist ein beliebter Kitesurfing-Spot.

Oben: Ruinen einer römischen Fischfabrik in Baelo Claudia bei Boloña
Unten: Nuestra Señora de la Luz ist die Schutzheilige von Tarifa.

Paloma (liegt im Militärgebiet), anschließend die *Playa de Valdevaqueros* und in Tarifa die *Playa de los Lances*, der Stadtstrand auf der Atlantikseite. Am Mittelmeer liegt die *Playa Chica*. An beiden Stränden sind Surfen und Kitesurfen im Sommer verboten. Tarifa zählt schon lange zu den »Welthauptstädten« für Wind- und Kitesurfen. Hier wehen während des ganzen Jahres starke Winde. Der *Levante* aus der Sahara mit Windstärken zwischen sieben und neun Kilometern pro Stunde und der Atlantikwind *Poniente*, der etwas schwächer, aber deutlich kühler ist. Obwohl die Surfer längst die gesamte Costa de la Luz für sich entdeckt haben, sind sie nirgends so präsent wie hier.

Abfeiern

Um Tarifa tummeln sich Junge und Junggebliebene, denn hier ist Abfeiern angesagt. Für einen Familienurlaub mit Kindern sollte man sich nicht unbedingt dieses Gebiet aussuchen. Die Nächte in Tarifa werden sehr lang und laut. Ab etwa 23 Uhr können Sie mit einer Runde durch die Bars beginnen, von denen es in der Altstadt jede Menge in sämtlichen Ausprägungen gibt. Hier und da findet man sogar noch Flamenco-Musik, doch meist ist der Sound deutlich moderner, wenn auch nicht unbedingt lauter. Das eigentliche Nachtleben von Tarifa beginnt nicht vor zwei Uhr nachts und endet, wenn überhaupt, erst am hellen Morgen.

Sehr beliebt sind Ritte am Strand.

Infos und Adressen

INFORMATION

Oficina de Turismo. Zwischen Barbate und Tarifa gibt es sonst keine Touristeninformation. Paseo la Alameda, s/n, 11380 Tarifa, Tel. 956 680 993

Römische Siedlung Baelo Claudia. Für EU-Bürger ist der Eintritt frei. Besucher aus anderen Ländern zahlen 1,50 Euro. Es gibt die Möglichkeit einer Führung. Öffnungszeiten im Winter Di–Sa 9–18 Uhr und So 9–14 Uhr. Im Frühling und im Oktober Di–Sa 9–19 Uhr und So 9–14 Uhr. Im Sommer Di–Sa 9–20 Uhr und So 9–14 Uhr. Mo Ruhetag. An Feiertagen geschlossen.
Ensenada de Bolonia, s/n, 11380 Tarifa,
Tel. 956 688 530 und 956 688 540,
Fax 956 688 560, E-Mail baeloclaudia.ccul@juntadeandalucia.es, www.juntadeandalucia.es

ÜBERNACHTEN

Hotel Hurricane. Sehr hübsch eingerichtetes Hotel mit schöner Außenanlage, direkt am Meer gelegen. Etwa zwei Kilometer von der Playa de Valdevaqueros. Preise pro Doppelzimmer ab etwa 100 Euro. Auf dem Gelände gibt es auch einen Reitstall, der von Deutschen betrieben wird.
Ctra. Nac. 340, km 78, 11380 Tarifa,
Tel. 956 684 919, Fax 956 680 329,
E-Mail info@hotelhurricane.com,
www.hotelhurricane.com

Camping Paloma. Ctra. Cádiz-Málaga, km 74, 11380 Tarifa, Tel. 956 684 203, Fax 956 684 233,
E-Mail campingpaloma@yahoo.es,
www.campingpaloma.com

SPORT UND FREIZEIT

Spin Out Windsurf S.L. Surf- und Kitesurfschule.
Playa de Valdevaqueros, CN-340, km 75,5,
11380 Tarifa, Tel. 956 236 352,
E-Mail info@tarifaspinout.com,
www.tarifaspinout.com

Sonnenbaden am Strand von Tarifa

49 Tarifa

Korkeichenwälder, Steinzeit und Fähren

Tarifa bildet das östliche Ende der Costa de la Luz. Es liegt etwa 15 Kilometer entfernt von Gibraltar und 14 Kilometer von Marokko. Somit ist es die südlichste Stadt des europäischen Festlands. Seit der Antike markierte die Meerenge von Gibraltar die als »Säulen des Herkules« bekannt waren, das Ende der Welt. Tarifa war die letzte Stadt vor dem Nichts. Erst die Entdeckung von Amerika belehrte die Menschen eines Besseren.

Tarifa soll vor 3000 Jahren von den Phöniziern gegründet worden sein. Gesichert ist, dass die Römer hier im 1. Jh. v. Chr. siedelten und der Stadt den Namen »Tingentera« gaben. Seit der Eroberung durch die Berber unter »Tarif ibn Malik« im Jahr 710 heißt der Ort Tarifa. Bis in die 1970er-Jahre hinein war die Fischerei, die bereits in römischer Zeit eine wichtige Rolle spielte, praktisch die einzige Einnahmequelle der Bevölkerung. Danach wurde der Tourismus zum größten Wirtschaftsfak-

MAL EHRLICH

MAROKKO

Mehrmals verkehren Fähren zwischen Tarifa und Tanger, sodass es möglich ist, jederzeit einen Ausflug nach Marokko zu unternehmen. Allerdings herrscht in Marokko Visumpflicht, und ein gültiger Reisepass ist unumgänglich. An jeder Straßenecke werden Tickets für die Überfahrt verkauft, denn es ist ja nur ein Katzensprung. Ein Ausflug nach Marokko wird aber erst interessant, wenn man auch ein wenig Zeit hat. Lieber zwei Tage extra einplanen.

Mitte: Stadtmauer von Tarifa, der südlichsten Stadt des spanischen Festlandes
Unten: Geschälte Korkeiche im Naturpark Los Alcornocales bei Tarifa

tor in der Region. Heute hat Tarifa rund 17 200 Einwohner und ist beliebter Wohnsitz für Residenten aus aller Welt.

Stadtansichten

Die Altstadt von Tarifa geht auf die Zeit der Mauren zurück. Moderne Gebäude reihen sich harmonisch in das Straßenbild und den Küstenzug ein. Die Altstadt betritt man durch die *Puerta Jerez* aus dem 14. Jahrhundert. In den verwinkelten Gassen finden sich viele Geschäfte, Cafés und Restaurants. Im Zentrum bildet die Kirche *Iglesia de San Mateo* aus dem 15. Jahrhundert den Mittelpunkt der Altstadt. Bei einem Spaziergang sollte man nicht versäumen, auch einmal um das Gebäude herumzulaufen und die höher gelegenen Straßen zu durchwandern. Tarifa bietet hübsche Ecken und überraschende Einblicke. Doch egal für welche Richtung man sich entscheidet, hier scheinen alle Straßen zum riesigen Castillo zu führen, dem alles überragenden Bauwerk am Hafen. Die Burg wurde von den Mauren um 960 gebaut und diente hauptsächlich zum Schutz vor Piratenüberfällen. Stadt und Burg wurden im Jahr 1292 durch die Spanier unter König Sancho IV. von Kastilien und León zurückerobert. In der Hochzeit des Handels mit Amerika erlangte Tarifa große Bedeutung als Hafenstadt. Danach versank es in der Bedeutungslosigkeit.

Vorzeitliches

Um Tarifa herum sind zahlreiche Höhlenmalereien zu finden, darunter die Höhlenmalerei von *Laja Alta*. Auf ihr sind sechs wunderbar gemalte phönizische Segelschiffe zu sehen. Die rund 1000 Jahre alten Bilder wurden erst kürzlich entdeckt und sind in einem hervorragenden Zustand.

AUTORENTIPP!

WALE UND DELFINE

ÖKO

Unter Wasser treffen wir auf ein einzigartiges Ökosystem, das durch den Zusammenfluss des Atlantiks mit dem Mittelmeer entsteht. Delfine und zahlreiche Walarten können hier beobachtet werden. Schiffstouren zu den Meeresbewohnern werden vor Ort von unterschiedlichen Agenturen angeboten. Die bekannteste Organisation ist firmm. Die Schweizer Stiftung wurde 1998 von Katharina Heyer gegründet, um Wale und Delfine zu erforschen und zu schützen. Mit dem Dokumentarfilm *The Last Giants – Wenn das Meer stirbt* machte Katharina Heyer im Jahr 2010 auf die Bedrohungen der Meeresbewohner aufmerksam. Von April bis Oktober kann man firmm bei den Forschungsausfahrten begleiten, an einer zweistündigen Ausfahrt teilnehmen, Wale und Delfine beobachten oder Kurse besuchen, die sich mit den Tieren und ihrem Lebensraum befassen.

firmm España. Pedro Cortés 4 1, 1380 Tarifa, Tel. 956 627 008, mobil 678 418 350, Fax 956 681 424, E-Mail mail@firmm.org, www.firmm.org

Oben: Korkeichenwald Los Alcornocales
Unten: Der Esel ist ein praktischer Helfer in unwegsamem Gelände.

Los Alcornocales

Die Korkeichenwälder umfassen eine Gruppe von Bergketten mit geringer Höhe – eines der wichtigsten Schutzgebiete Andalusiens. In Cádiz ist Los Alcornocales der drittgrößte Naturpark, der sich von der Meerenge von Gibraltar bis hinauf nach Alcalá de los Gazueles erstreckt. Tarifa ist das südliche Tor zum Park, der auch das Nationalreservat *Reserva Nacional de Caza de Cortes de la Frontera* beherbergt. An seinen schattigen Plätzen wachsen Rhododendron, Farne und Lorbeerbäume. Im südlichen Teil liegen die *canutos*, Flusstäler und Schluchten, in denen sich bis heute Pflanzenarten aus dem Tertiär erhalten haben. Im Tertiär entwickelte sich nach dem Aussterben der Dinosaurier vor über 60 Mio. Jahren die Tier- und Pflanzenwelt unserer Zeit.

Bäume

Neben den größten Korkeichen der Welt finden sich im Park Bergeichenwälder, wilde Ölbäume, Steineichen und Johannisbrotbäume sowie Erlen und Eschen. Los Alcornocales ist aufgrund seiner archäologischen, historischen und kulturellen Bedeutung ein beliebtes Ausflugsziel, das viele Möglichkeiten zum Wandern, Klettern und Mountainbiking bietet.

Tierwelt

Der Nationalpark stellt einen der größten Lebensräume für Greifvögel dar. Hier jagen Lämmergeier, Uhu, Steinadler sowie Wanderfalke, Turmfalke und viele weitere Arten. Rotkehlchen sind genauso vertreten wie Nachtigall und Mauersegler sowie der Eisvogel, der in den Flusstälern lebt. Der Park bietet hervorragende Bedingungen für Raubtiere wie Fuchs, Dachs, Wiesel, Wildkatze und Meloncillo, eine Mungoart. Hier gibt es auch die südlichste Population an Rotwild in Europa.

Infos und Adressen

INFORMATION

Oficina de Turismo. Paseo la Alameda, s/n, 11380 Tarifa, Tel. 956 680 993

ESSEN UND TRINKEN

Restaurante El Ancla. Typisch spanisches Restaurant, recht laut und mit grellem Neonlicht. Trotzdem lohnt sich ein Besuch, denn hier gibt es den besten Fisch. Avenida Fuerzas Armadas, 15, 11380 Tarifa, Tel. 956 680 913

Pizzeria La Oca da Sergio. Leckere Nudelgerichte und Spezialitäten aus der italienischen Küche in gemütlichem Ambiente. Highlight sind die Pizzen aus dem Holzofen. Calle General Copons, 6, 11380 Tarifa, mobil 615 686 571

Restaurat und Créperie Santa Fé. Gute französische Küche in gemütlicher Atmosphäre. Paseo de la Alameda, s/n, 11380 Tarifa, Tel. 956 682 303, E-Mail info@santaferestaurante.com, www.santaferestaurante.com

Chilimosa. Vegetarisches Restaurant. Hier gibt es sehr gutes vegetarisches Bio-Essen, in angenehmer, familiärer Atmosphäre. Speisen auch zum Mitnehmen. Calle Peso, 6, 11380 Tarifa, Tel. 956 685 092

Café Surla. Strandnahes Café mit tollem Frühstück. Auch zur Mittagszeit gutes Angebot. Täglich geöffnet, 9.00–20.00 Uhr. Calle Pintor Perez Villalta, 11380 Tarifa, Tel. 956 685 175

Café Central Tarifa. Die besten Torten der Stadt, alles aus eigener Herstellung. Calle Sancho IV El Bravo, 10, 11380 Tarifa, Tel. 956 680 590

ÜBERNACHTEN

Hotel Misiana. Hotel mit Bar und Café. Chillout geeignet. Die Übernachtung inklusive Frühstück kostet ab etwa 70 Euro. Calle Sancho IV El Bravo, 16, 11380 Tarifa, Tel. 956 627 083, E-Mail reservas@misiana.com, www.misiana.com

Der Hafen von Tarifa; im Hintergrund die Festung Guzman el bueno

Mitte: Im Herbst finden sich viele Zugvögel an der Straße von Gibraltar ein.
Unten: Die Highstreet – Fußgängerzone von Gibraltar

50 Gibraltar

Very british

Die Meerenge von Gibraltar ist eine der meistbefahrenen Wasserstraßen der Welt. Sie ist die einzige natürliche Verbindung zwischen Atlantik und Mittelmeer. Täglich wird sie von etwa 300 Handelsschiffen durchfahren. Direkt an dieser Wasserautobahn liegt Gibraltar mit seinen knapp 29 000 Einwohnern. Doch nicht nur der Mensch ist hier präsent. An Land gibt es einen gigantischen Vogelreichtum und im Wasser tummeln sich Delfine und Wale.

In jedem Jahr treten am Ende des Sommers zahlreiche Vogelarten aus dem Westen Europas den langen Weg nach Südspanien und weiter nach Afrika an, um im milderen Klima zu überwintern. Die westliche Hauptroute führt über Frankreich, Spanien und die Straße von Gibraltar bis hinüber nach Afrika. Im *estrecho*, wie die Meerenge in Spanien genannt wird, verhindern die starken Levante-Winde oftmals den Weiterzug. So müssen die Tiere tagelang warten, die sich zu Tausenden sammeln. Ein alljährliches Großereignis, das nicht nur für Ornithologen eine Sensation ist. An ruhi-

MAL EHRLICH

DIE GRENZE

Für einen Besuch in Gibraltar sollte man sich einen Tag aussuchen, der weder in Spanien noch in Gibraltar als Feiertag gilt. Außerdem sind Überfahrten während des Berufsverkehrs von Spanien nach Gibraltar und zurück unbedingt zu vermeiden. Sonst können Sie schon mal einige Stunden lang warten. Denken Sie an Ihren Personalausweis, denn ohne lässt man Sie nicht über die Grenze, von einem Königreich ins andere.

Aussichtsplattform mit Blick auf den Estrecho, die Meerenge von Gibraltar

gen Tagen nach einer Phase mit starkem Wind ist der Weiterzug entsprechend am spektakulärsten. Auf dem Gemeindegebiet von Tarifa gibt es zahlreiche Beobachtungspunkte, die sich hervorragend zur Vogelbeobachtung eignen.

Wasserleben

Die Durchmischung zweier verschiedener Gewässer, Atlantik und Mittelmeer, mit unterschiedlichen Temperaturen und Salzgehalt, in Verbindung mit großer Tiefe und Meeresströmungen fördert die Bildung von organischem Material am Meeresgrund. Kleinstlebewesen wie Algen und Plankton entwickeln sich hervorragend, weshalb es auch jede Menge Fische und Krustentiere gibt. Ein reiches Nahrungsangebot für Wale und Delfine. Die Straße von Gibraltar gehört weltweit zu den Orten mit den meisten Wal- und Delfinarten. Der Schiffsverkehr gefährdet die Tiere jedoch massiv.

La Línea de la Concepión

La Línea liegt gegenüber von Gibraltar, im Campo de Gibraltar, wie die Region genannt wird. Es gehört aber zur Provinz Cádiz. Nur von hier aus gibt es eine Zufahrt zur Halbinsel mit ihrem Affenfelsen. La Línea hat etwa 70 000 Einwohner, von denen viele im benachbarten Gibraltar arbeiten.

AUTORENTIPP!

RÜBER NACH GIB

Gibraltar lebt vor allem vom Tourismus und dementsprechend hoch sind viele Preise. Doch es gibt durchaus Alternativen zu den meist teuren Park- und Beförderungsgebühren in der Innenstadt: In der Hochsaison stehen viele Taxifahrer direkt hinter der Grenze, die Gruppenfahrten anbieten. Mit ihnen kann man ordentliche Preise aushandeln und sein Auto am Parkplatz stehen lassen. Die Taxis dürfen den Affenfelsen ganz hinauffahren und haben oft viel interessante Informationen. Sie kennen meist auch die schönsten Stellen zum Fotografieren und halten gerne an. Aber Vorsicht, man muss verhandeln. Zu Festpreisen günstig unterwegs ist man mit den roten »Hop on and Hop off«-Bussen für zwei Euro pro Fahrt. Die Haltestelle befindet sich direkt hinter der Grenze. Gibraltar gilt als Hochzeitsparadies. Während die spanischen Behörden Unmengen von Urkunden und Bescheinigungen verlangen, geht es in Gibraltar einfach und problemlos. Inzwischen gibt es auch Hochzeitsveranstalter, die sich dort um alles kümmern.

Kennzeichen von Gibraltar

Oben: In Tarifa ist Afrika zum Greifen nah.
Mitte: Den Affen von Gibraltar sollte man nicht trauen.
Unten: Aussicht von der Festung Tarifa hinüber nach Afrika

Gibraltar

Mit 4460 Einwohnern pro Quadratkilometer ist Gibraltar dichter besiedelt als München. Die Exklave besteht aus einem flachen, meist sandigen Gebiet und dem Felsen von Gibraltar, dem *Upper Rock*. Er ragt an der Ostseite steil aus dem Meer auf und ist mit einer Höhe von 426 Metern schon von Weitem zu sehen. Das gesamte Gebiet um Gibraltar ist tektonisch sehr aktiv.

Gibraltar steht unter britischer Souveränität, was Spanien jedoch nie anerkannte. Gibraltar hat eine eigene Währung, das »Gibraltar-Pfund«, das immer eins zu eins mit dem englischen Pfund gerechnet wird. Überall kann man auch mit Euro zahlen. Wenn Sie die Grenze überquert haben, an der es vor allem bei der Ausreise Kontrollen geben kann, fahren Sie zunächst über die Landebahn des Flughafens, bevor Sie die Stadt erreichen. Suchen Sie sich am besten gleich einen Parkplatz.

Die Hauptstraße beginnt mit dem Casemate Square und geht über in die Main Street, das Herz der Stadt. Hier gibt es Restaurants und Einkaufsmöglichkeiten in Hülle und Fülle, vor allem Alkohol, Zigaretten und Parfümerieartikel. Am Ende der Main Street liegt der Botanische Garten mit der Seilbahn zum Affenfelsen. Falls Sie eigenen Proviant dabeihaben, sollten Sie ihn hier verzehren, denn auf dem Felsen wird alles Essbare von den Affen weggeschleppt. »The rock« ist ein gigantischer Aussichtspunkt. Doch trauen Sie keinem Affen, sie beißen auch gerne einmal zu. Weitere Sehenswürdigkeiten sind die Tropfsteinhöhle *St. Michael's Cave* und die Gorham-Höhle, die wohl das letzte Rückzugsgebiet der Neandertaler war. Des Weiteren kann man die Tunnelanlage *The Great Siege* besuchen, die zur Verteidigung im 18. Jahrhundert angelegt und später ausgebaut wurde.

Infos und Adressen

INFORMATION

Gibraltar erreicht man telefonisch von Deutschland aus unter der Vorwahl +350 und von Spanien unter 9567.

Main Tourist Administration Office. Duke of Kent House, Cathedral Square, Tel. (+350) 20 07 49 50, E-Mail information@tourism.gov.gi, www.gibraltar.gov.gi

ESSEN UND TRINKEN

Café Gibraltar Arms. 184 Main Street, Gibraltar, Tel. 20 07 21 33

Little Rock Café. Bar, Restaurant und Café, Unit 51, Casemates Square, Gibraltar, Tel. 20 05 19 77

Restaurant Gaucho's. Traditionelles Gillrestaurant. Hier gibt es leckere argentinische Steaks im mittleren Preissektor. Waterport, Casemates, Gibraltar, Tel. 20 05 97 00 und 20 04 07 76

Bar/Restaurant The Royal Calpe. Typisches Fish & Chips-Restaurant, muss man in Gibraltar einfach mal probieren. 176 Main Street, Gibraltar, Tel. 20 07 58 90

NACHTLEBEN

Oceanvillage. Ein neuer Stadtteil mit coolen Bars, dem Casino und guten Restaurants. Hier finden mittlerweile Modenschauen, Automobilausstellungen und Bootspräsentationen statt. www.oceanvillage.gi

Lord Nelson. Live Music. 10 Grand Casermates, Gibraltar, Tel. 20 05 00 09

SEHENSWÜRDIGKEITEN

Great Siege Tunnels, St. Michael's Cave und Gorham Cave. Der Eingang zur Tunnelanlage befindet sich in einem Naturschutzgebiet. Sie müssen ein Ticket für das Gebiet lösen, mit diesem haben sie auch Eintritt zur St. Michael's Cave, die sich ebenfalls hier befindet. Die Tunnel liegen im Norden des Naturschutzgebiets. Zugang finden Sie entweder von der Stadt aus, indem Sie nach oben laufen, oder von der Station der Seilbahn aus, indem Sie etwa 1600 Meter nach unten gehen. Es gibt auch Kombitickets für Seilbahn und Naturpark.

Der Felsen von Gibraltar bei Sonnenaufgang

ANDALUSIEN VON A BIS Z

Anreise

Andalusien bietet 6 Flughäfen, davon 5 internationale. Der größte und am zentralsten gelegene ist Málaga. Täglich und das ganze Jahr über starten und landen hier Maschinen nach und aus ganz Europa. Der nächste große Flughafen ist Sevilla. Er wird von April bis Oktober aus ganz Europa angeflogen sowie ganzjährig aus allen spanischen Regionen. Jerez, nur etwa 50 km davon entfernt, nimmt Platz drei ein. Der Flughafen wurde kürzlich ausgebaut und fertigt während der Reisemonate praktisch alle Charter- und Billigfluglinien ab. Granada-Jaén ist hauptsächlich Ziel für Inlandsflüge. Almería ist zwar der kleinste Flughafen Andalusiens, aber dennoch Destination von Airlines und Chartergesellschaften aus Deutschland, Österreich und der Schweiz. Córdoba ist ein rein nationaler Airport.

Zur Einreise nach Spanien von Deutschland, Österreich und der Schweiz genügt der Personalausweis oder Reisepass.

Auto fahren

Mit dem eigenen Wagen lohnt sich die Anreise praktisch nicht. Allein die Autobahngebühren sind oft teurer als die Flugtickets. Innerhalb Spaniens kann man Mautgebühren sparen, indem man die Nationalstraßen nutzt, die oft parallel zu den Autobahnen verlaufen, aber gewöhnlich deutlich mehr Verkehr aufweisen. Eine Alternative für die Reise durch Frankreich, auch mit dem Motorrad, bietet der Autozug der Deutschen Bahn, der bis Narbonne, rund 80 Kilometer nördlich der spanischen Grenze, fährt. Informationen gibt es unter: www.dbautozug.de

Zum Autofahren in Spanien genügt für Bürger der EU und der Schweiz ein gültiger nationaler Führerschein. Autofahren ist in Spanien erst nach

Vorangehende Doppelseite: Terrasse des Restaurants »Las Palmas« in Negras, im Cabo de Gate in Almería
Oben: Die Nuturstrände in Andalusien bieten erstklassige Wasserqualität.
Unten: An die Strandordnung sollte man sich vor allem in der Saison halten, sonst kann es teuer werden.

Vollendung des 18. Lebensjahres erlaubt. Innerhalb geschlossener Ortschaften beträgt die Höchstgeschwindigkeit 50 km/h, auf Landstraßen 80 km/h, auf Schnellstraßen 100 km/h und auf der Autobahn 120 km/h. Bei einer Panne bzw. beim Aussteigen außerhalb einer Ortschaft muss eine Signalweste angelegt werden. Das Mitführen von zwei Westen ist Pflicht. Parkverbote werden durch entsprechende Schilder angezeigt oder durch eine gelbe Linie vor dem Bürgersteig. Blau bedeutet, dass ein Parkschein gezogen werden muss. Die Promillegrenze in Spanien beträgt 0,5, für Fahranfänger und Berufskraftfahrer allerdings 0,3 Promille.

Auto mieten

Vor Ort ein Fahrzeug zu mieten ist meist sehr günstig. Es gibt zahlreiche Anbieter im Internet, die meist Fahrzeuge in gutem Zustand vermieten. Eine Kreditkarte ist aber fast immer Voraussetzung für die Anmietung. Sehr beliebt ist www.doyouspain.com. Das Mindestalter für die Anmietung eines Fahrzeugs beträgt 21 Jahre.

Bahn, Bus und Taxi

Verbindungen mit der staatlichen Eisenbahn renfe gibt es im Internet unter ww.renfe.com. Der Busverkehr funktioniert innerhalb von Ortschaften und in der näheren Umgebung meist gut. Es gibt diverse Busgesellschaften in Andalusien, die sich bisweilen die Strecken teilen. Was für Überlandstrecken bedeutet, dass unter Umständen bei Fahrtantritt nicht der Gesamtpreis, sondern nur eine Teilstrecke bezahlt werden kann. Darüber hinaus stimmen erfahrungsgemäß die im Internet aufgeführten Abfahrtzeiten nur bedingt. Sicherheitshalber sollten Sie vor Fahrtantritt die Fahrzeiten per Telefon oder am Schalter abfragen. Beim Taxifahren fragen Sie am besten vor Fahrtantritt nach dem Preis, denn es gibt eine Preista-

Oben: Vorsicht, in Kreiseln wird gerne auch mal von der mittleren Spur aus abgebogen.
Mitte: Eng und unübersichtlich – die engen Gassen der Weißen Dörfer
Unten: In größeren Städten sind die Bahnverbindungen meist gut.

Oben: Ferien-Appartements direkt am Meer: Provinz Almería
Mitte: Calamari »a la plancha«, gegrillte Calamari
Unten: Atemberaubende Natur und Großstadtflair liegen in Andalusien dicht beieinander.

belle für häufig gefahrene Strecken. Die Telefonnummern der ortsansässigen Radio Taxis können Sie vor Ort erfragen.

Einkaufen

In jeder größeren Stadt gibt es Shoppingcenter mit den bekannten Einzelhandelsketten. Auch für Lebensmittel trifft man allerorts auf die Supermärkte mit den vier Buchstaben. Ein günstiger spanischer Discounter ist Mercadona. Obst, Gemüse und Meeresfrüchte aus der jeweiligen Region machen ihn für den echt spanischen Einkauf sehr interessant. Für all das, was man im Urlaub braucht und nicht mitgenommen hat, geht man zum »Moro«, zum Araber. Das sind Haushaltswarengeschäfte, in denen es alles für wenig Geld gibt. In den letzten Jahren sind China-Läden wie Pilze aus dem Boden geschossen und machen den Bazaren große Konkurrenz. Ihr Warenangebot ist riesig, die Qualität meist bescheiden. Auf den Wochenmärkten an der Costa de la Luz gibt es praktisch keine Frischware, hier findet man dafür alles für den Kleiderschrank. Wochenmärkte in anderen Landesteilen sind so, wie man sie kennt.

Essen und Trinken

Grundsätzlich kommt auf den Tisch, was Land und Meer hergeben. Frischer Fisch und Meeresfrüchte, Eier, Tomaten, Kartoffeln, Reis, Paprika, Zwiebeln, Knoblauch, Ziegenkäse, Olivenöl, Schinken sowie Rindfleisch sind die Grundlage der andalusischen Küche. Zwar wird in jeder Region nach verschiedenen Rezepten gekocht, doch die Zutaten sind meist gleich. Dazu wird gerne ein Bier oder Wein und Sherry aus der Provinz getrunken. Ein andalusischer Salat besteht aus grünem Salat, grünem Paprika, Zwiebeln, Tomaten, Oliven, hart gekochten Eiern und Thunfisch in Olivenöl. Zum Nachtisch gibt es Obst, Flan – einen Eierpudding –, Joghurt und Gebäck.

Feiertage

In Andalusien gelten folgende gesetzliche Feiertage:

01. Januar: Neujahr
06. Januar: Heilige drei Könige
28. Februar: Andalusien-Tag
Karfreitag (Karwoche von Montag bis Sonntag)
01. Mai: Tag der Arbeit
15. August: Mariä Himmelfahrt
12. Oktober: Spanischer Nationalfeiertag
01. November: Allerheiligen
06. Dezember: Tag der Verfassung
08. Dezember: Maria Empfängnis
25. Dezember: Weihnachten

Fällt ein Feiertag auf einen Sonntag, wird er am Montag nachgeholt. Außer den allgemein gültigen Feiertagen gibt es pro Stadt noch etwa ein bis zwei zusätzliche lokale Feiertage.

Fremdenverkehrsämter

Eine Liste der Fremdenverkehrsämter finden sie im Internet unter:
www.fremdenverkehrsamt.com/spanien.html.

Spanisches Fremdenverkehrsamt

BERLIN
Kurfürstendamm 63
10707 Berlin
Tel. 0180/300 26 47 und 030/882 66 61
E-Mail berlin@tourspain.es

ÖSTERREICH
Spanisches Fremdenverkehrsamt Wien
Turespaña Österreich
Walfischgasse 8
1010-1 Wien
Tel. +43/(0)1-512 95 80
E-Mail viena@tourspain.es

Oben: Gegessen wird abends spät, im Sommer ist es schließlich bis 22 Uhr hell.
Mitte: Nicht nur Kathedralen bieten Kunstvolles; besuchen Sie auch die Kirche im Dorf.
Unten: Flamenco gibt es überall, man muss nicht im Hotel bleiben.

Oben: Auf Kutschfahrten sieht man auch schon mal, was hinter den Hauptstraßen liegt.
Mitte: Gemütliche Abendstimmung in Jerez de la Frontera
Unten: Behaglichkeit und Luxus bieten viele Hotels zu erschwinglichen Preisen.

SCHWEIZ
Spanisches Fremdenverkehrsamt Zürich
Turespaña Schweiz
Seefeldstrasse 19
8008 Zürich
Tel. +41/(0)44-253 60 50 und
+41/(0)44-252 6 04
E-Mail zurich@tourspain.es

Die offizielle Seite des spanischen Fremdenverkehrsamts finden Sie unter www.spain.info

ANDALUSIEN
Turismo Andaluz
Compañía 40
29008 Málaga
Tel. +34/901 200 020 und +34/9512 99 316
Internet: www.andalucia.org in spanischer und englischer Sprache

Geld

Eigentlich kann man mit der EC-Karte an jedem Bankautomaten Bargeld abheben. Caixa und Caja Sol (Sparkassen) tun sich allerdings schwer mit Maestro-Karten, die von verschiedenen Sparkassen in Deutschland ausgegeben werden. Auch einige große Geschäfte akzeptieren diese Karte nicht. Kreditkarten funktionieren einwandfrei und sind sehr stark verbreitet. Im Falle des Verlusts kann die Karte unter der Nummer 0049/11 61 16 gesperrt werden. Allerdings gilt dies nur, wenn Ihr Geldinstitut angeschlossen ist. Unter www.sperrnotruf.de können Sie sich informieren.

Gesundheit

Mit Ihrer Krankenkassenkarte werden Sie in Andalusien problemlos behandelt. Sollten Sie ein akutes Problem haben, fahren Sie direkt zur Notaufnahme in ein Krankenhaus. Die örtlichen Gesundheitszentren sind für die hausärztliche Be-

Viel Sorgfalt wird auf die Pflege der andalusischen Pferde gelegt.

treuung eingerichtet und für kleine Beschwerden durchaus empfehlenswert. Polizei und Notarzt erreicht man unter der Nummer 112. Apotheken haben Mo–Fr 9–13 Uhr und 17–20 Uhr geöffnet. Diese Zeiten können während des Sommers und regional variieren. An allen Apotheken finden Sie einen Aushang über den Apotheken-Notdienst, in größeren Städten können Sie dies auch in deutschen Zeitungen nachlesen.

Haustiere

Vögel dürfen wegen der Vogelgrippe nicht einreisen. Für alle anderen Haustiere gilt, sie benötigen den vorgeschriebenen Impfschutz und einen EU-Heimtierpass. Die Tiere müssen in Begleitung ihres Halters oder dessen Vertreters reisen, ordnungsgemäß identifiziert sein und das Gesundheitszertifikat muss den Wortlaut auch auf Spanisch umfassen. Die Einreise von Hunden, Katzen oder Frettchen, die nicht gegen Tollwut geimpft sind, ist nicht erlaubt. Klären Sie vor der Buchung ab, ob Ihr Tier in der Ferienanlage willkommen ist, oft ist das nicht der Fall. Hunde sind in Restaurants verboten, eventuell darf man sich mit dem Tier auf der Terrasse aufhalten. In Bussen werden Hunde nicht befördert. Als gefährliche Rasse eingestufte Hunde müssen einen Maulkorb tragen.

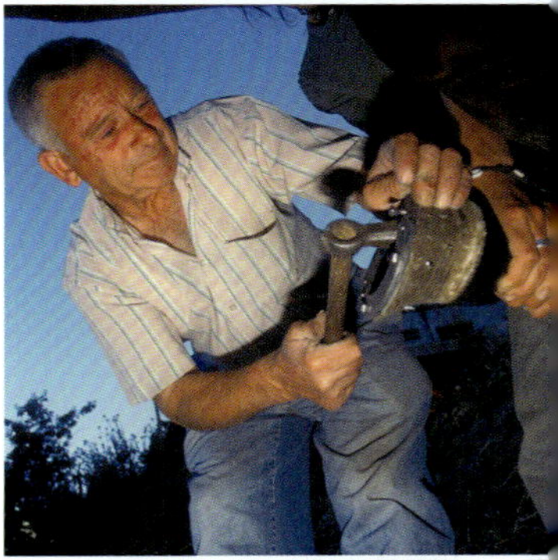

Oben: Viele Katzen leben auf der Straße, werden aber von den Anwohnern versorgt.
Mitte: Hufschmied ist in Andalusien noch ein verbreiteter Beruf.
Unten: Die Kleinen machen oft den meisten Lärm.

Kleiner Sprachführer

Im Restaurant
En el Restaurante

Bar/Kneipe bar
Taberne/Kneipe taberna
Brauerei cervecería
Kellner/in camarero/a
Hallo hola
guten Tag (bis 12 Uhr) buenos días
guten Nachmittag/Abend (ab 12 Uhr) buenas tardes
Getränke bebidas
Bier cerveza
Glas (Bier) caña
Glas (Wein) copa
Sherry fino
Rotwein vino tinto
Sommerwein (andalusisch) tinto de verano
Trocken secco
halbtrocken medio secco
süß dulce
stilles Wasser agua sin gas
Mineralwasser agua con gas
auf deutsch en alemán
die Karte la carta
Vorspeise entrada
Oliven aceituna
Tintenfisch calamar
Salat ensalada
Suppe sopa
Brot pan
Butter mantequilla
als erste Speise de primero
außerdem además
frittierte Kartoffel patata frita
bestellen/bitten pedir
du bestellst pides
bald pronto
als zweite Speise de segundo
Portion ración
Fleisch carne
Fisch pescado
Krabbe gamba
Lamm cordero
Rippe costilla
Filet solomillo
Gemüse veduras
Reis arroz
Kuskus couscous
Nachtisch postre
Karamellpudding flan
Erdbeere fresa
(Schlag-)Sahne nata
Keks galleta
dick gordo
Kaffee mit Milch café con leche
Zucker azúcar

Zeiten und Zahlen
Tiempos y numeros

Jahr año
Monat mes
Tag día
Stunde hora
Minute minuto
Sekunde segundo
früher Morgen madrugada
morgen/der Morgen mañana
Mittag mediodía
Mittagsruhe siesta
nachmittags/abends por la tarde
die Nacht la noche
Montag lunes
Dienstag martes
Mittwoch miércoles
Donnerstag jueves
Freitag viernes
Samstag sabado
Sonntag domingo
Feiertag fiesta
Urlaub vacaciones
Frühling primavera

Sommer verano
Herbst ótoño
Winter invierno
eins uno
zwei dos
drei tres
vier cuatro
fünf cinco
sechs seis
sieben siete
acht ocho
neun nueve
zehn diez
elf onze
zwölf doce
dreizehn trece
vierzehn catorce
fünfzehn quince
sechzehn dieciséis
siebzehn diesisiete
achtzehn diesiocho
neunzehn diesinueve
zwanzig veinte
einundzwanzig veintiuno
zweiundzwanzig ... veintidos...
dreißig treinta
vierzig cuarenta
fünfzig cincuenta
sechzig sesenta
siebzig setenta
achtzig ochenta
neunzig noventa
hundert cien

Gebräuchliches Usados

ok! ¡vale!
Entschuldigung perdón
ja sí
nein no
Wie gehts? ¿Qué tal?
seit desde hace
Kollege compañero
wo dónde
hübsch guapo/a
später luego
als que
wer quién
Kunde cliente
großartig estupendo
Chef jefe
weiter, mehr más
bitte por favor
Wie schade! ¡Qué lástima!
mit mir conmigo
halb medio
aber klar claro que sí
einverstanden de acuerdo
müde sein tener sueño
ich möchte quiero
ich liebe dich te quiero
romantisch romántico
offen abierto
geschlossen cerrado

Tourismus Tusrismo

Tagesanbruch amanecer
Tagesende anochecer
Ticket billete
Cafeteria cafetería
Ausflug excursión
Hinweg ida
Rückweg vuelta
laufen caminar
Karte mapa
Moschee mezquita
Museum museo
Büro oficina
Haltestelle parada
entschuldigen Sie perdone
Kunst arte
Ruine ruina
Bus autobús
Bahn train
Auto coche
Fahrrad bicicleta
Pool piscina
Waschraum/Toiletten servicio/servicios
Damen señoras
Herren caballeros

Oben: Fischfangflotte
Mitte: Kitesurfen – beliebteste Wassersportart an der Costa de la Luz
Unten: In den Weißen Dörfern wird jeder Quadratmeter zum draußen sitzen genutzt.

Klima und Reisezeit

Andalusien hat verschiedene Klimazonen: An der Küste der Provinz Almería herrscht trockenes Mittelmeerklima, an der Costa Tropical und der Costa del Sol subtropisches Mittelmeerklima und an der Costa de la Luz am Atlantik ozeanisches Mittelmeerklima. Sevilla und Córdoba sind subkontinental geprägt mit warmen Wintern, im gesamten Hinterland der Mittelmeerküste wird es im Winter dagegen schon kälter. Außerdem herrscht Gebirgsklima in der Sierra Nevada, der Sierra de Cazorla, Segura y Las Villas und in der Sierra de las Nieves. Während die Sierra de Grazalema in Cádiz die regenreichste Region Spaniens ist, gibt es in ganz Kontinentaleuropa kein trockeneres Gebiet als den Cabo de Gata in Almería. Trotzdem lohnt sich Andalusien zu jeder Jahreszeit. Bereits im Februar blüht und grünt es überall, das Wetter kann schon sehr mild sein und der Himmel strahlend blau. Allerdings ohne Garantie. Es kann auch bis in den Mai hinein kalt sein. Wer das Land im Winter oder Frühjahr besucht, sollte unbedingt darauf achten, dass seine Unterkunft beheizbar ist.

Medien

An der Costa del Sol bis nach Granada und Almería erscheinen deutschsprachige Zeitungen einmal wöchentlich. Es sind die *SUR Deutsche Ausgabe* und die *Costa del Sol Nachrichten*. Zusätzlich gibt es ein deutschsprachiges Radioprogramm, an Werktagen 14–17 Uhr unter 107,9 MHz auf UKW. An der Costa de la Luz finden Sie unter www.Residentenkurier.com ein Online-Magazin in deutscher Sprache. Sonntags 10–11 Uhr gibt es bei Radio Vejer unter 107,9 MHz auf UKW eine deutsche Radioshow. Deutsche Fernsehsender können meist empfangen werden.

Postämter

Die Post heißt in Spanien *Correos* und ist an einem blauen Posthorn mit Krone auf gelbem Untergrund zu erkennen. Die Postämter sind vormittags geöffnet.

Telefonieren

Spanien hat die Vorwahl +34. Die Provinz Almería hat die Vorwahl 950, Granada 958, Jaén 953, Córdoba 957, Málaga 952, Cádiz 956, Sevilla 954 und Huelva 959.

Von Spanien nach Deutschland wählt man die +49, nach Österreich die +43 und in die Schweiz die +41. Telefonkarten für öffentliche Fernsprecher kann man in Tabakwarenläden kaufen. Das Telefonieren mit dem Handy ist inzwischen einigermaßen erschwinglich. Eine gute Alternative sind Internettelefonate.

Trinkgeld und Rechnung

Das Trinkgeld lässt man auf dem Tellerchen liegen, auf dem das Wechselgeld kommt. Mit zehn Prozent des Rechnungsbetrags liegen Sie sehr gut.

Im Restaurant ist es unüblich, dass in einer Gruppe jeder seine Rechnung selbst bezahlt. Gewöhnlich legen alle zusammen oder rechnen hinterher untereinander ab.

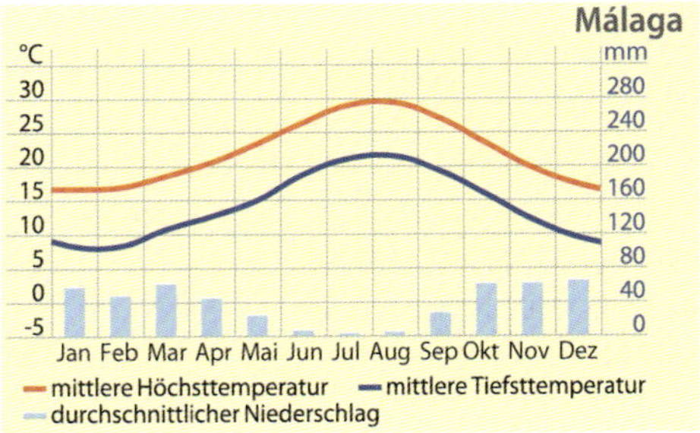

Oben: Windmühlen sind das Wahrzeichen von Vejer de la Frontera.
Mitte: Einkauf im Kloster, ein Erlebnis
Unten: Voll wird es in den Restaurants erst nach Sonnenuntergang.

Unser Gesamtverzeichnis finden Sie unter: www.bruckmann.de

Unser komplettes Programm:
www.bruckmann.de

Produktmanagement: Carina Jungchen, Joachim Hellmuth
Lektorat: Susanne Lücking, Colombia
Layout: graphitecture book, Rosenheim
Umschlaggestaltung: Sabine Fuchs, München
Repro: Cromika sas, Verona
Kartografie: Kartographie Huber, München
Herstellung: Bettina Schippel
Printed in Italy by Printer Trento S.r.l.

Alle Angaben dieses Werkes wurden von der Autorin sorgfältig recherchiert und auf den aktuellen Stand gebracht sowie vom Verlag geprüft. Für die Richtigkeit der Angaben kann jedoch keine Haftung übernommen werden.
Für Hinweise und Anregungen sind wir jederzeit dankbar.

Bitte richten Sie diese an:

Bruckmann Verlag
Postfach 40 02 09
80702 München
E-Mail: lektorat@verlagshaus.de

Bildnachweis:
Alle Aufnahmen stammen von den Fotografen Kay Maeritz und Hans Zaglitsch, außer Shutterstock.com: Pepe Ramirez S. 1; Nick Stubbs S. 5 o.; Juan Fuertes S. 13 o.; Anna Kostyuk S. 13 M.; Philip Lange S. 19 M., 88 M., 170 u.; David Acosta Allely S. 22 o.; Fotomicar S. 38 u.; S. Borisov S. 12 u., 70 M.; one AND only S. 71 o.; Pabkov S. 82 u.; nito S. 160 u.; Barone Firenze S. 162 o./u.; Francisco Javier Alcerreca Gomez S. 163 o.; Hect S. 163 u.; Jennifer Stone S. 164 M., 281 o.; Tupungato S. 169 r.; Ashiga S. 189, 192 M.; Algecireño S. 217, 269, 273; Javier Soto Vazquez S. 260 u., 263 M.; Stewie74 S. 262; Pauline Breijer S. 263 o.; Nick Stubbs S. 265, 284 M.; Markus Kaemmerer/Happy Arts S. 267; Ingvar Bjork S. 272 M.; age fotostock/LOOK-foto: S. 33, 38 o.; dpa/picture alliance: Jens Kalaene S. 91 o./u.; WILDLIFE/R. Usher S. 148 u.; M. Pfefferle S. 150 o.; Bildagentur Huber/R. Schmid S. 211; www.casaruralcharquena.com: S. 151 o.; www.cordoba.hammamalandalus.com: S. 151 u.; Campomalo/pixelio S. 253.

Umschlagvorderseite:
Mitte links: Bei der Feria werden Trachten getragen. (Kay Maeritz)
Mitte rechts: Der Strand Playa Burriana in Nerja an der Costa del Sol (Hans Zaglitsch)
Hauptbild: Sierra de Cazorla in der Provinz Jaén (Kay Maeritz)

Umschlagrückseite:
Links: Schlemmen an der Costa del Sol (Kay Maeritz)
Rechts: Unberührte Natur genießen (Kay Maeritz)

Die Deutsche Nationalbibliothek verzeichnet diese Publikation in der Deutschen Nationalbibliografie; detaillierte bibliografische Daten sind im Internet über http://dnb.d-nb.de abrufbar.

ISBN 978-3-7654-5890-3